中学物理教师发展丛书

U0605344

高中物理高端备课

邢红军　主编

中国科学技术出版社
·北　京·

图书在版编目(CIP)数据

高中物理高端备课／邢红军主编．—北京:中国科学技术出版社,2014.9(2023.2 重印)

(中学物理教师发展丛书)

ISBN 978－7－5046－6704－5

Ⅰ.①高… Ⅱ.①邢… Ⅲ.①中学物理课—备课—教学研究—高中 Ⅳ.①G633.72

中国版本图书馆 CIP 数据核字(2014)第 213843 号

选题策划	王晓义
责任编辑	王晓义
封面设计	孙雪骊
责任校对	王勤杰
责任印制	徐　飞

出　　版	中国科学技术出版社
发　　行	中国科学技术出版社有限公司发行部
地　　址	北京市海淀区中关村南大街 16 号
邮　　编	100081
发行电话	010－62173865
传　　真	010－62173081
网　　址	http://www.cspbooks.com.cn

开　　本	720mm×1000mm　1/16
字　　数	300 千字
印　　张	14
印　　数	10001—12000 册
版　　次	2014 年 9 月第 1 版
印　　次	2023 年 2 月第 4 次印刷
印　　刷	北京荣泰印刷有限公司
书　　号	ISBN 978－7－5046－6704－5/G·664
定　　价	46.00 元

编 委 会

序

　　笔者自 20 世纪 80 年代投身物理教学论领域，迄今已有 30 余年。30 余年来，笔者非常幸运地得到了物理教学论前辈的教育与提携。20 世纪 80 年代，笔者在江西师范大学师从周中权先生攻读物理教学论研究生，得以接受启蒙教育，获益良多。20 世纪 90 年代，笔者又幸运地跟随乔际平先生研习物理教学论，领略到乔际平先生物理教学论思想的真谛，受益匪浅。进入 21 世纪，笔者更荣幸地在北京师范大学跟随林崇德先生攻读发展与教育心理学博士研究生，实现了学术飞跃。

　　正是基于物理学、物理教学论和发展与教育心理学的学术训练，使笔者在回首审视国内的物理教学研究时，总感到有一丝遗憾——这就是怎样把物理学、教育学与心理学更好地结合起来。目前看来，国内物理教学领域虽然有许多研究，但总觉得还不是那样令人满意，于是笔者萌发出进行物理高端备课研究的想法。

　　通常人们认为，物理备课是中学物理教师的事情，不是大学老师的研究范畴。所以许多大学物理教学论老师并不热衷于从事这项工作，所谓学院派老师更热衷于发表大部头文章，以彰显学术水平和理论素养，这是可以理解的。然而，作为中学物理教学与大学物理教学论相衔接的部分，总还是需要有人做一些工作。因此，笔者愿意进行尝试，这就有了《高中物理高端备课》这本书。

　　本书共有 32 篇高端备课案例，全部由笔者提出思路，然后带领笔者的博士生和硕士生进行撰写。撰写的过程极其艰辛，并不像人们所想象的那样驾轻就熟。每一篇高端备课写到 10 稿以上，一直到修改不动为止才投稿。在修改中，大到文章的观点，小到文章的字词乃至标点符号，都力争做到反复推敲，不敢稍有疏忽。这是因为，每一个高中物理教学案例早已由前人进行了大量的、反复的研究。在这些研究的基础上要看到前人研究的不足、疏忽乃至没有看到的地方，实属不易，可谓沙里淘金，甘苦自知。幸运地是，我们终于走出了一条路，从而在高中物理高端备课中有所突破。32 篇高端备课不能说篇篇精彩，但绝大部分都独具特色，与众不同。比如"机械能守恒定律教学的高端备课""楞次定律教学的高端备课""圆周运动教学的高端备课""磁感应强度教学的高端备课"等，这些高端备课确实突破了长期以来的教学设计思路，展现出了笔者的教学团队研究的风格，对于高中物理教师的备课提供了新的思路，为高中物理教学做出了微薄的贡献，这是笔者感到非常欣慰的地方。

《高中物理高端备课》不只是经验的积累，也不仅是技巧的展现，而是在理论基础上的深思熟虑。笔者认为只有在物理教学论理论的指引下，才能萌发卓尔不群的备课思路。古人曾有盖楼房的故事，一财主见别人盖的三层楼房很好，于是找来工匠也要盖同样的三层楼房。当工匠从一楼开始盖起时，财主却很不高兴，说他只要第三层而不要一二层。讲这个故事的道理在于，高中物理高端备课就是第三层楼，要想把它盖好，还需要第一层和第二层。而第一层和第二层就是物理教学论的理论。因此，本书的第二部分呈现了物理教学理论，包括笔者发表的科学方法中心理论和原始物理问题教学理论。如若缺少了物理教学理论的滋养，那么物理高端备课就如同无本之木，无源之水，是断然不能长成参天大树的。

　　《高中物理高端备课》的绝大部分内容陆续发表在国内教学期刊上，这就保证了高中物理高端备课的学术性。这些期刊分别是《教育科学研究》《物理教师》《中学物理教学参考》《物理通报》《物理教学探讨》《中学物理》《湖南中学物理》《课程教学研究》《首都师范大学学报(自然科学版)》，说明高中物理高端备课得到了中学物理学术界的认可。

　　参与《高中物理高端备课》编写的作者有：北京中医药大学的陈清梅副教授，天津师范大学教师教育学院的胡扬洋博士，北京市第十九中学的李杰老师，北京十一实验学校的李静老师，北京中学的石尧老师，北京市一六一中学的周栩君老师，北京市汇文中学的靳萱老师，中国人民大学附中朝阳学校的李晶老师，首都师范大学物理系硕士生关艳丽、赵晓蕊、宫婷婷。

　　高中物理高端备课作为在国内物理教学界新近发展出来的研究领域，一定存在很多不足，恳请物理教学论学者与广大中学物理教师批评指正。

邢红军于首都师范大学教师教育学院
2018 年 7 月

目　　录

第一章　力　学

第一节　速　度

一、教材分析

高中物理《速度》一节是高中物理教材首章《运动的描述》中的核心内容之一，也是学生学习质点、位移、坐标系之后遇到的第一个"复合"物理量。由于该节是高中物理"开局之章"的关键一节，关乎学生对高中物理学习内容与方法体系的适应和接受，以及物理学习信心的建立，因此教学就很有必要彰显物理学的知识内涵、方法特征与物理思想。如何有效达成以上目标，还需要教学设计的系统思考。

怎样引入速度概念？现行教材从比较不同物体运动的快慢入手，提出一种观点：不同的运动，位置变化的快慢往往不同，也就是说，运动的快慢不同。要比较物体运动的快慢，可以有两种方法。一种是相同时间内，比较物体运动位移的大小，位移大，运动得快；另一种是位移相同，比较所用时间的长短，时间短的，运动得快。认真分析上述观点，我们发现，"比较物体运动的快慢可以有两种方法"的观点虽然在物理本质层面是正确的，但这种观点却不符合教师教学的规律，也不符合学生的学习规律。

这是因为，当深入分析学生建立速度概念的认知机制时，首先需要思考学生建立速度概念时的感觉、知觉乃至表象是以位移为支撑？还是以时间为支撑？显然，学生所观察到的物体运动快慢主要是物体位移的变化，这一变化具有直观性。与位移相比较，学生对时间的感知却远远不如所"观察"到的位移变化更明显，同时也难以精确衡量。这样，就决定了速度概念定义的最佳方式只能是在相同时间内比较物体位移的大小，而不是采用位移相同，比较所用时间长短来定义的方式。

"比较要选取相同的标准"是比值定义法的根本要求，但并非比值定义法应用的首要步骤，这是在应用比值定义法定义物理量需要明确的一点。现行教材在应用比值定义法定义速度时提出："那么，怎样比较汽车与百米赛跑运动员的快慢呢？这就要找出统一的比较标准。物理学中用位移与发生这个位移所用时间的比值表示物体运动的快慢，这就是速度（velocity），通常用字母 v 代表。"

显然，教材的这一陈述缺乏关键话语的呈现——汽车运动的快慢需要比较的对象是什么？在没有明确提出比较对象的前提下，就直接提出统一的比较标准，这就存在着逻辑断裂。

有鉴于此，对于速度这个貌似没有任何问题的物理概念定义进行重新梳理，就显得尤为必要。

二、教学设计

速度概念须经由比值定义法得出已被普遍认同，但怎样在速度概念建立过程中真正体现出比值定义法的精髓，还需要认真研究。以下是体现比值定义法逻辑并彰显速度特征的教学设计，共分为两个教学环节。

（一）通过直接比较两质点的位移来定义速度

为什么要以位移作为直接比较的对象来定义速度而非把时间作为直接比较的对象？这是因为，如前所述，位移与时间虽然都可以作为直接比较的对象，但是位移与学生观察到的运动现象联系更为紧密、更为直观，而时间则不易直接感知。因此，把位移作为速度大小的直接比较对象就顺理成章。

具体来说，在高速公路上，汽车以 2s 内行驶了 56m，百米赛跑运动员在 10s 内跑完了全程 100m，谁的"速度"更大？显然，直接比较两者位移的结果是，高速公路上行驶的汽车反而比百米赛跑的运动员运动得慢（56m＜100m）。针对这一样谬，教师可以引导学生分析原因：导致直接比较位移出现错误的原因是没有选取相同的时间标准。于是，解决问题的方法就是在比较时选取相同的时间标准。

（二）选取相同的时间标准继续比较两质点的位移来定义速度

怎样在比较位移时选取相同的时间标准？显然，最简洁的方式就是利用除法这一数学工具，将物体的位移大小与所用时间相除，用除法得到比值"$\frac{s}{t}$"后，就可以有效地进行比较了。

按照这一思路，汽车位移与时间的比值为 27.8m/s，人的位移与时间的比值为 10m/s。显然，汽车在高速公路上行驶的速度比百米赛跑运动员的速度更快，这样，位移与时间的比值与我们的日常经验就达成了一致，于是速度概念得以定义。

由速度概念的定义可以引申出对教学的思考，这就是物理概念的定义需要遵循内在的逻辑，也就是要符合物理学科内涵与学生学习规律的双重要求。如前所述，现行教材在教学伊始就呈现两条路线，对学生造成了信息的庞杂与干扰，有违教学逻辑的简约性。尔后在关键环节缺失了"比较要选取相同的标准"的比较对象，有违教学逻辑的完整性。这个似乎并不起眼的问题，实则反映了教材编写对比值定义法本质的理解有所缺憾，从而可能导致学生学习过程逻辑思维环节的缺失，这是应当加以指出的。

三、研究讨论

从心理学的角度看，速度是一个基本且重要的科学概念，其定义是距离与时间的比值，即 $v = s/t$。这在成人看来可能是个很简单的概念，但对儿童来说却并非如此。儿童最早产生的速度概念并非以度量形式出现，而是以序数形式出现的[①]。首先提出这个观点的是瑞士心理学家皮亚杰，他认为儿童对于速度的理解有种"超越"的直觉，即若某运动物体前一段时间落后于另一物体，而后一段时间却超越了后者，儿童会认为超越物体的速度大于被超越物体的速度；若运动物体始终落在另一物体之后，儿童就认为它的速度一定比另一物体的速度小。也就是说，儿童在判断运动快慢时表现出明显的位置决定论倾向，他们关注的是物体位置的前后顺序，因而儿童早期的速度概念是以序数形式出现的，直到 $10 \sim 11$ 岁时才能达到度量形式的水平。皮亚杰之后，国外的学者 Cross 和 Pitkethly[②] 以及我国台湾的学者黄湘武[③]、王幸雯和简淑真[④]对儿童速度概念的发展进行了拓展性的研究。

新近研究表明，在速度概念的获得中，距离概念处于优势维度，时间概念处于非优势维度。这在其他一些强度量概念的研究中也有类似的发现。对于组成强度量的两个广延量，学生对待的程度是不一样的，确有优势维度和非优势维度之分，比如，组成密度概念的质量和体积，质量之于体积就是优势维度。也就是说，儿童在判断运动快慢时表现出明显的位置决定论倾向。[⑤] 因此，在速度概念定义中只能采用位移与时间的比值，而不能采用时间与位移的比值，其实有着深刻的心理学背景，这是我们在进行速度概念教学中需要认真考量的。

① J·皮亚杰，B·英海尔德. 儿童心理学 [M]. 吴福元，译. 北京：商务印书馆，1980.

② Cross R. T. , & Pitkethly, A. Speed, Education and Children as Pedestrians：a Cognitive Change Approach to a Potentially Dangerous Naive Concept. Inter [J]. Journal of Science Education，1988，10（5）：531～540.

③ Hsiang-Wu Huang&Hui-Ting Chang. A Study of Chinese Student's Conceptual Developmenton Motion [G]. International Conference Physics Teacher Education beyond 2000 PHYTEB，Barcelona，2000 August 27 to September 1，Department of Physics Taiwan Normal University.

④ 王幸雯，简淑真. 儿童速度概念发展之研究 [C]//台湾科学教育学会，彰化师范大学科学教育研究所. 第十八届科学教育学术研讨会论文汇编. 2002.

⑤ 吴娴，赵光毅，罗星凯. 一项关于低年级儿童速度概念发展的研究 [J]. 广西师范大学学报（哲学社会科学版），2005，41（1）：95～98.

第二节　加速度（1）

"加速度"是学生进入高中学习物理所接触的第一个陌生的概念，更是高一学生物理学习上两极分化的门槛。研究发现，导致学生对"加速度"概念认知困难的原因，除了教学方法不当之外，还有"加速度"概念命名的困扰，更有对加速度概念本质认识不清的问题。有鉴于此，本文认为有必要对这一老生常谈的问题从新的角度展开教学研究，以期突破长期以来"加速度"概念教学的困境，使学生能够正确把握"加速度"的物理意义。

一、"加速度"概念的教学现状

学生在初中阶段只学习匀速直线运动，到了高中阶段开始学习变速运动，而加速度概念正是学习变速运动的关键。因此，掌握加速度概念对学生的高中学习有着至关重要的作用。然而，与"时间、位移、速度"这些物理量相比，加速度概念更加抽象，这就导致加速度概念长期在教与学两方面都存在困难。

为了解决上述问题，许多中学物理教师对加速度概念的教学进行了探索，文献调查发现，大部分研究的基本思想与人教版教材中给出的教学方式类似：通过类比速度是描述运动快慢的物理量，从而引出一个问题：是不是应该还有一个物理量来描述速度变化的快慢？之后通过定量计算，用比值定义法给出加速度的定义和计算公式。尽管教师不断改进教学策略，可是发现学生依然对"加速度"概念的认识不甚明朗。

学生在学习加速度概念时出现较多的问题是：不能分清加速度与速度的区别，认为物体加速度增大，速度也增大；加速度减小，速度也减小。不能准确理解速度变化率与速度变化量的含义。有研究者指出，出现这种情况的原因是因为"加速度"概念命名的缺陷。因为在中文理解中，"加速度"中的"加"是"速度"的定语，因此，学生很容易将加速度理解成"增加的速度"，即速度的"增加量"，这与加速度的物理意义——速度的变化率有着本质区别。也有教师尝试对"加速度"概念重新命名，以期弱化学生因中文理解所造成的干扰。例如有的教师提出："加速度也叫作速度的变化率。"[1] 这个命名虽然通俗易懂，但是不免过于冗长，不方便学生记忆，也不利于学生理解加速度的本质。

事实上，物理量的名称往往直观反映其本身的物理意义，一个恰当的命名可以帮助学生真正理解一个物理量。反之，如果物理量的命名不符合其本质，那么就会

---

① 周长春. 基于教学内容适切性的高中物理教学案例研究——以加速度教学为例［J］. 中学物理教学参考，2016，45（9）：45～49.

对学生的理解造成困扰。以此标准来看，"加速度"的命名就不符合其物理本质。因此，加速度究竟应该如何命名？什么样的中文名称才能使学生正确理解它？围绕这些问题，本文从"加速度"命名的历史渊源出发，结合物理量命名的特点，试图给出"加速度"概念的新名称，以期方便学生对其本质的理解。

二、"加速度" 概念的定义

在国外教材中，"加速度"的英文名称是"Acceleration"，来自拉丁语 ad + celer，即"加 + 速"①，这一物理概念引入中国时，国内学者将其直译成"加速度"。由此可见，国内学者翻译时并没有考虑"加速度"本身的物理意义，也没有考虑中文语法问题。这就导致学生在学习"加速度"概念时，由于名称困扰而对加速度概念认识模糊。

纵览物理学中常见的物理量，我们发现，物理学家习惯将物理量以"度"字结尾，例如：密度（物质每单位体积内的质量）；温度（物体冷热的程度）；电流强度（单位时间里通过导体任一横截面的电量）；电场强度（放入电场中某点的电荷所受的电场力跟它的电荷量的比值）。"度"一般可组成的词语为：程度（事物发展变化达到的状况）；量度（与数量互译），故"度"字有数量、状态的含义，这与物理学是描述物质运动形式和规律的学科定位非常吻合。正是因为"度"字的特殊意义，人们经常将物理量翻译为某某度。

前面提到，直译成"加速度"的英文"Acceleration"来自拉丁语 ad + celer，而拉丁语中 celer（celerity）有迅速、快的意思，这正符合"加速度"的物理意义：表示速度变化的快慢。再根据物理量翻译的特点，我们可以把"Acceleration"翻译成"速度变化率的量度"简称"速变度"。"速变度"不仅与其英文含义吻合，而且更加符合它本身的物理意义。这样学生在学习"加速度"时，就不会因为物理量的名称而困扰对加速度物理含义的理解。

应当说明的是，并不是要将"加速度"的中文名称完全抛弃，直接用"速变度"进行教学，而是用"速变度"这个名称辅助说明"加速度"的物理含义，其目的是避免因为物理量的名称翻译而误导学生对物理本质的理解。同时"速变度"这个词语的出现，也提醒学生注意分析"速度变化量"与"速度变化率"之间的区别。

"速度变化量"与"速度变化率"仅一字之差，但是它们的物理含义却大不相同。速度变化量是某一运动过程的末速度减去初速度的差值，用公式表达为：$\Delta v = v - v_0$，它是描述物体速度变化大小程度的物理量。速度变化率即加速度，是速度变化量与发生这一变化所用时间的比值 $\dfrac{\Delta v}{\Delta t}$，它是描述物体速度变化快慢的物理量。速度的变化量相同时它的变化率不一定相同，因为速度的变化率由速度的变化量 Δv

---

① 曹则贤．物理学咬文嚼字之五十一—速度［J］．物理，2012（10）：685～688.

和发生这一变化所用的时间 Δt 共同决定。然而，这正是学生学习加速度时最容易忽略的关键点，如果学生能正确把握速度变化量与速度变化率之间的差异，也就能顺利掌握"加速度"概念。

物体之所以能保持匀速直线运动状态或静止状态，是因为物体具有惯性。惯性越大物体的运动状态越不容易改变，即物体的速度越不容易发生改变。而物体的速度发生改变是因为它的加速度发生了改变，那么物体的加速度是如何产生的？为了使学生深刻理解加速度，教师可以向学生渗透恒力是使物体产生加速度的原因。

三、"加速度"的产生原因

物体的运动速度发生变化，我们就说它的运动状态改变了，物体的运动状态改变可以是从静止到运动或运动轨迹发生变化。学生学完加速度后知道，速度发生变化是因为具有了加速度，那么物体的加速度是怎样产生的呢？是什么原因能使物体从静止到运动？经过初中的学习以及生活经验，学生自然会想到，力可以使物体的运动状态发生改变，那么力就是产生加速度的原因。

这部分内容虽然属于牛顿运动定律的教学范畴，但由于高中物理教材将牛顿运动定律安排在加速度概念之后学习。对于为什么会产生加速度？加速度与什么因素有关等问题并不是在学完加速度后就立即展开，而是延迟两章后才开始学习，我们认为这样并不利于学生掌握加速度概念。在教学中讲完一个概念"是什么"之后紧接着探讨"为什么"，才符合物理教学的逻辑，符合学生的学习规律①。

学生在初中物理学习中，对于力可以使物体运动状态改变这样的问题就有所认识，但对于这些现象背后的原因可能并没有深入思考。而在高中学习了加速度概念之后，学生就应该了解物体的速度发生变化是因为有一个大小不变的力 F 一直作用在物体上，所以，教师应该在学生学完加速度概念后，就立即点出力是使物体产生加速度的原因，使学生对力学与运动学之间联系的认识由模糊状态转为清晰明了。这不仅可以将学生头脑中的初中物理知识与高中的物理知识联系起来，还为今后学习牛顿运动定律做铺垫，从而使学生顺利过渡到牛顿运动定律的学习中去。

既然位移的变化率是速度，速度的变化率是加速度，那么加速度有变化率吗？如果有，这个变化率是什么？学生学完加速度概念后可能会产生这样的疑问，即在加速度概念之后还有没有概念描述加速度的改变呢？教师应引导学生思考这个问题。这不仅有助于培养学生的创造性思维，而且有助于学生更进一步理解加速度概念，并对加速度概念在运动学的定位有更加清晰的认识。

四、"加速度"概念的深化

事实上，在物理学中是存在描述加速度变化率的物理量，即"加加速度"概

---

① 邢红军，胡扬洋，陈清梅. 密度概念教学的高端备课［J］. 教学月刊，2013（8）：55～56.

念，国外教材称为"jerk"（jerk 有急动、猛推等含义）[①]。加加速度就是加速度的变化量与发生变化所用时间的比，数学表达式为 $J = \dfrac{\Delta a}{\Delta t}$，其大小反映了 Δt 时间内加速度变化的快慢，方向为加速度增量方向[②]。加加速度的物理意义和数学表达与加速度的研究过程完全相似，可见从速度到加速度再到加加速度的学习过程，是一个连续的思维过程。

加速度产生的原因是因为物体受到一个恒定不变的力，那么加加速度产生的原因是什么？由牛顿第二定律的数学表达式：

$a = \dfrac{F}{m}$ 两端对时间求导得 $\dfrac{da}{dt} = \dfrac{1}{m}\dfrac{dF}{dt}$

即 $J = \dfrac{1}{m}\dfrac{dF}{dt}$

由此可知，加加速度与所受的合外力对时间的变化率有关，只要有力的变化就会产生加加速度[②]。

加加速度的分析具有现实意义，在生活中我们经常能感受到加加速度的存在，例如：在紧急起动或突然刹车时，公共汽车中的乘客会因措手不及而失去平衡，则是由于加速度的变化率即加加速度值过大难以适应；在急速转弯时，公共汽车中的乘客会被推向外侧，也是由于加加速度过大。人体对加加速度的承受能力是有一定限度的，当加加速度达到 1.0m/s^3 时就难以忍受，因此对加加速度要有一定的限制。例如，我国铁路就规定，加加速度被限制在 $0.3 \sim 0.5 \text{m/s}^3$ [①]，以避免乘客在乘坐列车时感到明显不适。

教学中教师简单介绍"加加速度"，其目的一是培养学生的发散思维，二是让学生意识到"加速度"并不是描述物体运动的终极物理量，在加速度之后还有加加速度。这样就可以使学生对运动学三阶段形成一个宏观认识（图 1 - 1）。

图 1 - 1 运动学的三阶段

为了更加清晰地认识速度、加速度、加加速度这三个物理量，我们将这三个量进行对比（如表 1 - 1）。

这三个物理量名称相近，但是物理意义却大不相同，将这三个概念进行对比，

① 余守宪，赵雁. 加加速度（加速度的时间变化率）——冲击、乘坐舒适性、缓和曲线 [J]. 物理与工程，2001，11（3）：7 ~ 8.

② 谭淑梅，杨景芳. 质点运动的加加速度 [J]. 高师理科学刊，2004，24（2）：35 ~ 36.

表1-1 速度、加速度、加加速度比较

物理量	物理意义	产生原因
速度	表示物体位移变化的快慢	物体具有惯性，惯性可以使物体保持原来的运动状态
加速度	表示物体速度变化的快慢	物体所受到的合外力不为零且大小不变
加加速度	表示物体加速度变化的快慢	物体所受到的合外力随时间变化

有利于学生形成有关加速度的知识结构。布鲁纳认为，学生掌握学科的知识结构，有助于更容易地理解学科的基本原理、提高记忆的效果、促进学习迁移、缩短"高级"知识和"初级"知识之间的间隙。加速度概念是学生学习过程中最不易建立的概念之一，如果既将加速度与速度联系起来，又将加速度与加加速度联系起来，无疑有助于在学生头脑中形成完整的加速度知识结构，并最终使学生掌握加速度概念。

第三节　加速度（2）

一、问题的提出与分析

在高中物理教学中，加速度一直是一个重点、难点。作为沟通运动学与动力学的桥梁，加速度起着承上启下的作用，然而其内涵的抽象性却造成了教学中的巨大困难。有学者就指出："（加速度是）人类认识史上最难建立的概念之一，也是每个初学物理的人最不易掌握的概念。"[1] 有鉴于此，我们对加速度的教学进行了系统的梳理。

现行人教版、教科版、沪科版等教材对《加速度》一节的教学安排基本类似。[2] 在教学安排上，首先通过对比汽车和火车从起步到达到相同速度所用时间的不同。提出疑问，"谁的速度'增加'得比较快？然后，类比"速度是描述运动快慢的物理量"引出问题："是不是还应该有一个物理量来描述速度'变化'的快慢？"最后，通过定量比较飞机起飞与迫击炮弹到达一定速度时速度的增量和时间比值的大小不同，用比值定义法将描述速度变化快慢的物理量定义为"加速度"。

分析可知，各版本教材普遍采用从具体到抽象的编写方式，如教科版教材通过比较不同轿车的"加速性能"来引出问题，再通过类比和比值定义法得出加速度的

① 赵凯华，罗蔚茵. 新概念物理教程·力学［M］. 北京：高等教育出版社，1995：18.
② 人民教育出版社课程教材研究所，物理课程教材研究开发中心. 物理（必修1）（第3版）［M］. 北京：人民教育出版社，2010：25～26；陈熙谋，吴祖仁. 普通高中课程标准实验教科书，物理（必修1）（第1版）［M］. 北京：教育科学出版社出版社，2005：15～17；束炳如，何润伟等. 普通高中课程标准实验教科书，物理（必修1）［M］. 上海：上海科技教育出版社，2007：37～39.

表达式。这种处理方式，符合从感性认识到理性认识的认知特点。在教学方式上，均依据"类比"和"比值定义法"两种科学方法展开，即通过类比速度引出问题，通过比较比值的大小用比值定义法给出定义。这种方式体现了教材编写的"递进性"和"可接受性"，但存在如下几个问题。

首先，用"加速度"来描述"速度变化快慢"是否合适？从语法上分析，动词"加"作为定语是用来修辞名词"速度"的，因此，单从字面上理解，"加速度"其实仍然是速度！这也就不难理解为什么中学生普遍存在"加速度就是速度的增加""速度大加速度就大"等错误认识。事实上，加速度与速度两者存在本质的不同，速度描述的是单位时间内物体"位移"变化的多少，而加速度描述的则是单位时间内物体"速度"变化的多少。显然，加速度描述的不是速度，而是速度的变化率。就像速度描述的不是位移，而是位移的变化率一样。

传统教学通过速度来类比加速度，这固然不错。然而，由于"速度"一节的教学并没有真正体现"比值定义法"的本质。因此，在学生没有真正掌握"比值定义法"本质的情况下，通过类比所产生的"迁移"效果自然不佳。事实上，这种类比反而会进一步强化"加速度"是"速度"的错误认识。

最后，由于教材编写不符合比值定义法的教学逻辑。所以，在比较不同物体速度变化量与时间比值的大小后，就直接通过比值定义法给出加速度的表达式。需要特别指出的是，教材的这种编写方式，缺失了比值定义法应用的关键性一步，即只回答了是什么（比值是常量），而没有回答为什么（为什么要比）。[①] 因此，这样的编写势必导致学生对加速度的理解趋于表面，教学逻辑产生断点。

有鉴于此，对本节教学就有必要进行深入细致的研究。

二、教学设计与阐释

基于上述分析，我们拟对加速度的教学做出合乎教学本质的重新建构。在教学方式上，摒弃传统的"类比"法，转而依据比值定义法的逻辑对加速度展开教学设计。

比值定义法的应用步骤包括：首先选取比较的对象，然后选取比较的标准，其次诠释比值的意义，最后得出比较的结论。按照这样的逻辑，我们进行加速度的高端备课。

（一）通过直接比较速度的变化量来衡量速度变化的快慢

汽车和电动车沿同一直线运动，各个时刻两车对应的时间—速度数据如下（表1－2）。

---

① 邢红军. 按照比值定义法的本质改进高中物理概念编写［J］. 物理教师，2004，25（4）：5～7.

表 1-2 汽车与电动车各时刻的时间与速度数据

	t/s	0	1	2	3	4
汽车	$v/(m \cdot s^{-1})$	0	1.6	3.2	4.8	6.4
电动车	t/s	0	2	4	6	8
	$v/(m \cdot s^{-1})$	0	2.2	4.4	6.6	8.8

表 1-2 中可知，汽车每隔 1s 速度增加 1.6m/s，电动车每隔 2s 速度增加 2.2m/s。显然，通过直接比较汽车和电动车速度变化的大小来衡量两车速度变化的快慢并不符合人们日常生活经验。因为汽车速度的变化反而小于电动车速度的变化，这似乎表明汽车的"加速性能"低于电动车。针对这一认知冲突，教师可以引导学生分析原因：导致直接比较得出不合常理结果的原因是，比较速度变化量时没有选取相同的时间标准。于是，解决问题的方法就在于比较速度的变化量时选取相同的时间标准。

（二）选取相同的时间标准继续比较速度的变化量

紧接上一环节的认知冲突，教师顺势引导学生将时间作为比较的"标准"，继续比较速度变化的快慢。这就意味着要利用除法这一数学工具，将速度的变化量与所用的时间相除，用除法得到比值后就可以进行有效比较了。按照这一思路，设 t_1 时刻的速度为 v_1，t_2 时刻的速度为 v_2，则两车速度变化量与时间变化量的比值 $\dfrac{v_2 - v_1}{t_2 - t_1}$ 如下（表 1-3）。

表 1-3 汽车和电动车速度变化量与时间变化量比值 $\dfrac{v_2 - v_1}{t_2 - t_1}$

速度变化量与时间变化量比值	汽车	电动车
$\dfrac{v_2 - v_1}{t_2 - t_1}$	1.6	1.1

对照比值可见，汽车的比值 $\dfrac{v_2 - v_1}{t_2 - t_1}$ 大于电动车的比值 $\dfrac{v_2 - v_1}{t_2 - t_1}$，即汽车的速度改变快于电动车，这与人们的日常生活经验相符合，从而解决了学生的困惑。此时，新的疑惑产生了，学生不禁会问，这个比值究竟表达了什么含义？是否达到了"比较速度变化快慢"的初衷？由此，教师顺水推舟地引出比值定义法的第三个教学环节。

（三）诠释比值 $\dfrac{v_2 - v_1}{t_2 - t_1}$ 的物理意义

比值定义法作为比知识更加抽象的物理方法，对于学生来说需要逐步展开才能理解，至此，应该进一步深化学生对比值的理解。教师应当告诉学生：比值的物理意义就是表示单位时间内速度的变化量，我们定义其为加速度。用字母"a"表示，在数值上 $a = \dfrac{v_2 - v_1}{t_2 - t_1}$，单位是 $\mathrm{m/s}^2$。

事实上，物体产生加速度的根本原因是恒力作用的结果，力的改变导致物体加速度的改变。中学物理教学中涉及的"匀加速直线运动"，实际上就是物体在恒力作用下的加速度恒定的直线运动。

三、教学反思与启示

（一）正确理解加速度的本质

加速度概念的引入始于晚清由李善兰和艾约瑟翻译的作品《重学》。它的底本是 *An Elementary Treatise on Mechanics*，在其中"accelerating force"与"acceleration"两者含义混淆，均有描述速度变化快慢的意思。《重学》的突出贡献在于将两者做了明确区分，即将"accelerating force"译为"渐加力"，将"acceleration"译为"渐加力率"。[①] 然而，由于历史与习惯的原因，目前的"加速度"是按照拉丁语境的"ad + celer"，即"加 + 速"将"Acceleration"直译成"加速度"。[②] 由此可见，加速度与速度本身、速度的快慢、速度变化的大小均无关系，它只反映物体速度变化的快慢的性质，这一观点需要学生切实理解。

（二）按照教学的逻辑展开加速度教学

教学逻辑蕴含着时空顺序，是教学过程中诸要素的有序呈现。以加速度的高端备课为例，在第一个教学环节，通过直接选取比较的对象来衡量"速度变化的快慢"，然而得出的结论却不合常理，由此引发认知冲突。在第二个教学环节，引出比值定义法的关键，"选取相同的标准"重新比较"速度变化的快慢"。在第三个环节，通过反问比较的初衷，进而诠释比值的物理意义。这三个教学环节环环相扣，有序展开。事实上，教科书中的诸多物理概念、规律都以比值定义法定义，然而并没有按照比值定义法的逻辑展开，这样的教学往往导致学生只知其然而不知其所以然。

（三）诠释加速度产生的根本原因

加速度的发现起源于伽利略基于"自然总是以最简单或最经济的方式运作"的

① 聂馥玲. 晚清科学译著《重学》的翻译与传播［D］. 呼和浩特：内蒙古师范大学，2010.
② 曹则贤. 物理学咬文嚼字之五十一 速度［J］. 物理，2012（10）：685～688.

朴素物理学观念，伽利略认为"如果在每一个相继的时段内都有相等的速度增量，那显然就是最简单的加速运动"。事实上，这种相等的时间里产生相等速度增量的原因，正是恒力作用的结果，因为力是改变物体运动状态的原因，也是导致物体运动状态改变快慢的根源。因此，力才是加速度产生的根源，力是"因"而加速度是"果"。这种观念在加速度的教学中应当向学生特别申明，从而真正深化学生对加速度产生原因的理解。

第四节　力的合成

"力的合成"作为高中力学教学的重点和难点，不仅是力学知识的基础，更是力学知识的核心，特别是平行四边形定则的教学具有十分丰富的内涵。因此，对"力的合成"进行研究具有重要意义。

一、教材的分析

现行人教版教材"力的合成"一节分为两部分："力的合成"与"共点力"。[①]我们知道，只有共点力才能合成，即力的合成以共点力为前提。因此，在讲授力的合成以前，学生有必要先认识什么是共点力，而后再认识力的合成。基于此，我们认为"力的合成"与"共点力"的教学顺序需要作相应调整，即先讲共点力，再讲力的合成，这样才符合教学的逻辑。在内容编排上，教材以"力的合成"部分为重点，为了解决"力的合成"的教学难点，教材又侧重于力的合成的实验探究。然而对于力的合成的本质，教材却始终未能给予充分剖析。查阅文献，我们发现关于"力的合成"的研究以实验主题居多，实验的操作改进和误差分析[②③]、对实验方案选择的思考[④]等。这些研究均以完善实验为出发点，以求提高教学效果，却鲜有对"力的合成"进行深入分析，更缺乏从科学方法的角度去审视教学。

教学以教材为范本，教学研究又反映着教学的发展。教材结构不明晰就会导致教学的单一化，进而导致"力的合成"教学出现瓶颈。"力的合成"作为联系一个力与多个力之间关系的重要知识，必须以学生形成科学的认识和系统的知识为目标。因此，只有在厘清本节教学过程内在逻辑的基础上，挖掘教学内容背后的知识内涵，研究教学过程隐含的科学方法，才能让学生真正领悟"力的合成"教学的精髓，从

---

① 人民教育出版社课程教材研究所，物理课程教材研究开发中心. 物理（必修1）［M］. 北京：人民教育出版社，2006：61~63.

② 周峰. "力的合成"演示实验的操作改进［J］. 中学物理教学参考，2005，34（4）：54.

③ 邱会明. "验证力的平行四边形定则"实验后的共性误差分析和重新验证［J］. 物理教师，2010，31（2）：19.

④ 向萍. "力的合成"演示实验方案选择的思考［J］. 物理教师，2010，31（2）：23~24.

而达到本节课教学的目的。

二、"力的合成"的高端备课

针对"力的合成"教学的特点，我们提出"力的合成"的高端备课。

（一）教学的起始

奥苏贝尔的"有意义学习理论"指出，当学生学习一种包摄性较广，可以把一系列已有观念类属于其下的新命题时，新学习的内容便与学生认知结构中已有的观念产生了一种上位关系。[①] 教学要促进学生新知识的学习，就必须增强学生认知结构中与新知识有关的概念，即要尽可能传授学科中最大包摄性、概括性的概念和原理，以便学生能对新的知识内容加以组织和综合。从这个思想出发，"等效"作为力的合成所蕴含的上位思想，就应当在教学中着力体现，以促进学生对"力的合成"的学习。

因此，在"力的合成"教学中，向学生明确指出合力与分力的等效替代关系尤为关键。"等效替代"即在作用效果上可以相互替代。尤其是要注意"作用效果上"的意义，即分力的作用效果是唯一的、确定的，这样才能用合力替代这些分力。

一堂课以何种方式引入，在很大程度上决定着教学的整体走向。这是因为，教学是一个连续的过程，各个环节之间必定存在着联系，也即存在着逻辑关系。因此，选取合适的切入点，才能够起到提纲挈领的作用，等效替代思想就起到了这种作用。

（二）教学的展开

在等效替代关系的基础上进行探究，就要研究合力与分力之间是怎样等效替代的，从而将教学引向深入。我们提出的力的合成教学流程结构图如下（图1-2）。

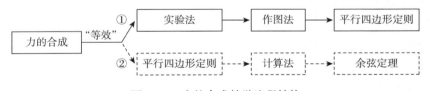

图1-2 力的合成教学流程结构

从图1-2可以看出，以"等效"思想为起始，教学可以分为两条平行的主线（图1-2中①②），第一条是通过实验法、作图法，进而得到平行四边形定则。第二条则是以平行四边形定则为基础，通过计算法得到余弦定理。现行教材均沿第一条主线讲授力的合成，而未能认识到第二条主线的重要意义，下面我们予以详细说明。

---

① 陈琦，刘德儒．当代教育心理学［M］．北京：北京师范大学出版社，2007：165～168.

　　首先，教材实验通过用弹簧测力计拉动挂在橡皮条下端的小圆环（图1-3甲）来探究求合力的方法。第一次用两个力 F_1、F_2（图1-3乙），第二次用一个力 F（图1-3丙）。由于作用效果相同，两次小圆环都被拉至同一点 O，所以实验能够得到分力与合力之间的关系。教师在教学中应当向学生明确指出："探究求合力的方法"实验是建立在"等效"思想基础上的。其次，将实验得到的数据记录并进行研究就要用到作图法，即将图1-3中乙、丙两次实验的结果（F_1、F_2 和 F_3）合成在一起（图1-3丁）。最终，通过作图法就可以总结出：两个力合成时，以表示这两个力的线段为邻边作平行四边形，这两个邻边之间的对角线就代表合力的大小和方向，即平行四边形法则。①

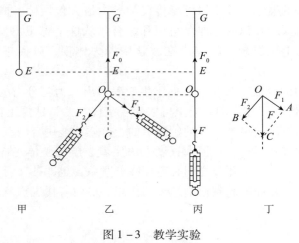

图1-3　教学实验

　　以上是现行教材的编排，即实验法—作图法—平行四边形定则（图1-2①）。显然，这些教材普遍忽视了教学蕴含的另一重要过程：平行四边形定则—计算法—余弦定理（图1-2②）。通过余弦定理（$c^2 = a^2 + b^2 - 2ab\cos C$），在已知二力大小及其夹角的情况下可以求得合力的大小。

　　图1-2所呈现的两条平行的教学过程在力的合成教学中占有同等重要的地位，平行四边形法则仅是对力合成的定性描述，而余弦定理则是在此基础上对力合成的进一步量化。从定性到定量，学生对力合成的认识也经历了质的飞跃。

　　现行人教版教材正因缺失了隐含的第二个过程，所以在不能运用余弦定理的情况下，有意回避了分力夹角为任意值的情况，仅在举例计算两个力 F_1、F_2 的合力时，将二力的夹角设为90°②。直接从定性描述过渡到定量计算，如此对力的合成计算方法的处理就存在着以特殊代替一般的问题，从而使教学逻辑出现断点。同时，

　　① 人民教育出版社课程教材研究所，物理课程教材研究开发中心．物理（必修1）［M］．北京：人民教育出版社，2006：61~63．
　　② 同①。

作为本节教学的两个重要科学方法，作图法和计算法也应当在教学中给予显化。

（三）教学的升华

在教材中，力的合成遵循平行四边形定则由实验得到，而力的合成为何要遵循平行四边形定则，教材却未给予进一步的揭示，从而成为本节教学的遗憾。挖掘定则背后的深层内涵，不难发现，力的合成遵循平行四边形定则的根本原因是矢量的合成。

在学习力的合成以前，学生对加法运算的认识仅限于标量的直接相加，平行四边形定则作为力的合成的规律，不仅是力的"加法"，更是以力为代表的所有矢量的"加法"。在知识层面提升的关键点，有必要让学生的思维也随之跨上一个台阶，即学生对平行四边形定则的认识不能仅停留在力的合成的层面，而应同步上升到矢量合成（相加）的层面。因此，教师要让学生认识到标量与矢量的加法存在区别，而矢量的加法即为平行四边形定则（图1-4）。同时，对力的合成认识的提升也为后面学习速度等其他矢量的合成打下了良好的基础。

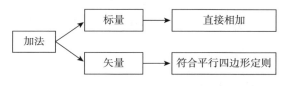

图1-4　力的"加法"教学结构

我们认为，力的合成的内涵作为本节教学内容的灵魂不容忽视，以往的教学多侧重平行四边形定则本身的获取，而在明确了矢量合成的重要性以后，教学的重心也应向阐明定则实质的方向有所倾斜。综上所述，以矢量合成（相加）为点睛之笔，就形成了《力的合成》一节整体的教学结构（图1-5）。从而使本节教学的内容进一步完善，教学结构趋于合理。

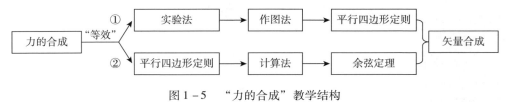

图1-5　"力的合成"教学结构

三、教学启示

反思本节教学的高端备课，我们得到以下启示。

（一）促进学生有意义学习

有意义学习是新知识与学习者认知结构中已有的适当观念建立非任意的和实质性的联系的过程。[①] 在认知同化过程中，学生把已有的观念包含于较广包容面或较高概括水平的新概念、新命题下，从而使新学习的内容与认知结构中的已有观念产生上位关系，就形成了上位学习。而在本节教学中，力的合成就是在"等效"思想下进行的分力与合力之间关系的研究。因此，"等效"即成为本节教学的关键。在认识了"等效"思想的基础上，教学才能够促进学生对力的合成的有意义学习。

（二）注重教学内在逻辑

教学逻辑对于一节课，尤其是新授课至关重要。教学逻辑不连续、不完整会对学生的物理知识学习产生负面影响，使学生对物理知识的认识不全面、不深刻。对于力的合成，教材只讲平行四边形定则这一定性规律，却不讲余弦定理的计算方法，就容易使学生对力的合成的学习出现问题。而"力的合成"的高端备课在平行四边形定则的基础上完善了力的合成的计算方法，形成了两条相互平行而又相关联系的教学过程，使教学整体更为流畅自然，教学内容也更加完整合理。

（三）深入挖掘知识内涵

作为力的合成的物理本质，矢量合成内涵的挖掘也是本节教学的重点。让学生抓住物理知识的本质是物理教学的重要目标之一。对物理知识的内涵与本质的深入认识是学生形成系统知识结构的基础。因此，经过本节内容的学习，学生的认识不再仅停留于力合成的方法，更是上升到了矢量合成的高度。这样，"力的合成"的高端备课通过注重教学过程中物理知识内涵与本质的显化，从而促进了学生对物理知识本质的认识与深化。

第五节　力的分解

"力的分解"作为高中物理教学的一个重点和难点，以及初高中物理衔接的第一个"台阶"，对学生的物理学习具有承前启后的重要意义，其教学活动也有着丰富的内涵。仔细研究并展开这些内涵与意义有助于优化教学质量，避免分化点的出现。因此，对这节课的教学设计进行深入研究，具有示范作用。

一、当前教学中的两种偏向

本节教学，长期以来存在着两种偏向，以现行人民教育出版社教材为代表的是

---

① 陈琦，刘德儒. 当代教育心理学 ［M］. 北京：北京师范大学出版社，2007：165～168.

其中的一种。教材通过"拖拉机拉耙"的例子引入力的分解的含义后，指出了力的分解同样遵守平行四边形定则，以及"同一个力 F 可以分解为无数对大小、方向不同的分力。一个已知力究竟应该怎样分解，要根据实际情况确定"。在呈现了一个"斜面滑块"的例题之后，又讲解了矢量相加的法则："三角形定则。"[1]

这种方式体现了传统人教社教材"突出重点、分散难点"并力求"逻辑轻快"的处理方式，在涵盖本节要点的前提下尽可能有利于教师在教学活动中抓住主要矛盾。[2] 然而，这种处理方式也存在诸多的缺憾。主要在于对本节作为高一物理新授课的教学缺乏深入的认识，对刚步入高中学生的学习能力缺乏足够的估计，如此就不免使"重点难点"成为"蜻蜓点水"；"逻辑轻快"成为"逻辑散碎"。教材的三角形定则与例题缺乏联系，特别是科学方法是教材本身的缺陷。当我们将教材本身等同于教学过程时，这些缺点就不可避免地被直接"复制"到了课堂教学之中。总而言之，教材的粗略、散碎有可能导致教学中的第一种偏向。

第二种偏向是一味追求"讲深讲透"。突出表现是，急于使学生掌握"平行四边形定则""三角形定则"等抽象定则、定律，有的还盲目加入矢量减法法则，习题呈现则出现无序、过难的情况。

以上两种偏向在教学中有时会同时出现，往往是在新课引入时"大干快上"，而在习题教学时盲目加码。究其原因，皆因我们把对教科书与习题册的研究代替了对教学过程本身的研究。因此，基于学生认知规律与学科特性的教学逻辑研究亟待系统开展。

二、力的分解教学设计

我们认为，新授课作为一种特殊的课型具有特殊的要求，最能体现物理教学的精髓。针对当前出现的问题与偏向，我们对"力的分解"的新授课教学做了如下设计（图 1 - 6）。

图 1 - 6 "力的分解"教学结构

如图 1 - 6 所示，从"力分解的内涵"到"力分解的科学方法"，再到"力分解的应用"，可以认为是一脉相承又渐次深入的整体流程。而教材在力的分解的科学方法问题上尤为缺失。

（一）力的分解的内涵

什么是"力的分解"？教材用"代替"一词来描述力分解的本质，更为通常的

① 人民教育出版社课程教材研究所．物理（必修1）［M］．北京：人民教育出版社，2006：64～66.
② 张同恂，乔际平．初中物理教材分析和研究［M］．北京：人民教育出版社，1988：196～207.

讲法是阐明"等效"的思想。我们认为，应该采取更为确切并体现层次性的讲述方式，才能使学生对力分解的思想有更加深刻的认识。

从"效果唯一"到"无限多"再到"非任意"，是对"力的分解"核心思想理解的三个层次（图1-7），教学应关注学生对这一核心思想的认识深度，讲清三个层面的逻辑关系。教学中，学生可能会有"力的分解是任意的"这样的前科学概念，所以就需要及时探查并给以澄清，指出力的分解只能是在"效果唯一"前提下的"无限多"，而不能片面地认为"力的分解是任意的"。

非任意
无限多
效果唯一

图1-7 "力的分解"内涵

（二）力的分解的科学方法

物理教学的逻辑需要借助科学方法来表达，只靠静态的概念与规律本身来表达是不够的。所以，"力分解的科学方法"就构成了本节教学脉络的主干与核心。我们提出的本节从宏观到微观的教学脉络如下（图1-8至图1-10）。

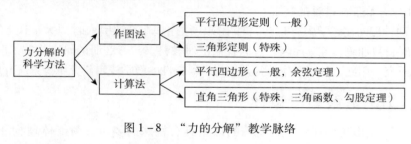

图1-8 "力的分解"教学脉络

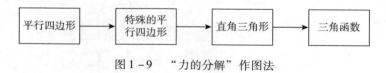

图1-9 "力的分解"作图法

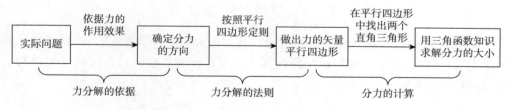

图1-10 "力的分解"教学思路

如图1-8所示，"作图法"与"计算法"两种科学方法是展开本节的枢纽。其中，正确驾驭"一般"与"特殊"的内涵是将教学深入下去的关键。我们的研究发现，高中物理课程内容中贯穿着一条反映"一般与抽象"内涵的线索和一条体现

"特殊与具体"内涵的线索，构成了教师教授与学生学习中的基本矛盾。而往往是"特殊（具体）"内涵讲不好，学生学不"实"，"一般（抽象）"讲不好，学生学不"活"。怎样处理这对矛盾关乎整体的教学思想与效果。

《力的分解》一节则首次显现了这两条线索的矛盾，其中反映"一般"内涵的主要有：将一个力分解为多个力、平行四边形定则、一般的矢量三角形、正弦定理、余弦定理等一般方法。而本节反映"特殊"内涵的主要有：将一个力分解为两个力、三角形法则、特殊的矢量平行四边形、特殊的矢量直角三角形、三角函数等特殊方法。

在"新授课"这一课型前提下，教学就必须做到将"平行四边形定则"等抽象的原理与物理理论转化为具体的、具有可操作性的方式方法。将抽象与复杂转化为直观与形象，尽可能减少学生的认知负荷，这就是"力的分解"作为一节授课基本的教学逻辑。[①]

据此，教学就要落脚于一条特殊的路径，选用特殊、典型的例子。而例子"典型性"的内涵就是特征的明晰性。心理学研究认为，这有助于学生形成清晰的认知结构。所以，后续的教学就只选用常见的、能够转化为直角三角形求解的例子，其他使用余弦定理的情况和正交分解法可作为拓展课的内容，而无须在本节呈现。

由此，再进一步讲明力的分解是如何由抽象的"平行四边形定则"逐渐过渡到使用特殊的三角函数计算的（图1-8）。其中需要对学生的认知过程与可能遇到的困难有细致入微的估计。故而就需采用逻辑细致严密的教学步骤，教给学生解决问题的方法。

图1-10描述了更加微观地解决具体问题的思路与步骤，教学时通过总结呈现这样的脉络图有助于学生的认知结构充分优化。

（三）力的分解的应用

如上所述，本节只呈现能转化为直角三角形的特殊、典型实例作为教学"解剖"的对象。然而，即使在这一原则的指导下，应用力分解的问题组仍需着意设计。依据由简到繁、由典型到变式的思路，我们设计了如下包含四个问题的"力的分解"的问题组（图1-11）。

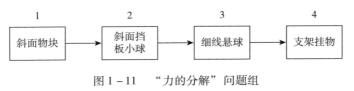

图1-11 "力的分解"问题组

（1）斜面物块：质量为 m 的物体静止在斜面上，其重力产生两个效果。一是使

---

① 邢红军. 论物理教育中的直观性与学生形象思维能力的培养［J］. 教育研究，1993（9）：54～56.

物体沿斜面下滑，相当于分力 F_1 的作用；二是使物体压紧斜面，相当于分力 F_2 的作用（图 1 – 12）。

$$F_1 = mg\sin\alpha；F_2 = mg\cos\alpha$$

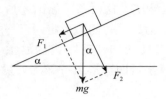

图 1 – 12　"斜面物块"问题

求解本题时需注意：把一个力分解成两个分力，仅是一种等效替代关系，不能认为这两个分力有两个施力物体，也不能认为 F_2 就是物体对斜面的压力。因为 F_2 不是斜面受到的力，其性质也与压力不同，仅在数值上与物体对斜面的压力相等。讲解时应逐步地讲明作图法的操作步骤，并在计算法的教学中仔细推证角的相等关系，最终指明在矢量图的直角三角形中，可应用三角函数求解分力。

（2）斜面·挡板·小球：质量为 m 的光滑小球被竖直挡板挡住而静止于斜面上时，其重力产生两个效果。一是使球压紧挡板，相当于分力 F_1 的作用；二是使球压紧斜面，相当于分力 F_2 的作用（图 1 – 13）。

$$F_1 = mg\tan\alpha；F_2 = \frac{mg}{\cos\alpha}$$

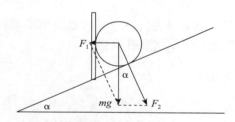

图 1 – 13　"斜面·挡板·小球"问题

本题的教学体现了变式的特点，但仍在直角三角形边角关系的求证以及三角函数计算的范畴内。

（3）细线悬球：质量为 m 的光滑小球被悬线挂在竖直墙壁上，其重力产生两个效果。一是使球压紧竖直墙壁，相当于分力 F_1 的作用；二是使球拉紧悬线，相当于分力 F_2 的作用（图 1 – 14）。

（4）支架挂物：质量为 m 的物体被支架悬挂而静止，其重力产生两个效果：一是拉伸 AB，相当于分力 F_1 的作用；二是压缩 BC，相当于分力 F_2 的作用（图 1 – 15）。

$$F_1 = mg\tan\alpha ; \quad F_2 = \frac{mg}{\cos\alpha}$$

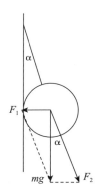

图 1 – 14　"细线悬球" 问题

$$F_1 = mg\tan\alpha ; \quad F_2 = \frac{mg}{\cos\alpha}$$

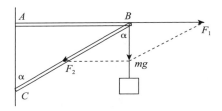

图 1 – 15　"支架挂物" 问题

在解答以上问题组之后，用表格的方式将分解的结果呈现如下（表1－4）。

表 1 – 4　"力的分解" 问题组总结

"力的分解" 问题组	分力 1	分力 2
斜面物块	$F_1 = mg\sin\alpha$	$F_2 = mg\cos\alpha$
斜面挡板小球	$F_1 = mg\tan\alpha$	$F_2 = \dfrac{mg}{\cos\alpha}$
细线悬球	$F_1 = mg\tan\alpha$	$F_2 = \dfrac{mg}{\cos\alpha}$
支架挂物	$F_1 = mg\tan\alpha$	$F_2 = \dfrac{mg}{\cos\alpha}$

　　该问题组的完成可以采取教师精讲与学生练习相结合的方式，教师只需引导学生解决（1）、（2）两题，要使学生体会到在问题解决过程中使用作图法、计算法等科学方法的有效性和结合性。在这一阶段，要告知学生相应科学方法的名称、内涵，并讲解演示其操作步骤。其中的关键是要使学生在操作中逐渐明确方法的使用条件。

三、对教学设计的讨论

新授课的教学设计是体现物理教学专业性的核心工作，是比习题演练更为重要的教学环节，不可等闲视之。总结以上论述，我们对"力的分解"教学设计有以下三点讨论。

（一）注意物理新授课的特殊性

物理新授课的教学对整个学段的教学具有基础性的地位，所以其设计就不能采用"从物理到物理"的方式，而应采用"从心理到物理"，着眼于学生的认知结构精心设计教学过程。长期以来，我们总是将认知结构的优化、深化、活化与认知结构的形成混为一谈，将质变与量变混为一谈。如此就造成了或"蜻蜓点水"，或"毕其功于一役"的不良倾向。而新授课中，就是学生已有认知结构的质变与新量变的节点。这就是新授课特殊性的本质原因。我们的教学设计正体现了对认知结构这一微妙变化的关顾。

（二）注意体现科学方法内涵

科学方法是人们在认识和改造客观世界的实践活动中总结出来的正确的思维方式与行为方式，分为思维方法和物理方法。研究表明，在教学中采取让学生"悟方法"的方式并不能有效地发展认知结构。教学中要确立这样的观念：物理方法不同于思维方法，是可以传授的，教学要以明示的方式进行科学方法教育。如前所述，本节知识的获得过程对应有作图法与计算法两种科学方法，只有对这些科学方法进行显性教学，才能迈出使教学符合逻辑、发展学生认知结构的关键一步。

（三）注意精心设计问题组

"题海战术"形成的原因是多方面的，而对习题教学研究的不足应是主因。由以上讨论可见，变式要注意层次性，避免机械重复。因为要使认知结构充分优化，必须进行足够数量的练习，但是练习并不是重复，要着眼于科学方法和问题情境的变化，精心设计问题组。其中，体现科学方法须有正确的依据，要避免追求烦琐的、旁门左道式的技巧；问题的情境性则要从抽象到生态化逐步过渡，如果有条件，则可以让学生逐步尝试解答如下的"原始物理问题"[①]：当载重卡车陷于淤泥中时，司机只有一根较长的钢索，旁边只有一棵大树。利用所学力学原理，想想怎样才能很便捷地从泥坑中拉出卡车？

---

① 邢红军. 原始问题教学：物理教育改革的新视域 [J]. 课程·教材·教法，2007，27（5）：51～57.

第六节　牛顿第一定律

牛顿第一定律作为高一物理教学的重要内容，一直以来都是教学的难点。教学实践表明，学生往往凭借生活经验形成顽固的前科学概念，从而导致牛顿第一定律的虚假掌握。因此，如何破除学生头脑中的前科学概念，就成为牛顿第一定律教学的关键。有鉴于此，我们立足物理教育心理学的研究，对本节课进行物理高端备课的探讨。

一、传统教材的分析

现行人教版教材首先引入亚里士多德的观点"必须有力作用在物体上，物体才能运动"，然后介绍伽利略斜面实验，引导学生"猜想"：如果没有摩擦力，减小第二个斜面的倾角，小球将仍达到同样高度，并通过设问"斜面放平小球能达到多远的位置"，进而过渡到"理想实验"。紧接着讲述笛卡尔的观点"如果运动中的物体没有受到力的作用，它将继续以同一速度沿同一直线运动，既不停下来也不偏离原来的方向"，从而引出牛顿第一定律。之后，用"冰壶"例子，试图让学生深入理解牛顿第一定律，最终针对牛顿第一定律中两个重要概念"惯性"与"质量"进行了解释。[①]

笔者认为，教材的处理方式存在三个问题：第一，教材对于伽利略实验中"减小第二斜面的倾角"与"第二斜面最终成为水平面"之间的阐述，并没有解释"小球最终停在距地面高度为 h 的斜面末端，如何将斜面视为水平面"这一关键问题，致使学生不能准确理解理想化的内涵；第二，教材未能将惯性、质量两个概念与牛顿第一定律结合，使得学生不能深刻理解定律本质，导致学生学习深度不足；第三，教材通过列举冰壶例子，并未起到引发学生认知冲突的作用，也就不能破除学生头脑中的前科学概念。

我们认为，牛顿第一定律教学的核心在于：怎样解释清楚牛顿第一定律的"是什么"和"为什么"两个问题。对于前者，需要解决如何让学生通过伽利略实验，并借助理想化实验在逻辑上解释清楚牛顿第一定律"是什么"的问题；对于后者，则需要借助"惯性"来阐明定律本质，从而解释牛顿第一定律"为什么"的问题；另一方面，由于许多教师没有认识到学生头脑中前科学概念的隐蔽性与顽固性，往往使牛顿第一定律的前科学概念与科学概念在学生的大脑中"和平共处"，并最终导致学生并未真正掌握牛顿第一定律。

---

① 人民教育出版社课程教材研究所，物理课程教材研究开发中心. 物理（必修1）［M］. 北京：人民教育出版社，2011：68～71.

二、彰显教学逻辑的高端备课

（一）依据"内因""外因"双层逻辑建立牛顿第一定律

在教学的第一环节，需要依据教学的内在逻辑建立牛顿第一定律，这也是高端备课的基础。伽利略实验既是物理学家思维发展的结果，又是得出牛顿第一定律的重要实验。如何利用伽利略实验中所包含的理想化思想，合理解释"小球最终停在距地面高度为 h 的斜面末端，但却可以将斜面视为水平面"问题，就成为教学中需要着力解决的问题。为了解释该问题并合乎逻辑地得出牛顿第一定律，教师应做如下讲解。

如图 1-16 丙所示，在直角三角形 BCD 中，$\sin\theta = h/BC$，在取极限的情况下，由于 h 有限而 BC 无限，则 $\sin\theta \to 0$，$\theta = 0$，于是右侧斜面 BC 成为水平面（图 1-16 丁）。需要强调指出的是，如果斜面为有限长，则小球最终停留在斜面远端；如果斜面为无限长，虽然其末端距离地面为 h 高，但小球仍会以不变的速度一直运动下去，此时无限长的"斜面"就变成了水平面，从而实现斜面到平面的转变。在满足理想化条件即不受外力和无限远时，小球运动至无限远需要无限长时间。如果没有摩擦，小球将沿水平面以恒定速度持续运动下去。由此，在逻辑上自然而然地得出牛顿第一定律："一切物体总保持匀速直线运动状态或静止状态，除非作用在它上面的力迫使它改变这种状态"。这就解释了牛顿第一定律"是什么"的问题。

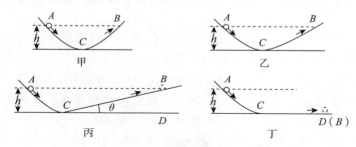

图 1-16　伽利略斜面实验[①]

理想实验只是得出牛顿第一定律的外因，牛顿第一定律成立的内因则是由惯性决定的。由此，需要向学生讲述惯性概念，即"物体具有保持原来匀速直线运动状态或静止状态的性质"，"质量是惯性大小的量度"，强调"物体的运动不需要力来维持"。教师可以向学生做这样的比喻，当无外力作用时，物体的运动如同时间的流逝一般，不需要外界任何物体来维持。牛顿第一定律揭示出"一切物体都有惯性"，故也称为惯性定律。因此，牛顿第一定律的内涵不仅需要直观现象的支撑（外因），更需要思维方法的加工（内因），这就解释了牛顿第一定律"为什么"的问题。

① 陈清梅，邢红军. 应用理想化方法讲解"伽利略实验"的教学研究［J］. 中学物理教学参考，2008（Z1）：20.

（二）破除学生头脑中的前科学概念

常规教学能够使学生建立牛顿第一定律，然而这远非教学的终结。由于学生头脑中普遍存在"力是维持物体运动状态的原因"前科学概念，因此并非"正面"传授知识就可轻易让学生掌握牛顿第一定律。对此，我们认为，只有将学生置于生态化的问题情境中，才能有效破除前科学概念。据此，我们选取如下原始物理问题展开有序教学。

首先，教师提出一个问题：

（1）在匀速行驶的火车车厢内竖直向上抛钥匙，问钥匙落在抛出点何处？

研究表明，学生往往会认为"钥匙落在抛出点沿车行驶方向的后方"，而原因是"火车在走，而钥匙抛出后不再向前走了"。对此，教师应追问"为什么钥匙抛出后不再向前走？"从而将学生判断背后的依据充分暴露出来，使学生在大脑中形成认知冲突，从而体察到判断的谬误，进而自然地寻求正确结论。

其次，教师提出第二个问题：

（2）从匀速水平向前飞行的飞机上向下空投炸弹，不计空气阻力，问炸弹扔下后在空中的排列情况哪一种是正确的？（图1-17甲、乙、丙）

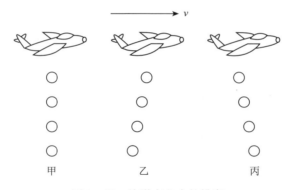

图1-17 炸弹在空中的排序

由于炸弹投出后在水平方向并未受到任何外力，因此仍保持匀速直线运动，与飞机在水平方向相对位置不变，所以呈竖直排列（甲）。教师一方面需要指出学生头脑中的前科学概念，另一方面也需要启发学生产生认知冲突并破除其头脑中的前科学概念。

通过上述两个原始物理问题的讲解，学生的大脑处于从被组织向自组织转变的临界区域。此时，如何使学生由被组织向自组织转变就成为教学的重点。继而可以提出以下两个问题，放手让学生自主解决，以检验是否破除头脑中的前概念。

（3）一人站在轮船二层甲板上，以最大速度奔跑想跳入水中。由于一层甲板过长，每次都只能跳到一层甲板边缘而不能跳入水中。有人建议在人以最大速度奔跑过程中，让轮船向相反方向以速度v匀速运动。请问这种情况下人能否跳入水中？

（4）在匀速向前行驶的汽车车厢内，前后车窗上各趴有一只蜜蜂，当两只蜜蜂同时相对车厢以同样的速度向对方车窗飞去时，问前车窗的蜜蜂先到达后车窗还是后车窗的蜜蜂先到达前车窗？

由于前科学概念往往在真实的问题情境中才能暴露，所以在分析以上两个问题时，学生若能认识到"在行驶的轮船和车厢内，无论运动方向如何变化，轮船上的人和车厢内的蜜蜂相对轮船和车厢的速度是相同的，在未受到改变运动状态外力的情况下，人能跳跃的距离和蜜蜂飞行所用的时间不变"就能正确解决问题，表明这部分学生已破除头脑中的前科学概念。因此，通过一系列问题的思考和回答，使学生原有认知图式受到不断的刺激，在头脑中引发认知冲突和危机，从而使学生对牛顿第一定律的认识在更深的心理层面得以确认。

三、对教学的启示

纵览以上高端备课过程，我们得到以下几点启示。

（一）以"理想化"作为建立牛顿第一定律的外因

理想化这一科学方法并非局限于现象的展示与外显的操作，而应调动"极限"等逻辑思维方法的参与，在这一过程中，学生开始伸出抽象思维的触角，并体验到一种逻辑外推的力量。我们提出的高端备课，通过极限思想，使"有限"变化的量变成为"无限"变化的质变，从而以合乎逻辑的方式导出理想化的条件，即不受外力和无限远。运用理想化这一科学方法，填补了学生的思维断点，让学生在逻辑分析中理性的认识牛顿第一定律，从而清晰理解了牛顿第一定律建立的"外因"。

（二）以"惯性"作为建立牛顿第一定律的内因

牛顿第一定律作为从大量实验事实总结而来的规律，如何循序渐进地传授其中蕴含的物理思想，更好地透视其物理本质就成为教学设计的重点。牛顿第一定律的表述中虽未言及"惯性"，然而事实上却包含了惯性的概念。由于保持原来的运动状态是物体的内在固有属性，是自然界一切物体本身存在的运动规律，所以物体的运动就不需要力的维持。如此，才能清晰透视出牛顿第一定律的本质，从而使学生信服这一规律，并真正把握牛顿第一定律的内涵。

（三）以"破除前科学概念"作为建立牛顿第一定律的保证

所谓前科学概念，是指学生在学习物理课程以前的生活实际中，对各种物理现象和过程在头脑中反复建构所形成的系统的但并非科学的观念。学生是带着前科学概念进入课堂的，而它们往往与科学事实不相符，前科学概念的顽固性、隐蔽性特点，更给教学带来了极大困难。

在牛顿第一定律学习中，学生头脑中往往存在着"两个牛顿第一定律"。一方面，他们可以把正确的定律倒背如流；另一方面，用来解决实际问题的却往往运用头脑中的前科学概念。因此，如何破除学生的前科学概念就成为本节教学设计的另一个关键之处。本节课通过一系列原始问题探测学生的前科学概念，进而引发学生的认知冲突，并力图改造学生已有的认知图式，达到建立新图式的目的。在更广泛的意义上，这项工作要求将前科学概念分析作为一项基本的备课活动，建议教师在关于前科学概念教学理论的指导下，力争对每节课中前科学概念的破除，都作出恰当的教学安排（图 1 – 18）。

图 1 – 18　学生头脑中的"两个牛顿第一定律"

第七节　牛顿第二定律

一、问题提出与分析

　　牛顿第二定律既是高中生学习的第一个定量的物理定律，也在整个高中物理中占有重要的地位。因此，对本节课的教学展开研究就凸显了特别重要的意义。然而，与该定律的重要地位形成反差的是，长期以来，本节课的教学思路却并没有出现更多的发展。

　　以现行人教版教材为代表的是最为传统且普遍的思路。教材将牛顿第二定律拆分为两节。第一节为"实验：探究加速度与力、质量的关系"，第二节为"牛顿第二定律"。教材先通过在实验中控制变量，并运用作图法、曲线改直法分别作出物体加速度与受力，以及物体加速度与质量之间的函数图线，进而得出"$a \propto F$"及"$a \propto \dfrac{1}{m}$"，即 $a \propto \dfrac{F}{m}$。基于此，教材第二节伊始就得出结论："物体加速度的大小跟它受到的作用力成正比、跟它的质量成反比，加速度的方向跟作用力的方向相同。这就是牛顿第二定律（Newton second law）。"最后，教材指出，通过比例系数法得

到 $F = kma$，通过选择单位，可将比例系数 k 化为 1，从而得出 $F = ma$。[①]

除以上这一普遍方法之外，还存在一种"单位力法"[②]，以及日本川胜教授物理教案中出现的一种特殊的归纳法[③]。较之传统的控制变量法实验探究，这两种方法带给我们别样的启示，那就是牛顿第二定律的得出并非只有控制变量法一种，还可以有其他选择。

仔细考量，我们发现，牛顿第二定律传统教学思路存在的缺陷在于，整个推导过程烦琐、臃肿，偏重于细节而失之于本质，导致学生往往无暇思考教学的思路而陷入对具体环节的关注。尤其是当学生初次面对力、加速度、质量三个物理量之间的关系时，明晰的逻辑路线和环环相扣的环节就显得格外重要。这正是改进牛顿第二定律教学设计的出发点与着力点。

二、教学设计与阐释

基于上述思考，我们认为，在牛顿第二定律的教学设计中，首先应向学生简明扼要地讲解教学的思路。牛顿第二定律研究的是：当一个大小方向不变的恒力 F，一直持续作用在质量为 m 的物体上时，则该物体的速度会变的越来越大（产生一定的加速度 a）。在这种情况下，怎样求得 F、m 与 a 三者的关系？

鉴于力 F 与加速度 a 的因果关系，我们提出一个假设：能否通过直接比较力 F 的大小来衡量物体加速度的大小？并由此设计第一个教学环节。

（一）通过直接比较物体受力来反映物体加速度的大小

选择一个物体 A（$m_1 = 0.2\text{kg}$）和另一个物体 B（$m_2 = 0.5\text{kg}$）。在物体 A 上施加作用力 F_1（$F_1 = 2\text{N}$），对物体 B 施加作用力 F_2（$F_2 = 3\text{N}$），采用速度传感器，可测得两物体的速度—时间关系数据（表 1-5）。

表 1-5　两物体的速度—时间关系

时间/s	$t_0 = 0$	$t_1 = 0.5$	$t_2 = 1$	$t_3 = 1.5$	$t_4 = 2$
物体 A 速度/（$\text{m} \cdot \text{s}^{-1}$）	$v_0 = 0$	$v_1 = 5$	$v_2 = 10$	$v_3 = 15$	$v_3 = 20$
物体 B 速度/（$\text{m} \cdot \text{s}^{-1}$）	$v'_0 = 0$	$v'_1 = 3$	$v'_2 = 6$	$v'_3 = 9$	$v'_4 = 12$

根据加速度的定义式 $a = \dfrac{\Delta v}{\Delta t}$，选择表 1-5 中多组数据计算可得，两物体的加速

① 人民教育出版社课程教材研究所，物理课程教材研究开发中心．物理 1 必修［M］．北京：人民教育出版社，2010：71~78.

② 许国梁．中学物理教学法（第二版）［M］．束炳如，等，改编．北京：高等教育出版社，1981：266~267.

③ ［日］川胜博．川胜教授的中学物理教案（上册）［M］．吴宗汉，彭双潮，译．南京：东南大学出版社，2002：63~65.

度均为一个定值（表1-6）。

表1-6　两物体加速值比较

物　体	受力/N	加速度/（m·s^{-2}）
物体A（0.2kg）	2	10
物体B（0.5kg）	3	6

接下来，当直接比较两个物体的受力大小和加速度的大小时，发现出现了一个与直观经验相违背的情况——受力大的物体反而速度变化得慢（加速度小）。对此，教师可进一步启发学生思考：产生这一矛盾的原因在于上述比较没有选取相同的标准（质量）。由此，解决方案就是在比较受力反映加速度大小时选用相同的标准（质量）。

（二）选取物体质量为标准进一步通过比较受力来反映物体加速度的大小

如前所述，通过比较受力来反映加速度大小的正确的比较方式，是要求在比较物体的受力时还要选取质量作为比较的标准，这意味着运用除法这一工具，将物体的受力与各自的质量相除，得到比值"$\dfrac{F}{m}$"后，才可以有效地进行比较（表1-7）。

表1-7　两物体的受力与质量比值

物　体	比值$\dfrac{F}{m}$/（N·kg^{-1}）
物体A	10
物体B	6

将表1-6与表1-7对照不难发现，比值大的物体加速度大，比值小的物体加速度小。更为重要的是，同一物体受力与质量的比值就等于该物体的加速度值。这一结果是否具有普遍性？这一结果有什么含义？由此就自然引出了下一个教学环节。

（三）牛顿第二定律的得出

为验证以上结果的普遍性（表1-8），在第三环节，再测量多组数据加以验证，结果发现均呈现"$\dfrac{F}{m}=a$"的关系。

表1-8　牛顿第二定律印证表

组别	物体 A (0.2kg)			物体 B (0.5kg)		
	受力/N	$\dfrac{F}{m}$/ (N·kg^{-1})	加速度/ (m·s^{-2})	受力/N	$\dfrac{F}{m}$/ (N·kg^{-1})	加速度/ (m·s^{-2})
1	2	10	10	2	4	4
2	4	20	20	4	8	8
3	6	30	30	6	12	12
4	8	40	40	8	16	16
5	10	50	50	10	20	20

至此，将"$\dfrac{F}{m}=a$"变形后，即"$F=ma$"就被推广为一条普遍的规律，教师可引导学生总结：这一规律及其表达式反映了物体质量、受力与加速度的关系，称为"牛顿第二定律"。

三、研究总结与讨论

总结以上牛顿第二定律的教学设计，我们得出以下三点启示。

（一）重视设计的直觉思维

一个好的教学设计思路的提出，往往并不是依靠逻辑思维而得到的，而是通过直觉思维和科学洞察力而获得。具体到牛顿第二定律的教学设计而言，人们通常认为控制变量法已经很完善了，也许不存在更好的教学设计思路了。而正是基于直觉思维的洞察，才有可能让我们从思维深处去萌生假设：存在更好的、更符合教学逻辑的教学设计。于是，基于比值定义法的牛顿第二定律高端备课便应运而生。在这个意义上，牛顿第二定律高端备课的设计思路比结果更加重要。

（二）找到最佳的教学思路

杨振宁先生曾经谈到，研究物理学如同看一幅很大的画，看这幅画可以有几种看法，一是近距离的一部分一部分仔细观察、研究。但这还不够，还必须走到远处去看整个画面，才能从宏观上把握住这幅画的结构。牛顿第二定律的高端备课正是如此。如果我们一开始就陷入控制变量法的近距离操作中不能自拔，那么就很难走到远处去认真思考运用比值定义法进行牛顿第二定律教学设计的精妙之处。在牛顿第二定律的教学中，是控制变量法更好，还是比值定义法更佳？显然，只要对二者进行简单的比较，就不难得出正确的结论。

（三）呈现简约的教学过程

在教学设计中，呈现简约的教学过程是非常重要的。一方面，透过简约的教学设计，可以更好地体现教学的逻辑；另一方面，简约的教学设计也更容易展现物理教学的本质，而不致教学的本质迷失在烦琐的细节之中。在本节高端备课中，我们直截了当地呈现了牛顿第二定律的本质：“当一个大小方向不变的恒力 F，一直持续作用在质量为 m 的物体上时，则该物体的速度变的越来越大（产生一定的加速度 a），怎样求得 F，m 与 a 三者关系。”通过简明扼要地道出本节教学设计的关键话语，从而呈现了画龙点睛的设计效果。

第八节　牛顿第三定律

牛顿第三定律与牛顿第一、第二定律一起共同构筑了一个完整的理论体系，奠定了整个力学的基础，其在高中物理教学中不仅是牛顿定律教学的“收尾”，更是学生学习复杂受力分析并全面认识物体运动规律的基础。因此，牛顿第三定律作为一个承前启后的教学环节，对其进行深入研究就有着重要意义。

一、问题的提出

对现行教材①②③④进行分析发现，尽管选用的素材和实验不尽相同，但牛顿第三定律的教学设计整体上大致沿寻“作用力与反作用力——牛顿第三定律”这一编排思路。即首先借助“物体间的力是相互的”给出相互作用力的概念，进而得出牛顿第三定律。相比之下，2013 版人民教育出版社教材在一定意义上有所进步，在这一思路之上增补了“受力分析”环节，试图对牛顿第三定律的应用进行阐释。基于文献综述及对牛顿第三定律教学的深入研究，笔者认为，尽管人教版教材在诸多细节上进行了完善，但牛顿第三定律教学中存在的主要问题仍未得到根本解决。

首先，教材未经铺垫就直接给出“作用力与反作用力”的概念太过突兀，忽视了学生已有的认知结构，存在教学逻辑颠倒问题。奥苏贝尔认为，应从学生已有的认知概念出发来吸收和巩固新知识，才能实现有意义学习⑤。当然，这并不意味着只要是已有知识就能促进新知识的学习，而是说只有准确找到学生的已有知识结构，并以此为“跳板”，才能让学生真正实现有意义学习。事实上，人教版教材意识到了这一点，在受力分析环节介绍了学生在初中已学过的知识——平衡力。遗憾的是，教材却未能敏锐地洞察到平衡力在本节教学中的逻辑起点价值，而是将其置于本节

①　束炳如，何润伟．物理（共同必修1）［M］．上海：上海科学教育出版社，2007：63～66.
②　陈熙谋，吴祖仁．物理（必修1）［M］．北京：教育科学出版社，2011：80～85.
③　中学物理教材编写组．物理1（必修）［M］．济南：山东科学技术出版社，2011：122～125.
④　人民教育出版社课程教材研究所，物理课程教材研究开发中心．物理（必修1）［M］．北京：人民教育出版社，2013：81～84.
⑤　邢红军．物理教学论［M］．北京：北京大学出版社，2015：1～5.

课的结尾，导致逻辑顺序颠倒，从而未能为牛顿第三定律的引入找准切入点。

其次，教材编排未能准确把握本节课的核心——教学重心在哪里？各版本教材均存在教学重心把握失当的现象，往往将教学重心聚焦在牛顿第三定律的得出上，这势必会影响学生对教学内容的准确把握，并最终不利于学生真正掌握牛顿第三定律。

最后，教材在"牛顿第三定律"教学环节之后，未加任何阐释直接增设了"物体的受力分析"环节，这就存在两个问题。一是在牛顿第三定律后"空降"物体受力分析环节，其编写意图是什么？教材并未明确指出。二是未能揭示出牛顿第三定律应用的内涵。具体而言，人教版教材正是意识到牛顿第三定律应用时需结合受力分析才增设该环节，意在强调牛顿第三定律的应用。但教材编写未能"走的更远"，而是将牛顿第三定律应用误解为仅使用牛顿第三定律就能解决问题，未能明确说明牛顿第三定律应用是一个多层次的联合过程，牛顿第三定律只是解决问题链条上的一个环节。简言之，不能认为学生学习了牛顿第三定律，就一定能够应用其解决问题。因此，牛顿第三定律的应用过程才是牛顿第三定律教学的重心。

二、牛顿第三定律的高端备课

通过对上述问题的梳理，我们遵循物理教学的逻辑和学生的认知规律，通过准确把握教学重心，对牛顿第三定律的教学设计进行了新的探索。从整体上将牛顿第三定律教学分为三个环节：探索定律，获得定律，应用定律，从而提升了牛顿第三定律应用在教学中的地位，有利于教师准确把握教学重心，进而逻辑明快地展开教学。

（一）"小荷初露尖尖角"：探索定律

选择准确的教学起点，直接决定着教学的逻辑走向是否正确，进而决定教学效果的优劣。各版本教材均以"物体间的力是相互的"为教学起点，直接告诉学生作用力与反作用力概念，进而认为就完成了教学引入。然而，这种教学引入与直接告诉学生相互作用力的概念并无差别。事实上，找准教学起点，不仅能够充分利用学生的已有知识，而且能够激发学生旺盛的求知欲，并最终形成探索新知的学习动机。

基于此，通过深入分析不难发现，学生除了具有"物体间的力是相互的"知识外，初中阶段还学习过平衡力。已有研究表明，学生学习牛顿第三定律的难点常集中在混淆平衡力与相互作用力上。[①] 因此，将平衡力作为教学起点，以新旧知识的对比展开教学，才是牛顿第三定律最佳的教学起点。

由于平衡力与相互作用力容易混淆，因此，教学中可借助细绳悬挂铁块的实例

---

① 张春斌，周少娜，王妍琳，肖化.关于"牛顿第三定律"迷思概念的调查研究［J］.中学物理教学参考，2014：49～51.

（图1-19），通过表格对两者展开对比（表1-9）。首先引导学生回顾平衡力知识，带领学生进行受力分析：当把铁块作为研究对象时，发现铁块受到的重力 G 与绳子对铁块的拉力 F'_T 是一对平衡力，进而引导学生将平衡力的特点填入表格。

在学生沉浸在完成平衡力回顾的喜悦中时，教师引导学生进一步分析：如果以绳子作为研究对象，发现细绳不仅受到重物对它的拉力 F_T，同时天花板也以 F'_T 作用于绳子，于是出现了新的疑问：所研究的力究竟叫什么？教师通过引导学生回顾"物体间的力是相互的"，从而顺理成章地引出相互作用力的概念。学生观察相互作用力很容易发现，二力的作用点不在同一物体上，但力的性质相同。然而，二力的大小和方向之间的关系却无法直观获得。带着这个疑问，教学就可以沿着正确的逻辑通道逐步揭开牛顿第三定律的"真面目"。

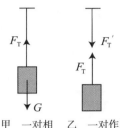

甲　一对相互平衡的力　　乙　一对作用力和反作用力

图1-19　铁块与细线受力分析

表1-9　平衡力与相互作用力特点（1）

类　别	平衡力	相互作用力
二力的大小	相等	？
二力的方向	相反	？
二力的作用点	在同一物体上	在不同物体
二力的性质	不一定相同	一定相同

（二）"终识庐山真面目"：获得定律

两个相互作用力在大小和方向上是什么关系？由于力传感器实验具备即时呈现力的大小和方向的优势，因此，教师可引入力传感器实验对其进行定量研究，这就有利于更加精确和直观地研究二力大小及方向的关系（图1-20甲、乙）。

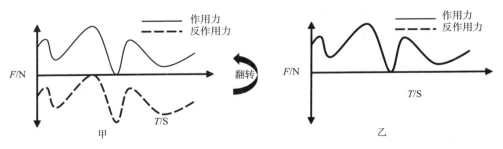

图1-20　作用力与反作用力关系

通过观察力传感器实验图象，学生不难发现，两条曲线分居横轴上下侧，通过翻转操作后两条曲线完全重合，从而可以直观地得出二个力在任意时刻均大小相等，而方向相反。因此，学生可将二力的大小和方向填入表格。至此，学生顺利完成表格的填写（表1－10），牛顿第三定律的得出已经呼之欲出了。教师应当把握时机，在学生持续获得成功情绪高涨时，引出牛顿第三定律的具体内容。如此一来，牛顿第三定律的“庐山真面目”就在学生思维的高度运转中被“揭开”，从而实现了从已有知识到新知识的飞跃。

表1－10　平衡力与相互作用力特点（2）

	平衡力	相互作用力
二力的作用点	作用在同一物体上	作用在不同物体
二力的性质	不一定相同	一定相同
二力的大小	相等	相等
二力的方向	相反	相反

（三）“纸上得来终觉浅”：定律的应用

由于教材编排使用“斜面—物块”模型，缺乏开放性与趣味性，不利于牛顿第三定律的应用教学。因此，可选取生活中的“拔河比赛”进行剖析（图1－21）。教师引导学生进行分析：当以绳子为研究对象时，绳子受到两队施加的力为：f_1、f_2，根据牛顿第三定律，$f_1=f_2$，显然无法解释拔河比赛的胜负。因此，需要重新选择研究对象。当以两方拔河者的脚为研究对象时，双方拔河者的脚所受的摩擦力为：f_3、f_4，由于$f_3 \neq f_4$，所以，摩擦力较大的一方获胜。因此，正是摩擦力的不相等才导致比赛的胜负。由此可见，在牛顿第三定律应用时，牛顿第三定律只是整个研究链条中的一个环节，这样就加深了学生对牛顿第三定律应用的理解。

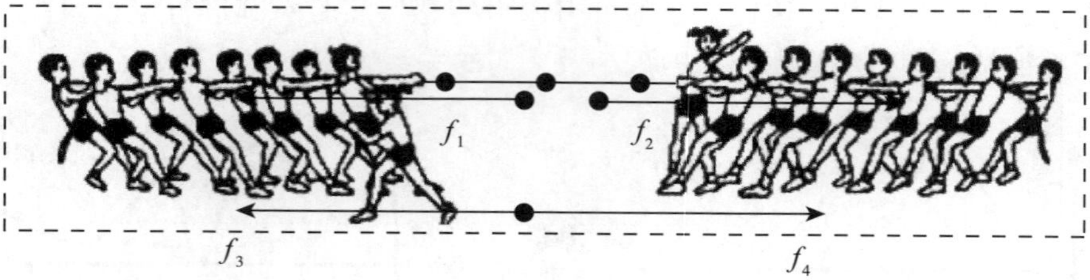

图1－21　拔河比赛

进一步，教师可以给出“马拉车”的实例，让学生在课外独立应用牛顿第三定律解决问题。“马拉车”与“拔河比赛”具有相似性，需要学生分析问题时先转换研究对象，再使用牛顿第三定律。通过进一步强化牛顿第三定律的应用，牛顿第三定律才能被学生真正掌握。

三、总结与启示

（一）准确把握教学重心

教学重心是教学展开的基石，是教学得以有效组织的"抓手"，"调控"着整个教学真正意义上的完成。传统的牛顿第三定律教学，往往将教学重心置于定律的得出，教学也随之走向歧路。与之形成鲜明对比的是，我们立足于高端备课的视角，将牛顿第三定律教学的重心聚焦于定律的运用，从而使知识的获得与应用浑然一体，真正使牛顿第三定律教学脱离窠臼，到达新的境界。可以说，聚焦牛顿第三定律的应用，才算是真正把握住牛顿第三定律教学的重心，并最终完成有意义的教学。

（二）遵循教学内在逻辑

所谓教学逻辑，就是教学过程中诸要素呈现的顺序。根据教学逻辑的要求，找准教学起点，准确把握教学重心，正是牛顿第三定律教学展开的关键。基于对牛顿第三定律教学的洞察，在精准把握教学重心——牛顿第三定律的应用前提下，敏锐地洞察出平衡力在牛顿第三定律教学中的价值，将平衡力置于教学起点之上，以二力平衡及相互作用力的对比引导教学逐步深入，从而使牛顿第三定律的得出顺理成章，并水到渠成地将其应用于生活实践。纵观整个过程，学生通过完成从已有知识向新知识的飞跃，实现从物理走向生活的学习体验，从而彰显了物理高端备课的独特品质。

（三）重视知识内涵的揭示

教学中将知识传授停留在概念、定律名称的引出上，距离真正有效的教学甚远。因此，重视对知识内涵的揭示，对学生能否真正理解知识具有举足轻重的作用。传统教学鲜有准确揭示牛顿第三定律运用的内涵，往往将使用牛顿第三定律与定律的应用相提并论。高端备课鲜明地指出，牛顿第三定律的运用是具有逻辑结构的过程，存在着环环相扣的有序链条，使用牛顿第三定律只是定律运用的一个环节。只有明了这一关键含义，才能使学生有章可循地运用牛顿第三定律解决问题，并达成牛顿第三定律教学的真正诉求。

第九节　超重与失重

"超重与失重"作为高中牛顿运动定律一章的重要内容，是牛顿运动定律的重要运用。但研究发现，系统展现超重与失重物理内涵的教学设计却还未出现。鉴于此，本文对其教学设计进行了深入研究。

一、传统教学内涵的缺失

现行人教社教材的"超重与失重"部分，以一道例题为开端，通过计算电梯加速运动时人对地板压力的大小，给出超重与失重的定义："物体对支持物的压力（或对悬挂物的拉力）大于物体所受重力的现象，称为超重现象。反之，物体对支持物的压力（或悬挂物的拉力）小于物体所受重力的现象，称为失重现象。"①

这种传统概念定义，一直受到"难于接受、理解、把握"的评价。② 在实际教学中，不少教师仿照教材中给出的例题录制视频，让学生形成感性认识，再进行理论分析，最后引入对超重与失重现象的描述。这样的教学设计，虽然使现象更加生动，但并未从根本上解决问题。我们认为，对超重与失重概念解读的不足，是造成问题的根本原因。

具体而言，教材在进行受力分析时，没有显化科学方法，从而使学生无法科学、有效地分析问题。更有甚者，让学生利用加速度的方向来判别超重与失重。③ 显然，这种分析方式是对超重与失重概念的误解，不仅缺少科学依据，还给学生理解和掌握超重与失重概念造成障碍。

奥苏贝尔曾说过："影响学习的唯一重要因素，就是学习者已经知道了什么，要探明这一点并应据此进行教学。"④ 在本节教学中，学生通常存在着"超重与失重是物体实际重力的增减"的错误认识。⑤ 对此，我们认为，正确把握超重与失重概念的定位，显化科学方法且给出思维脉络清晰的教学设计，才是解决此问题的根本途径。

二、彰显超重与失重内涵的教学设计

基于以上认识，本教学设计（图1－22）以真重与视重概念的引入、超重规律的教学和失重规律的教学三个教学环节，构成本节课的基本教学脉络。

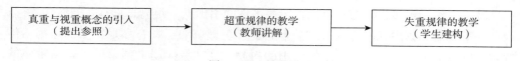

图1－22　教学设计

（一）真重与视重概念的引入

"超重与失重是物体实际重力的增减"的错误认识是学生在潜移默化中形成的。我们认为，只有明确给出各个概念之间的逻辑关系，才能有利于转变学生的错误认识，才能使学生对超重与失重有更深刻的理解。

① 人民教育出版社，课程教材研究所. 物理（必修1）［M］. 北京：人民教育出版社，2006：86～87.
② 吴建英. 对失重与超重的教学初探［J］. 吕梁高等专科学校学报，2003（1）：56～57.
③ 郭旺. 加速度向下就一定是失重吗？［J］. 物理通报，2007（3）：63～64.
④ 闫金铎，郭玉英. 中学物理教学概论［M］. 北京：高等教育出版社，2009：143.
⑤ 成金德. 浅析"超重"、"失重"的物理涵义［J］. 中学生数理化（高中版），2005（17）：32.

为对超重与失重概念做出明确定位，我们引入真重与视重概念，并以真重为参照对超重与失重进行解读（图 1 - 23）。

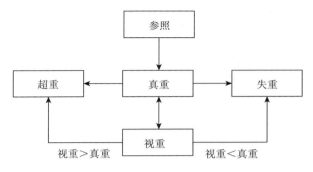

图 1 - 23 "超重与失重"解读

教学中，教师可以通过电梯称重视频引入真重与视重概念，真重即物体实际受到的重力，视重即秤的视数，并通过提问让学生思考：什么是超重与失重？

通过思考与解答，可以使学生原有的错误认识与真实现象形成认知冲突。在教师的引导下，以真重为参照，学生就可以得到对超重与失重的真实解读。即当视重大于真重时为超重，当视重小于真重时为失重。这样就明确了超重、失重和物体实际重力之间的逻辑关系，使学生对超重与失重概念有了明确的认识与定位，促使其关于超重与失重的错误认识得到转变，从而正确把握超重与失重概念。

（二）超重规律的教学

科学方法作为基本的研究途径、方式和方法，是联结科学知识的手段和桥梁，与知识同等重要。如果把科学比喻为一条珍珠项链，科学知识是珍珠，那么科学方法就是连接珍珠的丝线，缺少了细线的珍珠项链就不能称之为项链，而是变成了一捧散珠。[①] 以超重为例，牛顿第二定律、牛顿第三定律是珍珠，隔离法、分析法则是穿起它们的细线。而正是这条细线在无形中体现了教学的逻辑，构成了本节教学的脉络。基于以上认识，提出如下教学思路。

（1）运用隔离法和分析法。把物体隔离出来，选取其作为研究对象，画出受力分析图（图 1 - 24），其中包括秤的支持力 N、物体所受重力 G（真重）。

（2）运用牛顿第二定律。分析得出 $N - G = N - mg = ma$ 关系式，化简得到 $N = G + ma = mg + ma$。

（3）运用牛顿第三定律。求出物体对秤的压力 $N' = -N$，即视重的大小。其中，N 与 N' 大小相等，方向相反。

① 邢红军，陈清梅. 从知识中心到方法中心：科学教育理论的重要转变［J］. 首都师范大学学报（自然科学版），2001（6）：20～26.

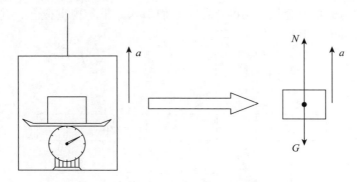

图 1－24　隔离法与分析法

讨论：根据真重与视重概念，可见关系式 $N' = G + ma = mg + ma$ 中，N' 为视重部分，mg 为真重部分，而 ma 则为超重部分。在此过程中，以思维方法中的分析法为"线索"，通过教师的讲授使学生逐步体会其中严密的逻辑关系，并使新旧经验和新旧知识连接起来，从而得到思维训练。

这样，学生很容易明白关系式中各个部分的物理意义，理解视重确实大于真重，从而接受和掌握超重概念。这种教学设计有利于学生认知结构的优化，对学生错误认识的转变具有至关重要的作用。

（三）　失重规律的教学

对于失重规律，也需要教师讲授吗？答案是否定的。

基于教学过程的自组织转变理论，教学过程可以看作学生的认知系统从被组织向自组织转变的过程。[①] 所谓被组织过程即教师对超重的讲解过程，自组织过程即学生对失重的自主建构过程。具体而言，学生在获得超重概念后，其认知系统已经到达了由被组织阶段向自组织阶段转变的临界区域，在教师的引导下，学生就可以运用"隔离法"和"分析法"，通过分析把失重与牛顿第二定律和牛顿第三定律联系起来，从而完成对失重规律的自主建构。

因此，学生通过自主建构获取失重知识，从而实现从教师"教"超重到学生自己"学"失重的转变过程，达到了"教是为了不教"的目的。这一过程充分体现了教师的主导作用和学生的主体地位，也有效培养学生的能力。

最后，教师可以提出完全失重的概念供学生思考与讨论。通过师生交流，学生可以发现超重与失重的相同点与不同点。值得注意的是：对于二者的相同点，教师无须讲解，但对于完全失重，因其与超重不同，若无教师的正确引导，学生可能容易得到完全超重的错误概念。

---

① 邢红军，林崇德. 论教学过程的自组织转变理论［J］. 课程·教材·教法，2006，26（11）：27～33.

三、对高端备课的反思与启示

从上述教学设计过程中，我们得到以下几点反思。

（一）明确概念定位

纵观以上教学设计，在教学中除应注意对概念内涵的剖析、把握概念之间的逻辑关系外，还需特别注意对概念的定位，这对学生能否正确认识概念具有举足轻重的作用。而引入"真重"与"视重"概念的价值就在于此。它不仅有利于对超重与失重的解读，还对明确超重与失重概念的定义起到了参照的作用，使整个教学逻辑清晰，使学生明确了超重与失重概念的内涵与外延，从而达到对教学内容的真正理解。

（二）显化科学方法

科学方法是物理现象通达物理知识的必经之路，既不可或缺，也无法逾越。本节教学中，"隔离法""分析法"是教学的重要组成部分。由于"隔离法"的介入，使问题解决得以切入。而"分析法"的介入，则使知识的运用更加顺理成章，概念的获得更加水到渠成，充分展现了利用科学方法解决问题的过程，从而体现了科学方法的效力。概而言之，只有对科学方法进行显性教学，才能实现物理教学逻辑的彰显，实现知识获得与应用的便捷与有效。

（三）把握教学过程

根据教学过程的自组织转变理论，教师把超重部分讲好，使学生掌握其中的物理方法与思维方法。然后，在教师的引导下，学生完全可以自主完成对失重规律的建构。其中，教师要注意对教学"度"的把握。讲授过多，会替代学生的思考过程，妨碍学生的认知系统由被组织向自组织转变；讲授不够，则不能把学生引领到从被组织向自组织转变的"临界区域"，导致学生无法主动获取知识。因此，对教学过程恰当、合理地把握是尤为重要的，这也彰显了对超重与失重一节进行高端备课的启示意义。

第十节 平抛运动

平抛运动作为一种曲线运动，一直都是高中物理教学的重点和难点。本文立足于高端备课的视野，就平抛运动的教学给出教学设计，希冀对这节课的教学有所启迪。

一、现行教材的逻辑分析

教材首先以直接定义的方法，给出平抛运动的概念：以一定速度抛出，在空气阻力可以忽略的情况下，物体只受重力的作用，它的运动叫平抛运动。[①] 随后选用水平抛出的小球作研究对象，建立二维直角坐标系分析其在两坐标轴上的运动规律：水平方向不受力，在这个方向上没有加速度，分速度保持原速 v_0 不变，即坐标 x 随时间 t 变化的规律为 $x = v_0t$；竖直方向受重力作用，根据牛顿第二定律，小球的加速度是 g，而初速度为 0，于是坐标 y 随时间 t 变化的规律为 $y = \frac{1}{2}gt^2$[②]，最后把两个位移公式进行联立，由方程得出平抛运动的轨迹是一条抛物线。

分析发现，教材编写主要存在三个问题。其一，教材把平抛运动分解为水平、竖直方向的分运动，却没有明确提及"运动合成和分解"这一研究曲线运动的重要方法；其二，教材根据牛顿第二定律推知竖直方向的运动，为学生的理解提供了合理的依据，但对水平方向运动形式的判别却没有给出理论依据；其三，教材对两个方向的位移公式联立方程，代换消元，得到水平、竖直方向的坐标关系式。但对为什么可以消去时间 t，即数学技巧背后的物理本质则语焉不详。

我们认为，平抛运动之所以成为高一教学的难点，主要原因在于教材编写没有清晰表达出教学逻辑，突出表现为教材编写没有显化"运动合成和分解"的方法，导致教学中"方法"主线的模糊，从而未能形成严谨的推理体系，并容易使学生陷入"知其然不知其所以然"的泥淖中。

事实上，各种版本教材对平抛运动教学所面临的困难均缺乏清醒的认识，这是由于长期以来人们对于平抛运动的教学本质缺乏深入的理解所致。鉴于平抛运动是高中物理中重要的曲线运动知识，也是由直线运动步入曲线运动的开端，所以教材编写处理不当，极易混乱学生的认知结构，为后续的物理教学埋下隐患，遑论夯实学生的基础，促进知识的迁移。

二、彰显"平抛运动"本质的高端备课

有鉴于此，我们遵从物理教学的逻辑和学生的认知规律，以显化科学方法，注重逻辑思维训练为突破口，对平抛运动的教学进行了高端备课的新探索。为了达成这样一种教学设计的思想，我们给出了平抛运动的教学设计主要教学流程图（图 1 – 25）。

与人教版教材编排的理念不同，平抛运动的教学流程图更加注重了教学逻辑的层次性。按照这种教学流程去组织教学，每个环节都契合了学生的认知水平，这就有助于学生深刻理解平抛运动的规律，从而有效解决了教材编写的逻辑问题。

依据平抛运动的教学流程图可以展开以下教学步骤。

（1）方法分析：教师首先以"如何分析曲线运动"发问，启发学生运用"运动

---

① 人民教育出版社课程教材研究所，物理课程教材研究开发中心. 物理（必修2）［M］. 北京：人民教育出版社，2008：7～10.

② 同①。

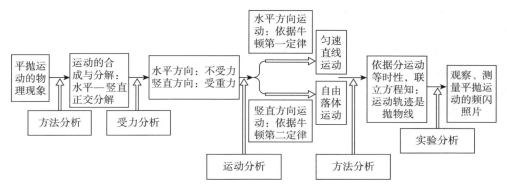

图 1 - 25　平抛运动教学设计流程

合成与分解"的方法对平抛运动进行水平—竖直方向的正交分解,从而把一个复杂的曲线运动简化为学生熟识的直线运动。这样,就可以使学生充分体会到科学方法在处理曲线问题时的作用,学会如何进行曲线运动研究的方法。

（2）受力分析:当把曲线运动分解为直线运动后,研究的焦点便聚焦到"水平、竖直方向分运动的运动状态"上。而为了得出小球的运动状态就必须进行受力分析,于是教师需要引导学生思考小球在两个方向上的受力情况:水平方向不受力,竖直方向受到重力的作用,为接下来判断分运动的运动状态做好铺垫。

（3）运动分析:对小球进行受力分析后,就可以以此为依据判断分运动的状态了。小球在水平方向不受力,仅有水平初速度 v_0,根据牛顿第一定律,可知水平方向为匀速直线运动,于是有:分速度 $v_x = v_o$,分位移 $x = v_o t$;小球在竖直方向只受重力,初速度为零,根据牛顿第二定律,可知竖直方向为自由落体运动,于是有:分速度 $v_y = gt$,分位移 $y = \frac{1}{2}gt^2$。这样便得出了分运动的运动方程。

（4）轨迹分析:平抛运动的轨迹判断向来是教学的难点。因此,在得到水平位移方程 $x = v_0 t$ 和竖直方向位移方程 $y = \frac{1}{2}gt^2$ 的基础上,教师可"趁热打铁",以分运动的等时性（平抛运动在竖直方向和水平方向经历的时间 t 相等图 1 - 26）为依据,将分运动位移方程进行联立,导出水平、竖直位置坐标间的函数关系,再结合几何知识判断平抛运动的轨迹是一条抛物线。该分析使学生充分意识到运动独立性原理的作用——联系各分运动的桥梁,并为今后解决相关问题奠定基础。

（5）实验分析:在通过理论推理得出平抛运

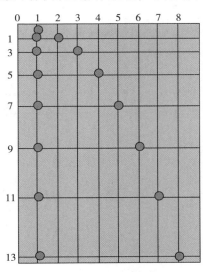

图 1 - 26　平抛运动的等时性

动的规律后，还要进行实验的验证，因为只有实验才能够验证演绎结果的正确性，使学生形成对平抛运动规律的根本认识。由此，可以采用频闪照相的方法，拍摄出小球做平抛运动的频闪照片（图1－26），让学生观察其运动规律。不难发现，在相等时间内小球水平方向位移之比为$1:1:1:1\cdots$，满足匀速直线运动的特点；而竖直方向小球位移之比为$1:3:5:9\cdots$，与自由落体运动特点相吻合，从而验证了平抛运动理论推理的结果。

三、启示

纵览整个高端备课，我们得到以下三点启示。

（一）借助科学方法，渗透物理思想

物理思想是在创立和发展物理科学理论的过程中，对知识和方法概括而形成的一种科学认识，广泛贯穿于整个物理教学中[①]。因此，如何在教学中渗透物理思想，是一个值得人们深思的问题。对此，我们在高端备课中先采用"运动分解"的方法将复杂的平抛运动分解成两个简单直线的运动，再通过对分运动的合成得到平抛运动的规律。这种结构紧凑、循序渐进的教学方式为学生的思维发展铺设了合理的逻辑通道，使学生在掌握科学方法的同时，充分体味其间的曼妙，进一步使学生对平抛运动的认识由一般方法层面提升至物理思想层面，最终形成一种"分解、合成的思想"，从而使平抛运动的教学效果发生翻天覆地的变化。

（二）结合认知结构，降低教学难度

奥苏贝尔强调，学生的学习应该是有意义的接受学习，即通过新知识与学生认知结构中的已有观念相互作用，引起新旧知识间的同化[②]。研究表明：当学生面对陌生知识时，焦虑水平会明显上升，这种消极的情绪将抑制思维活动，不利于新知识的同化。所以，教学伊始，教师就应及时向学生点明：平抛运动在形式上虽然是一个新的运动，但本质仅仅是对前面知识的综合运用而已，可谓"新瓶装旧酒"。再结合学生的原有认知结构，把平抛运动蕴含的知识与直线运动、运动分解、牛顿定律等旧知识紧密联系起来，使学生看到平抛运动不过是直线运动合成的结果。这样既易于学生对新知识的同化，又增强了学生克服困难的信心。

（三）演绎推理结论，实验验证推理

平抛运动的教学一直存在着两种不同的路径：一种是实验归纳法，通过观察实验现象总结运动规律；另一种是理论演绎法，在学生原有知识的基础上，经演绎推理得到结果。在深入考量这两种方法优劣的基础上，我们认为应先采用演绎推理的方式得

---

① 邢利华．浅谈中学物理教学中如何渗透物理思想［J］．知识经济，2013（12）：134．
② 陈琦，刘德儒．当代教育心理学［M］北京：北京师范大学出版社，2007：165～171．

到平抛运动规律，再进行实验验证。这种教学设计既可以兼顾二者之长，又能够弥补二者之短。一方面依靠演绎推理层次清晰与逻辑严密的特点，使学生能够系统地获取知识，形成知识网络；另一方面采用实验法对推理的结论予以验证，加强学生的感性认识。由此看来，该教学设计不但提升了教学的效果，同时也契合了学生的思维水平。

第十一节　圆周运动

"圆周运动"是继平抛运动后又一种特殊的曲线运动，它既是曲线运动的延伸，又为万有引力和天体运动打下基础，在教学中具有承前启后的作用。鉴于此，我们在深入分析教材编写不足的基础上，提出了"圆周运动"教学的高端备课。

一、现行教材编写的不足

"圆周运动"是人教版教材必修 2 第五章第四节的内容，教材首先举出"电风扇""时钟""田径场弯道赛跑"等日常生活中的实例，让学生感知圆周运动。然后通过思考与讨论得出线速度的概念，并给出匀速圆周运动的定义，指出"圆周运动快慢还可以用它与圆心连线扫过的角度来描述"，从而引出角速度概念，最后推导出角速度与线速度的关系①。我们认为，教材的编排存在一些有待商榷的地方。

第一，把线速度放在角速度之前讲解并不合理。一方面，线速度属于线量范畴，学生接受线速度的概念并没有困难，而且这样的编排并不能由线速度概念合乎逻辑地得出角速度概念；另一方面，把线速度与角速度看作同等重要，不能突出教学的重点与难点。

第二，在学习圆周运动之前，学生已经对直线运动及平抛运动有了深入了解，平抛运动虽属于曲线运动，但由于"运动的独立作用"原理，通过"化曲为直"可以解决平抛运动问题。但在圆周运动中，"化曲为直"的方法并不适用，这就需要引入新的物理量——"角量"，来描述其运动规律。然而，学生并没有用"角量"描述物体运动的经历，因此用"角量"描述圆周运动可谓教学思想上的重大跨越，这是在圆周运动教学中应当特别指出的。

二、体现教学逻辑的高端备课

（一）类比分析，引入角速度的定义

我们认为，圆周运动的教学应当通过向学生讲述科技史②，尤其是中国古代科技

① 人民教育出版社，课程教材研究所，物理课程教材开发中心. 物理（必修2）[M]. 北京：人民教育出版社，2010：13~16.
② 胡扬洋，陈清梅，邢红军. 物理教材引入科学史的新观点[J]. 课程·教材·教法，2012，32（12）：29~34.

发展的进程，从而自然地进行导入。教师应当指出，在我国数学发展的历史中，即便有"九章算术""勾股定理"等成就的获得，仍然还是局限于"线量"的思维方式而从未产生过"角量"的概念，由此可知"角量"概念产生之艰难。鉴于此，本节课的核心思想即为——用"角量"来描述圆周运动。

用"线量"定义物理量的方法学生已经非常熟悉，这些物理量通常就是位移、速度、加速度等。教师可以告诉学生，"线量"与"角量"在描述物体运动时具有完全相同的地位。因此，在直线运动中用"线量"定义物理量的方法，完全适用于圆周运动中用"角量"定义物理量。所以，采用"类比"方法很容易就可以得出角速度的定义。

类比直线运动中描述运动的"线位移"Δx，可知圆周运动中描述运动的"角位移"即为 $\Delta \theta$；因此，在直线运动中描述物体运动快慢的物理量是"速度"$v = \dfrac{\Delta s}{\Delta t}$，则在圆周运动中描述物体转动快慢的物理量即为"角速度"$\omega = \dfrac{\Delta \theta}{\Delta t}$。进一步，描述"角速度"变化快慢的物理量即为角加速度 $\beta = \dfrac{\Delta \omega}{\Delta t}$（教师可以稍加说明，不必讲解）。描述圆周运动新路线如下（图 1-27）。

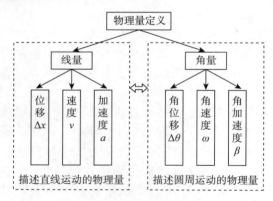

图 1-27　描述圆周运动的新路线

这样，将描述直线运动与描述圆周运动的物理量进行类比，学生就可以真正明了角速度定义的缘由，进而真正理解角速度的含义。

（二）寻找联系，导出两种速度的关系

图 1-27 表示了用"线量"和"角量"描述两类不同运动的方式，但线量和角量并不是互不相关的，而是具有一定联系，这种联系必定存在于圆周运动中（图 1-28），物体由点沿圆周运动到 A'，所用时间为 Δt，这段时间内物体走过的弧长为 Δl，其角位移的大小为 $\Delta \theta$，那么这些量有怎样的关系呢？

回顾以往学习的平面几何知识可知，学生耳熟能详的就是"弧长等于半径乘以圆心角"，即 $\Delta t = \Delta\theta R$，这就是线量与角量的联系。进一步，当在等式两边同除以时间 Δt 可得，$\dfrac{\Delta l}{\Delta t} = \dfrac{\Delta\theta R}{\Delta t} = \omega R$，$\dfrac{\Delta l}{\Delta t} = v$ 即为圆周运动的线速度，于是 $v = \omega R$。由此，就导出了圆周运动线速度与角速度的关系。

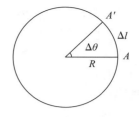

图 1 - 28 圆周运动的线量与角量

（三）温故知新，强调新旧知识的一致

对比直线运动的速度 $v = \dfrac{\Delta s}{\Delta t}$ 与圆周运动的线速度 $v = \dfrac{\Delta l}{\Delta t}$，可以发现，在直线运动中物体的位移为一条直线，而在圆周运动中物体匀速走过的是一段圆弧 Δl。当时间足够短即 $\Delta t \to 0$，可将圆弧看成一条直线，即物体运动的位移为 Δl。因此，圆周运动的"线速度"与直线运动的"线速度"相比，只是形式上发生了改变，但在本质上是相同的。所以，圆周运动的"线速度"并不是一个新的物理量，这是因为"线速度"对应的位移是一段弧长而不是一个角度。因此，圆周运动的"线速度"事实上是学生已经学习过的物理概念。最后，教师可以将描述圆周运动的物理量与描述直线运动的物理量对比，以帮助学生理解圆周运动的"线速度"概念（表 1 - 11）。

表 1 - 11　描述运动的物理量比较

运动形式	描述形式	位移	速度
直线运动	线量 s	线位移 Δx	$v = \dfrac{\Delta x}{\Delta t}$
圆周运动	线量 l	线位移 Δl	$v = \dfrac{\Delta l}{\Delta t}$

通过表 1 - 11 两种物理量的比较，学生可以清晰地看到，直线运动与圆周运动都是用线量描述的，因此二者的速度都是线速度，从而达到了新旧知识的统一。

三、教学启示

备课是物理教师专业性的工作，无论按照何种顺序呈现教学内容，备课工作都应关顾物理知识的内在逻辑，力求符合学生的认知水平，同时符合教学的逻辑。总结上述教学设计，我们得到以下三点启示。

（一）备课应揭示物理教学的本质

在学习圆周运动之前，学生习惯于运用"线量"来描述物体的运动，而圆周运动则是用"角量"对物体运动进行描述。因此，从用"线量"描述直线运动到用"角量"描述圆周运动，实际上是认知方式的分水岭。鉴于此，高端备课从教学的本质出发，重视认知方式的转变，明确指出描述物体运动的两条路线分别是"线量"与"角量"，注重"角位移"概念引入的关键性步骤，将"角速度"作为圆周运动教学的切入点，并随着"角速度"概念的引入，逐步突破"线速度与角速度关系"与"线速度概念"的教学，从而有效地促进了圆周运动教学的优化。

（二）备课应注重突破思维定势

中国自古虽有对勾股术、测圆术、弧矢术的深入研究，但对"角量"的研究则严重不足，这样"角量"描述物体运动的认知盲区就很有可能在学生学习圆周运动中"重演"。在学习圆周运动之前，学生的思维处于运用"线量"描述物体运动的状态，较难接受运用"角速度"描述圆周运动的思维方式。因此，圆周运动备课的重点就在于如何打破学生的思维定势。高端备课通过科技史的引入，将学生的思维从被组织状态向临界状态过渡，[①] 最后突破学生的思维定势，从而完成了从"线量"到"角量"描述圆周运动的认知飞跃。

（三）备课应体现物理教学的逻辑

所谓教学的逻辑，就是教学过程中诸要素呈现的顺序。由于圆周运动教学对逻辑性有着特殊的要求，因此先建立角速度的概念，再导出"角速度"与"线速度"的关系，最后得出线速度概念，这样的教学设计将"角速度""角速度与线速度的关系""线速度"按照学生的认知顺序整合在教学过程中，重点突出、层次清晰，体现了对学生原有知识水平的关顾，从而彰显了物理高端备课的独特内涵。

第十二节　生活中的圆周运动

我国传统物理备课工作的"教材分析""教案撰写"等范畴强调经验的继承，强调对物理教材的整体感知和把握，但其固有的封闭性在相当程度上造成了"闭门造车"倾向。相当部分教师的教案都写成了"师生问答"的线性模式，缺失了开放性和深度思考。而基于信息加工理论的教学设计范式限于其早期目的和理论基础的局限性，使得它受到形式逻辑规则的约束和信息加工系统中假设特征的制约，表现出外部效度或生态效度不高的缺陷 [②]。

---

① 邢红军. 论教学过程的自组织转变理论 [J]. 课程·教材·教法，2006，26（11）：27～33.
② 邓铸. 问题解决的表征态理论与实证研究 [D]. 南京：南京师范大学，2002：33.

基于此，我们依据科学方法中心理论①和原始物理问题教学理论②③④⑤⑥⑦⑧，提出了物理高端备课的观点，以表达物理教学的基本逻辑，力图使教师的课程准备最大限度地实现学生心理逻辑与物理学科逻辑的统一，从而构建体现物理教学本质并彰显中国特色的高端备课研究范式。

不仅如此，物理高端备课也为教师专业发展在大学（university）教育专家与中学（school）教师之间构筑起了联系的桥梁，使之成为 U–S 合作发展的新方式。以上这些，都使高端备课研究兼具理论与实践的双重意蕴，并为当前教师专业发展提供一种方法论的有益启示。

一、物理高端备课视角下的教材分析

对教材和现有教学的理论分析是物理高端备课的起始环节。我们发现，传统的物理教材编制提出了体现本土特色的"突出重点，分散难点"观点。这些研究为我国物理教学和物理教材编写提供了有效的理论指导。然而，随着课程改革的深度推进与教材建设的长足发展，以传统观点为支撑的"重点难点"理论已经不能满足师生对特色教材需求的增长。近年来就有学者称："相当多的教师已经把'课堂教学就是主要为了疏通难点，突出重点'当作了教学信条。他们习惯于把教学内容经验性地分割成孤立的一个个难点、重点和非重点难点，并据此来设置教学策略、编写教案、实施教学。学生则根据这样的考点布局来准备考试。""重点难点"也往往被庸俗化为"考点"与"非考点"。⑨对此，我们认为，虽然传统的教材重点难点理论基本把握了教材结构中主次矛盾的辩证关系，并在实践中彰显了有效性，然而这种衍生自传统经验的"篇、章、节、点"的教材结构观却亟待超越，"就教材，说教学"的传统教材分析也亟须改进，这就必然要对教学准备运用高端备课的理论

① 邢红军，陈清梅.从知识中心到方法中心：科学教育理论的重要转变［J］.首都师范大学学报（自然科学版），2011，32（6）：20～26.

② 邢红军，陈清梅.论原始物理问题的教育价值及其启示［J］.课程·教材·教法，2005，25（1）：56～61.

③ 邢红军，陈清梅.从习题到原始问题：科学教育方式的重要变革［J］.课程·教材·教法，2006，26（1）：56～60.

④ 邢红军.原始问题教学：物理教育改革的新视域［J］.课程·教材·教法，2007，27（5）：51～57.

⑤ 邢红军，陈清梅.原始物理问题测量工具：编制与研究［J］.课程·教材·教法，2008，28（11）：59～63.

⑥ 邢红军.自组织表征理论：一种物理问题解决的新理论［J］.课程·教材·教法，2009，29（4）：60～64.

⑦ 邢红军.从数据驱动到概念驱动：物理问题解决方式的重要转变［J］.课程·教材·教法，2010，30（3）：50～55.

⑧ 邢红军，罗良，林崇德.物理问题解决的影响因素研究［J］.课程·教材·教法，2012，32（6）：91～96.

⑨ 大学物理课程报告论坛组委会.大学物理课程报告论坛文集2007［M］.北京：高等教育出版社，2008：200.

思维。

"生活中的圆周运动"一节作为高中物理"曲线运动"一章的最后一节,体现了该章知识的一次综合应用。由于其前承新授课概念、规律的巩固,后启新章节的认知,自身又担负着提高学生知识应用能力的任务,所以对该节教学的逻辑与内涵进行深入研析就有着十分特殊的意义。

现行人民教育出版社教材选择了"铁路的弯道""拱形桥""航天器中的失重现象""离心运动"四个专题作为该节的基本内容。① 总体而言,教材采用了一种简单化的处理方式,但是大多数教师都会用不止一个课时讲完该节。这是因为该节既是该章内容的一次"小综合",同时也是后续"大综合"的基础。例如与天体运动、复合场中的圆周运动、单摆等知识都有复杂的综合关系。

然而,面对该节教学的重要地位,教材却只为每个专题提供了个别的、甚至单个的实例,并且仅有个别专题给出了简单的定量解析。例如"铁路的弯道"部分,缺少定量推证的文字描述使得该部分更近似科普读物,而非心理学化的教材。具体而言其中蕴含的诸如受力分析等科学方法内涵都没有得到凸显,其与知识的联系也处于隐晦状态。而现行诸多教参教辅由于质量参差不齐,客观上存在着把教辅编成"习题集"的倾向。在缺乏读书指导的情况下,该导向很容易使学生陷入"题海战术"的机械训练而不自知。"就题论题"没有注意结论物理意义的诠释,更没有顾及科学方法的显化。在这种情况下,知识与方法都很难内化。所以,在这种教材指导下学生的学习效率是不高的。

或许上述批评反映了教材与教参这类教学媒体的固有缺陷,然而,当我们将教材逻辑等同于教学逻辑的时候,这种缺陷也就不可避免地被"复制"到了课堂教学之中。由此,也就往往导致知识应用教学的零碎、无组织化,以致虽然课时开满、习题足够,但是学生面对陌生问题时仍显吃力,即长期以来一线教师所谓"开生题"能力的欠缺。这对学生的应考与能力发展都是一个难以逾越的障碍,其解决需要在理论思维的指导下做出仔细的研究。

我们认为,本节教学的有序与无序、统筹与放任,是通向高质教学与题海战术的岔口。同时,鉴于本节作为一个典型知识应用课型,以及在整个高中物理阶段的重要地位,剖析本节的高端备课就有着典型意义和示范价值。

二、物理高端备课的展开

物理高端备课是指以物理课程与教学理论为指导,采用"备课"的形式,研究既符合物理学内在逻辑,又符合物理教学规律,同时符合学生学习规律并接受课堂教学实践检验的教学设计,体现"从物理知识传授到物理方法教育,再到物理思想

① 人民教育出版社课程教材研究所,物理课程教材开发中心,物理(必修2)[M].北京:人民教育出版社,2010:26~30.

形成"的核心理念。在此基础上，构筑一线物理教师参与的教学研究交流平台，从而达到物理教育理论与实践真正结合，促进教师专业提升与学生认知发展向高水平跨越的物理教育研究活动。

高端备课不同于传统教学设计基于信息加工理论的流程描述，而是在符合物理学特色的物理教学理论指导下，对最具体的物理教学问题做出合乎物理教学逻辑的引领。据此，如何在本节纷繁复杂的问题情境与培养学生能力的迫切要求之间辨明教学的逻辑通道并找到坚实可靠的路径，就成为"生活中的圆周运动"高端备课的核心任务。

我们认为，教师的教学不能"想到哪里讲到哪里"，亦不能贸然呈现偏难题或易错题，而应站在一定的高度，系统地谋划该节的整体结构以彰显物理内涵。就该节而言，我们选择火车转弯、汽车转弯、圆锥摆、自行车转弯四个不同情境，并以习题或问题的形式组织了一个有结构的变式组，以此展开水平面内圆周运动的高端备课。

（一）火车转弯：典型化的教学起点

从何入手、如何"破题"，正是一个关乎物理教学逻辑的问题。事实上，科学研究从最普遍、感性的现象做起，而物理教学则须从抽象、典型的特殊例子开始。所以，"典型化"就是这一逻辑问题的答案，其中蕴含的是一个建立物理模型的过程。"火车转弯"这一问题大部分学生都有生活体验，所以具有一定的典型性。通过理想化方法，将火车抽象为一个良好的模型并设置数据之后，就获得了这一典型的物理习题：

火车转弯：质量为 m 的火车在转弯处，若向心力完全由重力和支持力的合力提供，则铁轨不受轮缘的挤压，此时行车最安全。请推导此时火车的速度。

首先，第一步教学从学生熟悉的情境开始，符合典型化的要求；其次，从情境中提取出这样一个问题不是可有可无的，因为学生从具有一定抽象性的模型开始学习，有利于知识的概括化和迁移水平的发展；[1] 第三，学生需要教师在科学方法上给以示范，即要引导学生分析题中什么条件为主、什么条件为次，从而体会模型的特征以及构建方式，这是物理模型教育的本质要求。[2]

对火车进行运动分析和受力分析是解决问题的第一步，由受力分析图（图1-28、图1-29、图1-30）可见，在没有侧向摩擦力的临界条件下，向心力恰好由重力与垂直于斜面的支持力的合力提供，由几何关系得：$mg\tan\theta = m\dfrac{v^2}{R}$，即 $\tan\theta = \dfrac{v^2}{gR}$。"临界速度"为：$v = \sqrt{gR\tan\theta}$。

① 邢红军. 论物理教学与学生迁移能力的培养［J］. 物理教师，1994（12）：1～3.
② 邢红军. 论科学教育中的模型方法教育［J］. 教育研究，1997（7）：53～56.

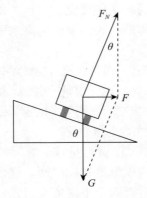

图1-28 受力分析1

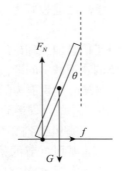

图1-29 受力分析2

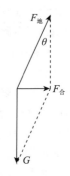

图1-30 受力分析3

进一步，可以以临界速度为节点，探讨火车速度在不同区间内铁轨所受压力的方向和大小，并探讨行车速度、转弯半径、铁轨倾角之间的关系，以此训练控制变量的方法。如果有条件，还可以找到具体的参数，进行核实、讨论。通过这样多维度的探讨，就可以理解这一结论背后丰富的物理意义。

（二）汽车转弯：及时显化科学方法

以上对第一个问题透彻、全面的分析仍不足以保证应用物理知识能力的提高，关键问题是解决上述问题过程中的何种因素需要被重视并贯穿于后续的变式之中。我们认为，这一解决问题的核心因素就是科学方法，由此，我们安排了以下变式。

汽车转弯：某高速公路转弯处，弯道半径 $R=100$m，汽车轮胎与路面间的动摩擦因数为0.23，路面要向圆心处倾斜，汽车若以15m/s的设计速度行驶时，在弯道上没有左右滑动趋势，则路面的设计倾角应为多大？（$g=10$m/s^2）

第二个问题与火车转弯相比只改变了问题情境的个别要素，并对相关物理量赋予了具体的数值，体现了对问题解决能力要求一定程度的提高，但仍然离不开受力分析、运动分析的科学方法。由图1-28所示 $\tan\theta=\dfrac{v^2}{gR}$，经分析同样可得 $\theta=\arctan\dfrac{v^2}{gR}$，即代入相关数据得：$\theta=\arctan0.225$。

这一环节需要注意的是，由于问题情境已经发生了变化，所以教学就不能止步于"就题论题"，而应在与前一问题的比照中及时显化临界法、受力分析、计算法等科学方法。否则，整个变式组的教学也因没有顾及相互联系和概括化而有名无实。

（三）圆锥摆：促进科学方法迁移

在呈现典型问题、显化科学方法之后，采取什么教学措施仍然取决于此时微妙的教学时机。为此，我们设置了"圆锥摆"这一变式。

圆锥摆：小球在水平面内做圆锥摆运动。设小球的质量为 m，摆线长为 L，半顶角为 θ，求小球做匀速圆周运动的角速度为多大？

对于圆锥摆问题，水平面内圆周运动的向心力由重力和摆线张力的合力提供。类比可见，摆线提供的拉力与轨道（或路面）提供的支持力是完全等效的，使用等效法同样可得 $\tan\theta = \dfrac{v^2}{gR}$ 这一关系，又 $R = L\sin\theta$，$v = \omega L\sin\theta$，联立即得：$\omega = \sqrt{\dfrac{g}{L\cos\theta}}$。其中，体会摆线张力与上述情境中支持力的等效性是深化对结论内涵理解的关键一步，这对促进科学方法的迁移有极大促进作用，而这也正是本环节教学的核心宗旨。

在以上变式中，作图法、几何方法、三角函数法贯穿解题的全过程，而临界条件分析法、类比法和等效法则是几种特殊的物理方法。事实上，学生对临界、瞬时这种有别于定量思维的条件还颇不熟悉，所以需要着意训练，才能使学生掌握它们并使思维由有限走向极限，由模糊走向精密。这体现了物理方法与思维方法教学的统一性。

科学方法作为心理学意义上的"强认知方法"，其价值正在于超越个别问题的对照，而能在各种陌生情况下体现良好的可迁移性。据此，圆锥摆这一环节的教学为了促进方法的内化和迁移，就应妥善做到"收放有度"，即对科学方法不应再精细地讲解，而要启发、引导学生自主使用方法，甚至放手让学生在自主解决问题中使用刚学到的方法。这是因为学生能够在不同的问题情境中迁移使用正是方法被掌握的标志。而实践证明，教师如果仍然越俎代庖地"精讲"下去，学生们则很容易产生逆反心理。[1]

（四）自行车转弯：落脚于生态化的原始物理问题

平面内圆周运动变式教学的落脚点应该是在生态化的情境中放手让学生自主建立模型，自主设置物理量并解答。一道关于自行车转弯的原始物理问题就成为了本次变式教学的落脚点。

自行车转弯：人骑自行车在水平地面上运动。请自主设置数据，推出一个表达式，计算若自行车以一定速度安全转弯时自行车的倾角应为多大？

这一原始物理问题由于没有提供数据，所以需要先用思维方法给以分析，理解物理本质，在自主建立恰切的模型的基础上设置数据解答。

自行车转弯的时候，需要将自行车抽象为直杆模型。通过受力分析可见（图1-29）：一方面，提供向心力的是地面对自行车的侧向摩擦力（指向弯道圆心）；另一方面，自行车不发生转动，若选重心为转动轴，由合力矩为零可知，地面作用

---

① 袁芳. 高中物理课堂教学中的微扰与反思 [J]. 中学物理教学参考，2013，42（4）：48～50.

于自行车的合力 $F_{\text{曲}}$ 必过重心。取自行车和人的总质量为 M，自行车速度为 v，转弯半径为 R，由此做出矢量关系图（图 1 - 30），同样有关系：$mg\tan\theta = m\dfrac{v^2}{R}$，即 $\tan\theta = \dfrac{v^2}{gR}$，$\theta = \arctan\dfrac{v^2}{gR}$。

这类原始问题的优势在于能够充分调动学生头脑中物理方法的参与并有效训练思维方法，对物理知识应用水平的提升有着很强的效力。自行车转弯的原始物理问题从现象出发，体现了物理教育的生态化。[①] 如果教学仅局限于抽象习题的演练或在各种情境之间无序地跳跃，容易造成学生或许会收获一些零碎的经验，而对于科学方法、物理本质都缺少深入的洞察和认识。而从"火车转弯"到"自行车转弯"的上述四个情境化问题，则组成了一个有着共同物理本质的、结构化的变式组（图 1 - 31）。

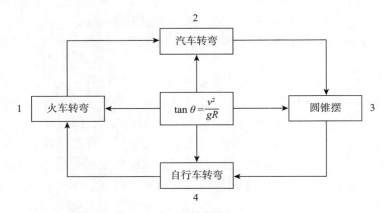

图 1 - 31　生活中的圆周运动变式结构

显然，$\tan\theta = \dfrac{v^2}{gR}$ 作为一根"绳子"，拴住了 4 只"蚂蚱"，这充分彰显了物理高端备课的神奇之处。

三、物理高端备课的启示

我国传统的物理备课工作亟待改进，近来就有论者总结了如处理教材缺乏创造性、制订目标过于笼统、以学定教流于形式、设计教案简单化、教学反思空洞、教案与教学分离等六大备课痼疾。[②] 其核心问题还在于备课工作与教师对教学的理解未能做到真正结合，而根本原因则是缺乏科学理论的指导。物理高端备课则要求备

①　邢红军. 物理教育的生态化及其对物理课程改革的启示［J］. 教育科学研究，2010（1）：59～64.
②　陈华忠. 年轻教师备课中的问题与建议［EB/OL］.［2008 - 9 - 16］. http：//www. edu. cn/blog_654/20080916/t20080916_ 325476. shtml.

课者超越传统的教材分析、教案撰写以及教学设计的局限，不仅要明确"做什么""如何做"，还要基于深度的理论思考，在教学中论证"为什么要这样做"，并在高端备课的过程中呈现这些思考。这种工作构筑了专业沟通与学术批判的桥梁，对促进学科教师专业发展以及我国学科教育研究水平的跃升可以发挥"蝴蝶效应"的功效。

对"生活中的圆周运动"一节而言，"从物理到物理"的教学思路实际上绕过了教学过程的安排与研究，经验的描摹也由于缺少了科学教学理论的整体考量而失之琐碎与功利。纵览以上高端备课过程，我们得到了几点启示。

（一） 在高端观点下透视备课的本质与结构

现实中，无论是教师个人备课还是集体备课都曾提出了"超前性"的要求，然而这一要求也往往局限于超出课堂教学进度的一到两个单元或章节，这就导致这种"超越"未能达到对教学理解的质性飞跃。而高端备课则要求教师需要站在理论思维的观点下，不仅从宏观的物理教学过程，而且从微观的物理教学心理洞悉备课的本质与结构，由此实现充分、有力而又简约的教学逻辑。

生活中的圆周运动一节容纳的四个变式组，不同问题情境的背后有着共同的物理本质"$\tan\theta = \dfrac{v^2}{gR}$"。而教师要把握这一本质就不能满足与单个问题的解答与对话，而应对倾角、临界速度、圆周半径等参量用物理思想统而御之，即全面、敏锐地洞察各个物理量的变化与制约关系。在问题情境的每次变化之间，也需要教师基于对物理本质的把握，体会变式之间的同与不同、变与不变，从而才能将课程内容结构化、灵活而全面地呈现给学生。也只有这样，才能在教学中做到胸有成竹、高屋建瓴。总而言之，彰显本质、凸显结构就是物理高端备课高端观点的集中体现。

（二） 以显化的科学方法表达物理教学的逻辑

在确定该节的本质与结构之后，就聚焦到了如何合理地落实教学过程的问题，这同样是一个教学逻辑的问题。

其实，获得应用能力的关键就是科学方法的习得，一线教师所谓学生不会"开生题"，都是源于科学方法教育的缺失。然而，科学方法有其独立于物理知识的表达体系，并往往隐藏在知识背后，所以如何显化并开展传授就是一个难题（图1－32）[1]，变式组物理本质"$\tan\theta = \dfrac{v^2}{gR}$"的得出和逐步深化并不是默会或顿悟而来，而必须经由临界法、作图法、计算法等科学方法导出，并在不同变式组的变化中不断领会。在有序的比照和迁移中，学生对科学方法才能逐渐产生敏感、意识，进而掌

---

① 陈清梅，邢红军，李正福. 论物理课程改革背景下的科学方法教育 [J]. 课程·教材·教法，2009（8）：52～56.

握并自觉地使用它们。

事实上,科学方法作为有序的时空次序可以有力地表达教学逻辑,所以必须采用显化的方式进行科学方法教育。这不仅需要明示科学方法的名称,还要在规范的操作过程中准确拿捏时空次序的呈现和讲解。所以,对教师的功底不啻为一种艺术化的要求。而前述两个教学环节中提出的"及时显化""收放有度",都可以说是科学方法教学的特殊要求。这种教学不仅显化了科学方法教学的逻辑,还是对课程本质与结构的有效落实,更对学生物理知识应用能力的发展大有裨益。

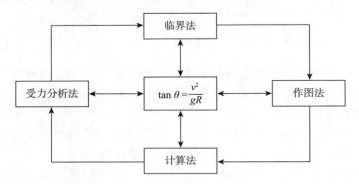

图 1-32　生活中的圆周运动科学方法结构图

(三) 以高端备课有效促进教师专业发展

片面描摹经验是我国当前教师专业发展面临的最大困局,其根本原因在于教师专业发展理论与实践的脱离。而高端备课研究立足"备课"这一联系教学理论与实践的枢纽环节,为一节课具体的设计工作构筑了同理论与实践双重答辩的良好平台。其沟通理论与实践的功能,成为了理论与实践的双重生长点。而教师专业发展也找到了高端备课这一用来聚焦的"透镜"。在这种聚焦下,教师专业发展的途径得以落实,而学科教育专家与一线教师也找到了聚焦问题并分析问题的研究领域与实践框架。也正是在这个意义上,高端备课研究才对教师专业发展提供了方法论的启迪。

这种方法论的启迪在于对问题空间的界定以及教学逻辑这一核心概念的提出。就物理学科而言,由于面对物理学丰富的物理意义、系统的逻辑结构,以及学生的认知水平,所以尤其需要对每个教学环节的逻辑做出理论论证与正确导引。然而,遗憾的是,足以论证这种教学逻辑的理论又鲜有可用。这是由于能够兼顾学科逻辑与学生心理逻辑并体现学科本质的教学理论仍然是匮乏的,某种程度上处于当前教学理论与实践之间的"灰色地带",所以对其研究往往面临着特殊的困难。对此,我们的研究则为这种学科教学逻辑理论初步概括出了高端备课这一问题域,而聚焦这一领域就能为教学逻辑的研究不断开拓新路。

第十三节 万有引力定律应用——人造地球卫星

一、问题提出与分析

本节课的教学内容是人教版《物理必修（2）》第六章《万有引力与航天》第五节宇宙航行。教材引入牛顿的设想——把物体从高山上水平抛出，如果速度足够大，物体就不再落回地面，成为绕地运动的人造地球卫星。利用人造地球卫星绕地球运行，地球对卫星的万有引力提供卫星做匀速圆周运动的向心力，推导出物体在地面附近绕地球做匀速圆周运动的速度，即第一宇宙速度，进而提出第二宇宙速度、第三宇宙速度。最后，教材介绍了人类和我国迈向太空的科学史，激发学生的民族自豪感[1]。寥寥数笔介绍完毕。

分析发现，教材编写主要存在三个问题。第一，教材设地球的质量、绕地球做匀速圆周运动飞行器的质量、飞行器的速度，以及它到地心的距离，利用飞行器运动所需向心力是万有引力提供的，列方程得出第一宇宙速度。笔者认为，这增加了学生的认知负荷。对于刚接触"万有引力"这一宏观概念的高一学生，不能清晰地建立起万有引力提供向心力的物理图景，甚至有同学不能准确判定中心天体、环绕天体、轨道半径以及各物理量的含义等。对于处于这样认知水平的学生，如此安排学习会使学生有云山雾罩之感。第二，人造地球卫星是高考的重要考点，它的考查内容不仅限于第一宇宙速度、第二宇宙速度、第三宇宙速度，还考查卫星线速度、角速度、周期随卫星运行轨道半径的变化关系，以及卫星运行的最大线速度、角速度及最小周期等，这部分内容教材中没有涉及。第三，卫星绕地球运行的轨道特点、同步轨道静止卫星的特点，这些都是每年高考考查的重点内容，教材均没有明确提出，从而导致学生对人造地球卫星缺乏真正理解。

我们认为，造成"人造地球卫星"教学不够深入的主要原因，一方面是教材编写没有将"模型教学"作为本节的教学主线；另一方面是教材的组织逻辑不清晰，从而不能引导教学走向深入。因此，一种彰显物理内涵的"万有引力定律应用——人造地球卫星"的教学设计亟待展开。

二、教学设计与阐释

奥苏贝尔强调，有意义学习过程的实质是建立新知识与旧知识间的实质性联系[2]。针对本节课，促进新知识的同化，建立"人造地球卫星"（新知识）与"万

---

① 人民教育出版社课程教材研究所. 物理必修（2）［M］. 北京：人民教育出版社，2010：44～45.

② 陈琦，刘德儒. 当代教育心理学［M］. 北京：北京师范大学出版社，2007：165～166.

有引力提供向心力"（旧知识）之间的实质是联系是本节教学的关键，亦是本节教学的突破口。

基于以上认识，本节教学设计如图 1 - 33 所示，根据卫星绕地球做匀速圆周运动的向心力是由他们之间的万有引力提供这一基本原理引入（以下简称万有引力提供向心力），建立人造地球卫星的平面模型图，随后用假设法判断出卫星绕地球运行的轨道特点，进而用演绎推理法得出卫星线速度、角速度、周期随轨道半径的变化关系，最后用假设法和演绎推理法得出地球同步轨道静止卫星的特点等四个教学环节，构成本节课的基本教学脉络。

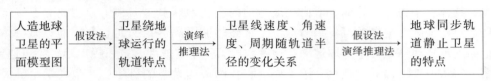

图 1 - 33　"人造地球卫星"教学设计

我们希望通过四个依次递进又相互关联的教学环节，为人造地球卫星的教学开辟一扇新的窗口。

（一）建立人造地球卫星的平面模型图

我们的经验认为微观的事物比较抽象，学生不易理解。其实，宏观的事物同样抽象，学生认知也很困难。比如人造地球卫星、地球，人们很熟悉。但是，绝大部分同学没有亲眼见过。学生对他们的感知仅限于立体图景，平面图景对他们来说是陌生的。高一学生的认知水平绝大多数处于具体运算阶段，抽象思维能力还比较弱。根据物理教学心理学的研究，学生在接触陌生知识与情境时，认知水平会退化到更低层次[1]。因此，在教学中应该强调直观性——建立人造地球卫星的平面模型图，充分调动学生的感官，运用形象化的教学手段建立人造地球卫星运行的物理情景图。人造地球卫星做匀速圆周运动，中心天体是地球，质量用 M 表示，半径用 R 表示；环绕天体是卫星，质量用 m 表示。卫星相对于地球可以看作是质点，故卫星的尺度可忽略。卫星离地面的高度用 h 表示，卫星运行的轨道半径用 r 表示（表 1 - 12），形象地梳理出人造地球卫星的平面模型图（1 - 34）。

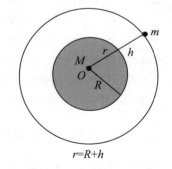

$r=R+h$

图 1 - 34　人造地球卫星的平面模型

---

① 邢红军．初中物理高端备课［M］．北京：中国科学技术出版社，2014：47 ~ 48.

表 1–12　人造地球卫星模型参数

卫星做匀速圆周运动	各组成部分标识
中心天体	地球（质量 M，半径 R）
环绕天体	卫星（质量 m，离地高度 h）
轨道半径	$r = R + h$

（二）卫星绕地球运行的轨道特点

"卫星绕地球运行的轨道特点"是教学难点，因为天体运动较抽象，学生不能准确地将立体图景转化为平面图景，画示意图分析。因此，如果学生清晰地"看到"人造地球卫星的轨道，再思考就会降低认知负荷。因此，我们把地球仪应用到物理课堂，自制圆环，用圆环模拟人造地球卫星的轨道。教师分别模拟图（图 1–35 与 1–36甲、乙、丙）所示轨道的各种情况，学生依据万有引力提供向心力这一基本原理和假设法推断图中的丁，卫星处于不稳定状态。师生共同总结：任何人造地球卫星的稳定轨道平面都通过地心。

图 1–35　圆环模拟人造地球卫星轨道

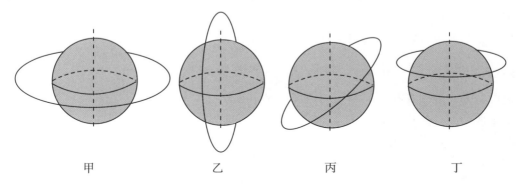

甲　　　　　　乙　　　　　　丙　　　　　　丁

图 1–36　人造地球卫星的轨道

（三）卫星线速度、角速度、周期随轨道半径的变化关系

教材只推导出卫星的线速度随轨道半径的变化关系，并没有明确提出角速度、周期随轨道半径的变化关系。事实上，运用万有引力提供向心力的基本原理和演绎推理法很容易推导出角速度、周期随轨道半径的变化关系。但是，这有点偏重于数学演算，顾及不到公式的物理内涵，不符合物理规律教学的本质。物理学的根源是物理现象，如果学生"观察"出卫星线速度、角速度、周期随轨道半径的变化关

系——这个现象，之后进行数学演算，学生对规律的理解会更深刻。本次设计，采用数据表格呈现现象，笔者检索了三颗卫星的资料。通过表格（表1-13），学生观察出卫星线速度、周期随轨道半径的变化关系，进而再运用演绎推理法推导。

表1-13 人造地球卫星的运行参数

卫星名称	离地高度/km	周期/min	速度/（km·s⁻¹）
神舟五号	343	90	7.84
风云三号	836.4	101.5	7.47
东方红二号	36000	24×60	3.08

基于表1-12对物理符号的认定和图1-34卫星绕地球运行的模型图，根据万有引力提供向心力 $G\dfrac{Mm}{(R+h)^2}=m\dfrac{v^2}{R+h}$，我们推导出卫星绕地球运行的线速度 $v=\sqrt{\dfrac{GM}{R+h}}$；同理，我们可以得到卫星运行的周期 $T=\sqrt{\dfrac{4\pi^2(R+h)^3}{GM}}$。

其中，地球质量 $M=6\times10^{24}\text{kg}$，地球半径 $R=6.4\times10^6\text{m}$，引力常量 $G=6.67\times10^{-11}\text{N}\cdot\text{m}^2/\text{kg}^2$，我们将表1-13中的"神舟五号"数据代入表达式，即 $h=343\text{km}$，得出"神舟五号"的线速度为7.7km/s，周期为91.6min，用推导的表达式得出的数据与表1-13给出的数据不一致。将"风云三号""东方红一号"的数据代入表达式，也会出现类似的现象。为什么会出现这种现象？究其原因：人造地球卫星绕地球做匀速圆周运动的向心力由它们之间的万有引力提供，这是对地心—恒星参考系而言。因此，我们推导出的卫星环绕速度 $v=\sqrt{\dfrac{GM}{R+h}}$，是相对地心—恒星参考系的绝对速度，并非地面观察者观测到的速度。设卫星轨道平面与赤道平面的夹角为 φ_0（图1-37），地面观测到的速度是卫星相对地面的相对速度 v'，是绝对速度 v 与因地球参考系转动而产生的牵连速度 v_0 的矢量差，$v'=v-v_0$。卫星在固定轨道上的 v 值不变，而 $v_0=\omega_0 r\cos\varphi$①。我们发现，由于地球自转的影响，导致表达式得出的数据与表1-13给出的数据不一致。此时，我们给学生一些深入地说明，目的在于将知识讲"活"，为日后的学习留下空间，为更高层次的学习做铺垫。

地球同步轨道静止卫星的概念和特点是历年

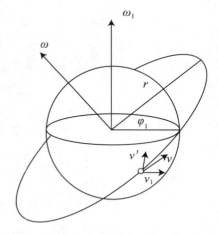

图1-37 卫星轨道

---

① 许云耳. 人造地球卫星的重力问题［J］. 漳州师范学院学报（自然科学版），2003（11）：51~53.

高考的重要考点之一，但现行教材介绍不多，学生对它们的认识较为模糊。如地球同步轨道静止卫星应在什么样的轨道上运动，为什么地球同步轨道静止卫星的高度值是唯一的，等等。为此，我们还应重点关注地球同步轨道静止卫星。

（四）地球同步轨道静止卫星的特点

本次设计，我们设置一个具体的情境引入教学：

人造地球卫星运行的周期随轨道半径的变化关系为 $T = \sqrt{\dfrac{4\pi^2 (R+h)^3}{GM}}$，

当卫星近地运行，h 远小于 R，$r \approx R$ 卫星运行的周期最小，为 $T_{\min} = \sqrt{\dfrac{4\pi^2 R^3}{GM}}$ $=85\text{min}$。

因此，卫星某一时刻经过地面上某一位置 A，它下一次再经过 A 点，至少要 85min，在 85min 内 A 点发生了什么，卫星无法监测。假设我们有一颗卫星，定在 A 点上方，它跟随地球步调一致地运行，我们就能时刻知晓 A 位置的动向。这种卫星叫地球同步轨道静止卫星。

为了使学生更直观地理解地球同步轨道静止卫星与地球的位置关系，我们用支撑手机的吸盘和化学实验器材做成了一个可以吸在地球仪上的小红球（图 1 - 38），用红球模拟卫星，学生能更直观地认知同步轨道静止卫星。待实物模拟地球同步轨道静止卫星与地球的位置关系后（图 1 - 39），再借助于动画演示（图 1 - 40），学生会深刻理解地球同步轨道静止卫星。

图 1 - 38　模拟卫星　　　图 1 - 39　地球与地球同步轨道　　　图 1 - 40　动画演示地球同步
　　　　　　　　　　　　　　　　卫星模拟　　　　　　　　　　　　　　轨道卫星

随后，依据地球同步轨道静止卫星总是与地球相对静止的特点和假设法，我们得到：轨道圆心应在地心，轨道必须和地球自转同向，卫星平面必须垂直地轴，地球同步轨道卫星只能在赤道平面内运动。据此，师生共同判断出地球同步卫星轨道应该是图 1 - 41 甲，而不是图 1 - 41 乙、丙。最后，再运用演绎推理法计算出地球同步轨道静止卫星离地高度。

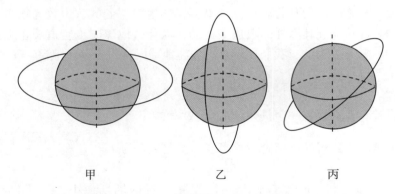

甲   乙   丙

图 1 - 41   地球同步卫星轨道

依据同步轨道静止卫星有万有引力提供向心力和相对地球静止的特点，即运行周期等于地球自转周期

由 $G\dfrac{Mm}{(R+h)^2} = m\dfrac{4\pi^2}{T^2}(R+h)$ 得卫星离地高度 $h = \sqrt[3]{\dfrac{GMT^2}{4\pi^2}} - R$

其中，地球质量 $M = 6 \times 10^{24} \text{kg}$，地球半径 $R = 6.4 \times 10^6 \text{m}$，引力常量 $G = 6.67 \times 10^{-11} \text{N} \cdot \text{m}^2/\text{kg}^2$，$T = 24\text{h}$，得到地球同步轨道静止卫星只能在赤道平面内运动，且距地面高度为 $h = 36000 \text{km}$。即所有的地球同步轨道静止卫星只能在赤道上同一轨道做同一匀速圆周运动。赤道上空的这一位置被科学家喻为"黄金圈"，是各国在太空主要争夺的领域之一。

三、研究反思与启示

（一）促进学生的有意义学习

教学设计符合学生的认知规律，方能因材施教，促进教学目标的达成。奥苏贝尔认为，当学生把教学内容与自己认知结构联系起来，有意义学习便发生了，即通过新知识与学生认知结构中已有观念相互作用，促进新旧知识间的同化。本节教学运用"演绎推理法"，通过建立"人造地球卫星"与"万有引力提供向心力"之间的本质联系，并以此作为本节的教学关键和突破口，从而降低学生的认知负荷，促进了学生对新知识的有意义学习。

（二）强调直观教学原则

之所以在物理教学中强调直观性，是因为物理学的根源是物理现象。因此，教师应创造条件让学生直接观察物理现象是非常必要的。对于这一节的教学内容，传统教学只是通过演绎推理法介绍人造地球卫星，对直观性原则的阐释不足。本次教学设计用卫星数据表格使学生观察到卫星线速度、周期随轨道半径的变化关系；用地球仪和圆环模拟卫星绕地球运行的轨道情况；用小红球和地球仪模拟同步轨道静止卫星在太空中的运行情况等教学环节，不仅阐释了直观性原则指导下的物理教学，而且还将实物模拟天体运动移进课堂，充分彰显了直观教学的魅力。

（三）强化模型教学的意识

在本节教学中，我们将教学分为四个环节，如图 1 – 33 所示，旨在让学生体会模型在解决实际问题时的作用，强化建立模型、应用模型的意识。建模过程要考虑主要因素，忽略次要因素，抓住物理问题的本质，将复杂的问题简单化。"人造地球卫星"这一节，学生理解表 1 – 12 和图 1 – 34，对人造地球卫星运行的平面图景就有了清晰的认识。以此为基础，教师用圆环和地球仪模拟卫星运行的轨道，学生对卫星轨道有了直观的认识。再利用"万有引力提供向心力"这一基本原理和假设法判断出卫星运行的轨道特点。随后，运用"万有引力提供向心力"这一基本原理和演绎推理法推导出卫星线速度、角速度、周期随轨道半径的变化关系。最后，通过红球和地球仪模拟地球同步轨道静止卫星，运用演绎推理法和假设法得出地球同步轨道静止卫星的特点。这四个教学环节正是运用演绎推理法、假设法等科学方法才得以建立和完善的，这无疑为学生创造了一次综合运用科学方法的契机。

（四）注重科学方法教育

科学方法作为基本的研究途径、方式和方法，是连结科学知识的手段和桥梁，与知识同等重要。如果把科学方法比喻为一条珍珠项链，科学知识是项链，那么科学方法就是连接珍珠的丝线，缺少了细线的珍珠项链就不能称之为项链，而是一捧散珠[①]。以本节教学为例，卫星线速度、角速度、周期随轨道半径的变化关系，卫星绕地球运行的轨道特点，地球同步轨道静止卫星的特点都是珍珠，演绎推理法、假设法则是穿起它们的细线。正是这条细线在无形中体现了教学的逻辑，构成了本节教学的脉络。

第十四节　反冲运动　火箭

"反冲运动　火箭"一节体现了从生活走向物理，从物理走向生活的课程理念。由于传统教材往往聚焦于反冲运动的应用，而忽略了反冲运动的理论内涵。所以并没有使学生真正体会到本节课的魅力之所在，并容易使学生陷入"题海战术"的困局。基于此，如何以更宽广的视野透视"反冲运动　火箭"一节，就成为物理高端

① 邢红军，陈清梅. 从知识中心到方法中心：科学教育理论的重要转变 [J]. 首都师范大学学报（自然科学版），2001（6）：20～26.

备课研究的重要内容。

一、传统教材存在问题分析

现行人教版教材将"反冲运动　火箭"一节安排在动量守恒定律之后，不仅要求学生理解反冲运动的概念，也试图让学生通过学习与生活实际相联系。由此，教材由章鱼、乌贼游泳的实例入手，总结出反冲运动的概念，继而举出"射击""园林喷水装置"两个反冲运动的生活实例，以及"反冲气球""水流弯管容器转动"两个反冲实验，引导学生理解反冲现象。随后，从生活走向科技，指出"喷气式飞机""火箭的飞行"都是运用了反冲运动的原理。为了得出每一次喷气后火箭速度的增加量，将 Δt 时间内喷射的燃气质量设为 Δm，喷射的燃气相对于火箭的速度为 u，喷出燃气后的质量为 m，火箭在一次喷气后增加的速度 Δv，由于喷气过程中动量守恒，可得 $m\Delta v + \Delta mu = 0$，进一步得到：$\Delta v = -\Delta mu/m$。最后，对航天技术的发展及应用进行讲解，发掘学生探索新知识的潜能。[①]

我们认为教材设计存在一定的问题。第一，火箭喷气过程是连续变化的，教材并未对其进行正确分类（图1－42）。

图1－42　教材对动量问题的分类

第一，教材将火箭喷气归结为非连续物体，并按照非连续体的模式进行问题求解，一方面缺乏针对性，另一方面也并未将分类思想融入教学中，从而使学生失去了一次很好的学习科学方法的机会。第二，物理学既是一门严密的理论科学，又是一门定量的精密科学，在火箭飞行过程中将理论推导简化的做法是不恰当的。

二、彰显教学逻辑的高端备课

我们认为，只有把推导还原为齐奥尔科夫斯基公式的推导过程，显化其中所蕴含的微元思想与近似思想，才真正体现出本节课的价值之所在。同时在习题设计上，如何在纷繁复杂的问题情境与学生能力之间寻求恰当的平衡，也成为本节教学的核心任务。

（一）基于理论推导解决火箭飞行问题

将火箭喷气过程看作是连续变化的过程，并进一步导出火箭速度的变化量，是

---

①　人民教育出版社课程教材研究所，物理课程教材研究开发中心．物理（选修3—5）［M］．北京：人民教育出版社，2010：22～25.

本节课教学的关键之一。

若设火箭质量为 m，t 时刻以速度 v 沿水平方向向右飞行，将整个变化过程所用的时间分为无限多个接近于零的微元，即 dt，则下一时刻为 $t+dt$。在 dt 这段时间内由尾部向后喷出质量为 dm 的燃烧气体，于是火箭的质量就减小了一个微小量 dm，火箭质量就变为 $m-dm$，同时增加了一个微小的速度 dv，加上火箭原有的速度，则此时刻火箭的速度变为 $v+dv$。若燃料相对于火箭的喷出速度为 u，喷射后燃料的速度变为 $v-u$。试求出 $t+dt$ 时刻火箭的速度表达式。

这样一种物理推导，确实存在着物理量多，过程复杂等问题，很难被高中学生所接受。因此，教师就特别需要对火箭喷气过程中涉及的物理量做出系统的梳理，具体说来，教师应当将喷气过程中火箭与燃料喷射前后其时间、质量、速度、动量的变化清晰地展示给学生。根据这一教学设计的思路，我们给出喷气前后火箭与燃料各物理量变化（表 1–14）。

表 1–14 火箭与燃料喷射前后各物理量的变化情况

研究对象		时 间	质 量	速 度	动 量
火箭	前	t	m	v	mv
	后	$t+dt$	$m-dm$	$v+dv$	$(m-dm)(v+dv)$
燃料	前	t	0	v	0
	后	$t+dt$	dm	$v-u$	$dm(v-u)$

通过表 1–14，清晰地向学生展示了喷气前后火箭与燃料各物理量的变化情况，从而显化了推导逻辑及物理量设置的必要性。

选择向右为正方向，①t 时刻，火箭的动量：$p_1=mv$；②$t+dt$ 时刻，火箭与喷射燃料两者合在一起的动量：$p_2=(m-dm)(v+dv)+dm\cdot(v-u)$。由于整个过程动量守恒，因此，$p_1=p_2$，$mv=mv+mdv-vdm-dm\cdot dv+vdm-udm$。其中，忽略二阶无穷小量 $dmdv$ 整理得：$udm=mdv$，即 $dv=u\dfrac{dm}{m}$。

显然，火箭喷气问题的推导难点并不在于具体推导步骤，而在于如何设置物理量以及厘清物理量之间的关系。包括研究对象分析（把研究对象分为火箭与燃料），研究时间分析（考虑两者在喷射前后各物理量的变化），这些分析的每一个步骤都对培养学生的思维能力有着很好的作用，是本节课的教育价值所在。

（二）显化微元法巩固反冲运动

除了火箭喷气问题外，在日常生活和生产中，经常会涉及流体的连续相互作用问题，用常规方法很难解决。在教学中，有关动量定理的连续体习题较多，选用此类问题，可以达到训练学生掌握微元思想，明确问题分类，提高知识应用能力。基于此，我们选择"风力帆船"的问题，展开反冲运动教学。

一艘帆船在静水中由于风力的推动做匀速直线运动，帆面的面积 $S = 10\text{m}^2$，风速 $v_1 = 10\text{m/s}$，帆速 $v_2 = 4\text{m/s}$，空气的密度 $\rho = 1.29\text{kg/m}^3$，帆船在匀速前进时，帆船受到的平均风力大小为多少（图 1 – 43）？

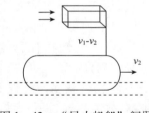

$$v_1 - v_2$$

$$v_2$$

图 1 – 43 "风力帆船"问题

"风力帆船"问题涉及风连续变化的过程，蕴含着微元的物理思想，而如何建立微元模型就成为解决问题的关键。教师首先应引导学生明确分类，风对帆的作用是连续变化的，属于连续体问题。进一步，教师需引导学生思考如何建立微元模型，启发学生思考需要设置哪些物理量。除了题目所给的风速、帆速等物理量以外，为了便于问题求解还必须设出空气的质量 m，空气对帆的作用力 F 及所用时间 $\mathrm{d}t$ 这些物理量。

选择以帆面为底，$\mathrm{d}t$ 时间内有 $(v_1 - v_2)\cdot\mathrm{d}t$ 为高的空气柱作用于帆上，建立如图 1 – 43 所示柱体微元模型。风速 v_1 减为 v_2 是由于风对帆连续不断作用的结果。显然，在 $\mathrm{d}t$ 时间内空气柱体积为 $(v_1 - v_2)\cdot\mathrm{d}t\cdot S$，空气柱质量为 $\rho\cdot(v_1 - v_2)\cdot\mathrm{d}t\cdot S$，作用于帆的空气柱动量为 $\rho\cdot(v_1 - v)\cdot\mathrm{d}t\cdot S\cdot(v_1 - v_2)$，由于推力的反作用力导致这一动量的变化，因此根据动量定理有 $-F\cdot\mathrm{d}t = mv_2 - mv_1$，从而得出帆所受推力表达式为 $-F = \rho\cdot(v_1 - v_2)^2\cdot S$，则空气对帆平均作用力 $F = -\rho\cdot(v_1 - v_2)^2\cdot S$。

为了让学生更好地厘清整个过程中空气柱各物理量的变化，可以对风作用帆过程中时间、速度、质量、动量的变化量进行梳理（表 1 – 15）。

表 1 – 15　风作用于帆的过程中各物理量的变化量

研究对象	时间	速度	风的质量	风的动量
空气	$\mathrm{d}t$	$v_1 - v_2$	$\rho\cdot(v_1 - v_2)\cdot\mathrm{d}t\cdot S$	$\rho\cdot(v_1 - v_2)\cdot\mathrm{d}t\cdot S\cdot(v_1 - v_2)$

三、教学启示

纵观以上教学设计，可以得到以下三点启示。

（一）理论推导训练学生思维

物理学的基本特点要求教学应当重视理论推导，这种理论推导需要学生具有较强的物理思维能力及物理运算能力。本教学设计舍弃教材将喷气过程看作是非连续体变化的问题解决方式，设计表格梳理喷气过程中火箭与燃料的时间、质量、速度、动量的变化以及物理量的设置道理，将燃料喷气看成极小连续变化的物体进行理论推导。如此处理，摒弃了学生已有的非连续体动量守恒问题解决模式，打破了学生的思维定势，从而达到了训练学生思维的目的。

（二）科学方法引领教学设计

本节教学设计利用"微元法"及"近似法"，通过忽略高阶无穷小量，得到火箭速度连续变化的规律，继而借助"风力帆船"例子，通过建立空气柱模型及风对帆作用过程中空气柱的质量、动量的变化，使学生对微元思想不断了解、积累、熟练，这样学生就能够形成一种借助于科学方法获取物理知识的心理定势。这种思维定势提高了学生获取知识的能力[①]，使学生能够透过纷繁复杂的物理现象，发现事物的规律，从而实现了掌握知识与能力发展的教学目的。

（三）重视教学中的分类思想

分类思想是根据问题本质属性的相同点与不同点，将研究对象分为不同种类来解决的一种思想。在高中物理教学中，恰当地运用分类思想是完整解决问题的基础，能够使一个复杂的问题明了化、简单化。教材之所以未能提出符合逻辑的教学设计，归根结底是因为将"连续体"与"非连续体"同一而论。本节教学设计通过将分类思想融入到火箭喷气教学中，达到以点带面，触类旁通的效果，从而提高了学生的物理知识应用水平。

第十五节 简谐运动

简谐运动是高中物理中继直线运动、曲线运动之后的又一种重要运动形式，也是学习机械波、电磁振荡和电磁波的重要铺垫。作为一节新授课，简谐运动同时具有时间上的周期性和空间上的往复性，这一特点决定了其振动图像既形象又抽象。因此，这种运动形式在给学生带来对称美的同时，也对学生的想象能力提出了较高要求。鉴于此，本文从高端备课的视角出发，对简谐运动重新梳理，以期对教学有所裨益。

一、对教材的辨证分析

人教版高中物理教材一改传统教材从动力学角度定义简谐运动的方式，转而以运动学的特征来定义简谐运动。这种编排沿承了匀速直线运动、匀变速直线运动的

---

① 邢红军，陈清梅. 物理能力基本理论研究 [J]. 首都师范大学学报（自然科学版），2006，27（4）：27~32.

定义方式，避免了动力学特征对知识教学的干扰，符合学生的认知习惯，有利于学生思维的发展。具体来说，教材通过频闪摄影获得弹簧振子的位移—时间图像（振动图像），并用位移—时间图像满足的规律来定义简谐运动。

这一研究思路虽然逻辑清晰，但也存在诸多问题。分析发现，教材把重点集中在振动图像的获得上，而对于弹簧振子模型的建立和简谐运动图像的获得过程着墨甚少。因此，这种编写方式不利于学生对知识的理解。教材先后介绍了四种获得简谐运动振动图像的方法，这些实验虽然目的明确，但缺乏对实验原理的阐释。由于学生不能认识图像产生的本质，也就不能真正理解图像的内涵。

教材通过频闪仪获得了弹簧振子的位移—时间图像，该实验记录了振子在不同时刻偏离平衡位置的位移。由于弹簧振子的往复运动本身是一种较为复杂的变加速运动，其位移—时间图像不同于以往的匀速直线运动和匀变速直线运动，而是遵循更为复杂的函数变化规律。因此，研究简谐运动规律的实验就并不只是单纯记录振子的运动轨迹，其创新之处在于通过底片的匀速运动从而得到位移—时间图像。正因为此，其中的缘由才是本节教学的关键之处。遗憾的是，教材给出弹簧振子的位移—时间图像只是解决了"是什么"的问题，却并没有解决"为什么"的问题。

二、高端备课的过程

基于对上述问题的深入思考，高端备课把教学环节分为"振动模型的建立""振动图像的描绘""振动规律的获得"三部分，并且将科学方法和物理思想纳入其中，使物理知识教学和科学方法教学相得益彰。下面结合教学流程（图1-44）说明具体教学步骤。

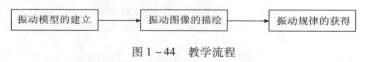

图1-44　教学流程

（一）振动模型的建立

首先，通过观察振子的运动情况使学生获得感性上的具体。振子模型（图1-45）中，一个有孔的小球装在弹簧的一端，弹簧的另一端固定，小球穿在一根杆上，能够自由滑动，O点为小球静止时的位置，这一位置称为平衡位置，物体偏离平衡的距离称为位移。把小球拉向右侧，释放后小球左右运动起来，经过一段时间后，小球会慢慢停下来。

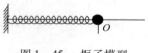

图1-45　振子模型

其次，分析小球的运动情况，概括小球持续振动的条件。可以启发学生思考，如果忽略小球和杆之间的摩擦，小球会怎样运动。显然，小球会持续振动下去。接下来进行总结：为了研究问题的方便，往往不考虑弹簧的质量，忽略一切阻力，并将小球视为质点。这样，弹簧振子的模型就得以建立，与此同时，学生的思维也就从感性具体上升到了抽象规定。

最后，引导学生理解物理模型的内涵。所谓物理模型，就是通过对实际问题进行科学的抽象化处理，保留主要因素、忽略次要因素，得出的一种能反映原物本性特征的一种理想物质（过程）或假想结构。至此，当学生把物理模型的概念内化到头脑中形成具体的思维方法时，学生对弹簧振子的概念才算得以完整建立。

（二）振动图像的描绘

弹簧振子的位移—时间图像是本节教学的重点，鉴于传统教学存在的缺陷，应首先让学生清楚地知道，弹簧振子的往复运动并不能展示出其速度、位移随时间变化的关系，因为一维坐标不能显示时间轴。因此，为了形象地描述振子的运动情况，需要将振子的往复运动在"空间展开"——变一维坐标为二维坐标。"空间展开"物理思想的渗透，是教学中的一个关键点。所以，为了讲清实验思路，应当首先引入一个实验粗略地描绘出图像，让学生了解图像产生的过程。

如图 1-46 所示，在弹簧振子的小球上安装一支绘图笔，小球下面铺白纸，分两步进行实验：①白纸不动，让小球做机械振动。此时，记录笔在纸上同一位置重复记录小球的运动轨迹，即为一条直线；② 让小球在做机械振动的同时，"匀速"拉动白纸，会发现白纸上出现曲线（图 1-46）。

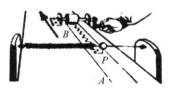

图 1-46　振动图象描绘

对实验结果的解释是教学的难点，为了突破这一难点，教学应依据学生思维的逻辑，以问题驱动的形式展开，逐次提出以下问题：①为什么要拖动白纸？②怎样拖动白纸？

白纸不动时，小球经过同一位置的轨迹被"重复叠加"。因此，为了使小球在不同时刻的位置记录在白纸上，就应该拖动白纸使重复的路径在"空间展开"。进一步，对"为什么要匀速拖动"这一问题的解释就显得至关重要。只有当学生真正理解了"匀速拖动"的实质，才能在学习频闪照片法时体会到"底片匀速运动"和"匀速拉动纸带"的异曲同工之妙。这是因为，只有匀速拖动纸带，才能用纸带上相等的位移表示相等的时间。例如，如果匀速拖动白纸的速度是 $5 \times 10^{-2} \mathrm{m/s}$，那么在与振子振动方向垂直的坐标轴上就应该以 5cm 为一格，每格代表 1s，这样就可以把位移刻度转化为时间刻度，从而形成时间轴，这才是匀速拖动白纸的根本意义所在，这样描绘出的曲线即为弹簧振子的位移—时间图像（又称振动图像）。

（三）振动规律的获得

验证图像满足的规律需要进行数学证明。因此，通过频闪仪获得精确的图像进行研究，就成为本节课的另一重要环节。频闪摄影得到的一个弹簧振子振动的图像如下（图 1 - 47）。

图 1 - 47　弹簧振子振动的图像

假定图像是正弦曲线且满足表达式 $x = A\sin\dfrac{2\pi}{T}t$。依据经验公式法的一般步骤：绘制曲线→分析并假定公式的基本形式→确定公式中的常数→代入数据检验公式的准确性，用刻度尺在图像上测出振幅 A 和周期 T，然后在曲线上选取若干位置，测量出每个位置对应的纵坐标 x、横坐标 t，将 (x, t) 代入正弦函数表达式，发现各组数据均能和公式吻合，由此验证振动图像遵从正弦函数规律。

这样，建立简谐运动概念的条件才水到渠成。即："如果质点的位移与时间的关系遵从正弦函数的规律，即它的振动图像（$x - t$）是一条正弦曲线，这样的振动叫做简谐运动。"[①]

三、高端备课的收获

本文作为高端备课的一个范例，打破了传统教学只注重知识传授的教学模式，注重了科学方法和物理思想的渗透，既关注知识的获得，又关注学生的思维发展，体现了"从物理知识传授到物理方法教育，再到物理思想形成"的高端备课理念。以下是本次高端备课的几点收获。

（一）高端备课凸显了模型的建构过程

弹簧振子作为对实际生活中振动物体的一种理想化抽象，是继质点、点电荷之后学生接触到的又一个重要的理想化模型。传统教学往往只关注模型的提出，对于模型建构的过程关注不够。高端备课没有局限于弹簧振子概念的介绍，而是以弹簧振子为切入点，通过对"理想化"条件的逐步渗透，将建立模型的思维过程分为

"感性具体""抽象规定""思维的具体"三个渐次上升的层面，使学生在充分理解物理模型内涵的同时，也获得思维品质的提升。

（二）高端备课注重了科学方法的训练

科学方法不仅是物理课程的内容，而且它还是获取物理知识的途径和手段，是理解物理知识的纲领和脉络，是应用物理知识的桥梁。[①] 高端备课显化了"经验公式法"的步骤，让振动规律的获得"有法可依"，这种方法实质上就是假设—求证的方法。遗憾的是，以往的教学往往对其进行隐性处理。"经验公式法"清楚地表达了教学的逻辑，对于提高学生解决问题的能力大有裨益。

（三）高端备课关顾了物理思想的渗透

物理思想是物理教学的灵魂，物理知识唯有通过科学方法再上升到物理思想，才能转化为能力的提升。传统教学关注于知识的静态生成，对物理思想的渗透关注不够。本节课的难点在于位移—时间图像成因的解释，高端备课渗透"空间展开"的物理思想，从一维过渡到二维，关注了图像的动态生成过程。同时，用"把位移刻度转化为时间刻度，形成时间轴"这样关键的话，把"匀速拖动纸带"的原因阐释清楚。这一物理思想的渗透不仅有利于培养学生的想象能力，而且为机械波的教学提供了有益的启示。

第十六节　功

功作为高中物理教学中的重要概念，是学生从力学和运动学的学习向能量学习转变的节点，并为后续机械能守恒的学习奠定基础。作为能量观建立的起点，功由于内涵的抽象性，一直是教学的重点和难点，但逻辑清晰、切中本质的教学设计并未出现。有鉴于此，我们展开了系统研究。

一、功的编写分析

现行人教版《物理》教材[②]功的教学安排在守恒量之后，首先指出功的概念源于人们认识能量的过程，进而从能量角度给出功的定义。然后，通过生活实例指出力和在力的方向上的位移是做功两个不可或缺的因素，旋即给出力与位移方向一致时的公式。以此为基础，研究力与位移有夹角时功的计算，最终得出功的一般表达式。最后，教材结合实例及习题，讨论了正功和负功及多力作用下功的计算。教科

① 陈清梅，邢红军，李正福. 论物理课程改革背景下的科学方法教育［J］. 课程·教材·教法，2009（8）：52～56.

② 人民教育出版社课程教材研究所，物理课程教材研究开发中心. 物理必修 2［M］. 北京：人民教育出版社，2004：3～6.

版、沪科版、鲁科版及粤科版教材整体框架都沿循了人教版的编排。基于对文献的系统研究，笔者认为这种编写存在以下问题。

第一，教材编写未能呈现乘积定义法的本质。与比值定义法需要三四步才能展开相同，乘积定义法亦不是简单一步相乘那么简单。然而，遗憾的是，各版本教材均直接通过两物理量相乘就得出功的公式，并未进一步指出相乘的原因，这显示出教材对乘积定义法认识的肤浅与不足。

第二，教材编写未能把握高中学生认知水平的提升节奏，仍沿循初中物理教材中功的教学思路，将功简单化为一个数学表达式，造成了知识内涵缺乏张力的教学缺憾。由于初中物理教材中功概念的教学处理较为简单，这不免导致功的内涵诠释模糊。但随着高中学生认知水平的提升，若仍将这一缺憾视若惘然，将不利于学生认识功的物理本质。

第三，教材编写忽视了教学的关键点——功的物理意义究竟是什么？各版本教材"着急"地将功的知识"塞进"学生的大脑，将教学重心置于功的公式数学论证上。这样的处理就会使学生仅从数学角度理解功，而不能真正理解功的物理本质，从而不利于学生物理思想的形成。

二、功的高端备课

通过对上述问题的梳理，并基于已有文献及有关比值定义法高端备课的相关研究成果①，我们认为，按照对称的思想并与比值定义法对应，乘积定义法应该存在相同的教学逻辑（表1－16）。遵循这一思路，通过对乘积定义法内涵的逐步揭示，从以下四个环节展开高中"功"的高端备课。

表1－16　比值定义法与乘积定义法的教学逻辑

步骤	比值定义法	乘积定义法
1	选择比较的对象	选择乘积的被乘数
2	选取比较的标准	选择乘积的乘数
3	诠释比较的意义	选取相同的方向
4	得到比较的结果	诠释乘积的意义

（一）"选择有因"：选择合适被乘数

选择正确的教学起点，是教学逻辑流畅表达的关键。对应于比值定义法中被除数的选择，选择乘积的被乘数应当作为乘积定义法运用的第一步，理应成为功的教学逻辑起点。本环节需要解决的问题是：选择哪个变量作为被乘数？以人举高物体

---

① 邢红军，胡扬洋，陈清梅. 密度概念教学的高端备课［J］. 教学月刊·中学版（教学参考），2013
（8）：53～56.

为例，教师应当使学生明确：在物体运动过程中，是力在做功，也即力是主动的，处于主导地位。从做功的效果看，在整个过程中，力的作用效果使物体的位置发生了变化。物体位置的变化过程，是通过人提供的支持力来完成的，只有这样，学生才会明白为什么选择力。因此，力就顺其自然地成为乘积的被乘数。

选择合适的被乘数这一环节虽小，却是教学逻辑通畅的必然选择，折射出整节课的教学走向。它作为功教学"破题"的首笔，为第二环节的展开埋下伏笔，同时也为整节课的展开指明方向。其教学意义不仅在于知识层面的传授，还在于揭示了乘积定义法的操作内涵，为乘积定义法的教学提供了教学前导。

（二）"由此及彼"：选择乘积的乘数

做功的两个必要因素是力和在力的方向上的位移。但学生在学习时往往会提出，在力的作用下物体不仅会有位移的改变，还会有速度、时间等的改变。因此，教材编写将这些问题置之不理而直接选择位移作为乘数是不充分的。教学实践表明，速度、时间等作为伴随因素在学生学习功的知识时确实在他们头脑中"盘旋"，从而使学生对做功的必要因素选取心存疑惑。所以，乘数的选择应该是乘积定义法展开的必经环节，同时亦是教学逻辑延伸的必然要求。

教师应当告诉学生，在力做功的过程中，由于功是过程量，因此，功对应的不是一个点，而是一个变化过程。简言之，功只出现在过程中。而在物体运动过程中，力做功最直观的结果就是物体位置的变化，所以位移自然就成为选择的对象。只有这样，学生才能明白选择位移的实质，消除心中的困惑。

（三）"顺水推舟"：选取相同乘积方向

初中学生已经了解，功可用 $W = FL$ 来计算。但前提是力与位移方向相同。到了高中，学生所面临的是力与位移方向不一致的情况，力与位移的方向问题开始凸显。这就成为本环节要解决的问题。

初中物理指出，当力与位移的方向一致时，功可用 $W = FL$ 来计算。这启发我们，力和位移相乘时，两者的方向应当一致。当力与位移的方向不一致时，就要使两者的方向变成一致。由于学生已经具备矢量分解的知识，因此，教师可以引导学生借助矢量分解来统一力与位移的方向。显而易见，分解力或分解位移，都是可行的。然而，细细品味，却发现两者存在微妙差别。这实质上涉及优势变量和非优势变量的选取。我们知道，在做功过程中，物体位移的改变，是在力的作用实现的，因此，力作为使物体位置改变的物理量，把它分解就顺应了物理过程的因果关系。

（四）"水到渠成"：诠释乘积的意义

物理教学的内涵绝非停留于知识的传授，诠释方法意义，彰显物理思想才能真正凸显物理教学本质。因此，高中阶段"功"的教学仅仅推导出公式就远远不够。

基于此，本环节教学重心在于功物理意义的诠释。

我们知道，在做功过程中，物体在力的作用下位移不断变化，进而呈现力的作用效果。在高中阶段，学生面对的一般是常力做功，力对空间的积累效应，在数学上表示为一个常数与一个变量相乘。通俗的说，功在数值上相当于给力乘一个系数，只是这个系数在不断增大。从运动的因果性看，即在力的主导作用下物体完成了在位移上的线性积累。这就折射出功绝非只是力和位移相乘这样一个简单的数字关系，其背后蕴藏的是"积累"思想，即功是力对空间的积累效应。这实质上揭示了乘积定义法的相乘动因，即为什么相乘。至此，教学才算真正揭开"功"的"庐山真面目"。

"积累思想"的诠释，使教学完成了由物理知识到科学方法，再到物理思想的升华。同时通过对"积累思想"的进一步阐释，揭示了乘积定义法的本质。这样就使诠释乘积意义具有揭示知识本质、方法内涵和思想意义的三重功能，从而将教学推向高潮。

三、功的研究启示

基于对乘积定义法的展开进行的高中"功"的概念高端备课，体现了"从物理知识传授到物理方法教育，再到物理思想生成"的教学理念，打破了传统教学掩盖概念本质、模糊方法内涵，紊乱教学逻辑的状况。概括起来，有以下几点启示。

（一）基于对称思想，发掘研究课题

传统物理教材将乘积定义法简单化为一步相乘，这是功的教学一直未能获得突破的真正原因。功的高端备课正是基于对传统认识的突破，敏锐地洞察到乘积定义法的价值，并通过对乘积定义法的应用为功的教学提供了新的思路，而这一思路的根源就是对称思想。乘积定义法中的"乘"与比值定义法中的"除"之间的对应启发笔者，按照对称思想，乘积定义法应与比值定义法相同，蕴含丰富的内涵。这样，功的教学就在对称思想的引领下，以比值定义法的研究为范式展开。

（二）显化科学方法，呈现逻辑步骤

现行教材编写在功的教学中，仅仅罗列知识，未能将乘积定义法清晰地展现在教学过程中，以致影响学生对功本质的认识。与之形成对比的是，我们立足高端备课的视角，在充分洞察乘积定义法内涵的基础上，通过四个操作步骤将乘积定义法展开，为学生呈现了乘积定义法的全貌。这样，学生在科学方法的逻辑推动下，不仅理解了功的本质，同时也获得思维训练。

（三）诠释物理意义，彰显物理思想

在实际教学中，往往是那些能真正领悟物理本质的学生，才拥有对物理学的

"感觉"，并最终发展出对物理学的热爱。这就要求教师不仅要传授物理知识，还要重视物理方法教育，揭示物理思想的精髓，只有这样才能为学生展现物理学的独特魅力。功的高端备课，在学生掌握知识的基础上诠释功的物理意义——功是力在空间的积累，并通过对物理意义的凸显进一步将教学上升到思想层面，从而体现了完整意义上的物理教育。

第十七节　重力势能

一、"重力势能"教学逻辑的长期困惑

"重力势能"是高中物理教学中的一个重要概念，同时也是一个教学难点。原因不仅在于重力势能概念本身的抽象性，还在于长期以来这一概念教学的逻辑困惑。这种困惑具体体现于教材编写之中。就人教版教材而言，"重力势能"的编写逻辑问题自"甲种本"教材开始，就一直未能得到真正解决，其关键问题在于如何符合逻辑地引出并建立"重力势能"概念。

"甲种本"教材在引出"物体由于被举高而具有的能叫做重力势能"之后，分析得出物体在被举高的过程中需要克服重力做功，由此通过定量推导得出重力势能的表达式"$E_p = mgh$"。2003 版人教版教材呈现的也是这种导出方式。

此后，人教版教材"重力势能"的推导发生了变革。同样在明确"物体由于被举高而具有重力势能"之后，教材呈现了重力做功的三种情景（图 1－48 甲、乙、丙），并定量分析重力做功的特点，渗透了微元法。

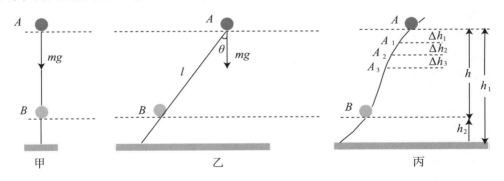

图 1－48　重力做功三种情况

在经历由浅入深的推证后，教材编写得出了重力做功的表达式"$W_G = mgh_1 - mgh_2$"以及结论"物体运动时，重力对它做的功只跟它的起点和终点的位置有关，而跟物体运动的路径无关"，并用黑体字加以强调。最后，教材提出 mgh 是一个"具有特殊意义的物理量"。"特殊意义在于它一方面与重力做的功密切相关，另一

方面它随着高度的增加而增加、随着质量的增加而增加，恰与势能的基本特征一致。因此，我们把物理量 mgh 叫做物体的重力势能。"

应该说，这种建立"重力势能"的改进路径并不彻底。原因在于，这一思路仅仅基于推证"重力做功与路径无关"，就企图由此得出"重力势能"概念，因而在逻辑上存在推证的盲点和偏差。因此，如何改进这一现状就需要做出深入的思考。

二、"重力势能"概念的合理引出与建立

如何真正引入并建立重力势能概念？这需要推证逻辑的完整、洞察推证符号的物理本质，以及讲出关键性的话语。

为达成此目的，教学应在呈现图 1-48 情境并定量分析得出重力做功" $mgh = mgh_1 - mgh_2$ "表达式的基础上，对表达式进行抽丝剥茧的解读，这是重力势能引入的关键。

首先，从重力做功的角度分析：等式左边的 mgh 是重力做的功，因为" mgh "中的" h "是小球真实下落（运动）的高度，即小球在重力作用下在竖直方向的真实位移。因此，mgh 就是小球在重力作用下做的功。

其次，等式右边的 $mgh_1 - mgh_2$ 虽然与重力做功在形式上是一致的，但并不能解释为小球在重力作用下做的功。这是因为，h_1、h_2 并非是小球实际运动的竖直位移，而是一种虚拟的描述。尽管如此，$mgh_1 - mgh_2$ 虽不是小球在重力作用下做的功，但是，这一差值在"数量上"与小球在重力作用下所做的功相等，在"量纲上"与功的量纲一致。因此，可以推测，$mgh_1 - mgh_2$ 必然是能量。

最后，考虑到这种能量是在重力作用下才具有的，所以这种能量就被定义为重力势能。由此，就实现了等式 $mgh = mgh_1 - mgh_2$ 左右项的性质区分。需要指出的是：等式右边的 $mgh_1 - mgh_2$ 是一种潜在的做功能力，是小球在重力作用下能够做功状态的描述，因此被称为"重力势能"，写出普遍化的表达式即 $E_p = mgh$。

以往，教材在引入重力势能时，往往过分强调"因为重力做功与路径无关，所以得出重力势能"，这在逻辑上是存在缺陷的（如图 1-49）。

图 1-49　由重力做功到重力势能的逻辑

由图 1-49 可知，当证明了重力做功与路径无关之后，只能逻辑地得出重力是保守力。这一点对高中生而言是不难接受的，但并不能成为引入重力势能的证据。也就是说，这样的证明只完成了图 1-49 从①到②的过程，并没有完成从②到③的过程。若要完成这一过程，还需要进行如下论证：

"对于保守力来说，受力质点始末位置一定，则力做的功便唯一地确定，即功是受力质点始末位置的函数。因此，我们可以找到一个位置函数，并使这个函数在始末位置的增量恰好决定于受力质点自初始位置通过任何路径达到终止位置保守力所做的功。这个位置函数正是我们要提出的势能。"①

显而易见，这样的论证才能弥补从②到③的逻辑缺陷。但对于高中生而言，这样的论证却是难以接受的。这正是高中重力势能引入的问题实质。

三、反思与启示

回顾以上研究历程，得出以下反思与启示。

（一）物理高端备课要彰显物理教学的逻辑

无论是教材编写还是物理教学，抓住物理教学逻辑始终是第一位的。所谓物理教学逻辑，就是物理概念、规律的来龙去脉，即一个物理概念或物理规律是从哪里来，又到哪里去的，中间经历了怎样的过程。以重力势能的引入为例，显然重力势能的引入包括两个循序渐进的逻辑环节：第一，证明重力做功与路径无关从而得出重力是保守力；第二，证明重力是保守力从而可以引入重力势能。如果仅用第一个环节就引入重力势能，明显在教学逻辑上是存在缺陷的。而这样明显的逻辑缺陷，却长期存在于教学中并一直未能得到有效解决，则是令人遗憾的。

（二）高端备课要注重物理本质诠释

物理高端备课不仅要彰显物理教学的逻辑，还要诠释物理教学的本质。对于重力势能一节而言，mgh 是小球在重力作用下做的功并不难理解，难的是 $mgh_1 - mgh_2$ 物理本质的诠释。这需要诠释 h_1、h_2 的物理意义。从数学上看，$h = h_1 - h_2$，并不能发现物理意义，而从物理上看，却能品评出不一样的味道。简而言之，h 是"真实"发生的数值位移，而 h_1、h_2 都是"虚拟"发生的位移。因此，mgh 就是小球在重力作用下所具有的"潜在的"做功本领。当理清这个关键问题的物理本质之后，重力势能的定义才呼之欲出。

（三）高端备课要注重洞察力的养成

回顾整个"重力势能高端备课"研究历程，最大的感慨莫过于其中物理洞察力所起的作用。所谓洞察力，就是透过物理现象看本质。用弗洛伊德的话来讲，洞察力就是变无意识为有意识。具体到重力势能的引入，就是要从对 $mgh = mgh_1 - mgh_2$ 等式的无意识认识中，有意识地看出 h 与 h_1、h_2 的不同，看出 h 的"真实"发生性质与 h_1、h_2 的虚拟发生性质，进而水到渠成地界定 mgh 与 $mgh_1 - mgh_2$ 的不同属

---

① 漆安慎，杜婵英.力学基础［M］.北京：人民教育出版社，1982：30.

性，从而最终引入重力势能的表达式。显然，从一个不起眼的 $h = h_1 - h_2$ 等式中"看"出不一样的物理本质，这正是洞察力的真实表现，也是物理高端备课的价值之所在。

第十八节　弹性势能

高中物理"弹性势能表达式"一节，是继重力势能之后，学生由动力学学习到功能关系把握的重要延续。由此，如何处理才能使学生更好地把握本节课的物理内涵与研究方法，就成为一个值得深思的问题。

一、教材分析——"探究"

在人教版高中物理教材中，弹性势能一节的标题是"探究弹性势能的表达式"，由此可见，这是一节探究课。教材首先列举弹性形变的现象引出弹性势能概念，然后由四个问题组成了这节课的主要内容。分别是：①弹性势能的表达式可能与哪几个物理量有关；②弹簧的弹性势能与拉力做的功有什么关系；③怎样计算拉力做的功；④怎样计算这个求和式。[①]

显然，编者的意图是通过解答四个问题并最终得到弹性势能的表达式，我们不妨试着回答一下。对于第一个问题，教材通过类比重力势能给出了答案，即影响弹性势能的因素有弹簧的伸长量和劲度系数。第二个问题的答案是建立在功和能转换基础之上的，易知，弹簧的弹性势能与拉力做的功相等。第三问题是承接第二个问题而提出的，教材给出的是"分割求和"的方法，但是对于式子" $F_1\Delta l_1 + F_2\Delta l_2 + F_3\Delta l_3 + \cdots$ "并没有给出确切的推导。第四个问题是为解答上面的求和式另辟蹊径，用图像法求拉力做的功。下面我们完成教材未能完成的"求和"工作：

$$W = F_1\Delta l_1 + F_2\Delta l_2 + F_3\Delta l_3 + \cdots = \sum_{i=1}^{m} F_i\Delta l = \sum_{i=1}^{n} kl_i \cdot \Delta l = k\Delta l \sum_{i=1}^{n} l_i = k\Delta l \frac{(\Delta l + l)\ n}{2};$$

带入 $\Delta l = \dfrac{l}{n}$ 得： $W = \dfrac{1}{2}kl^2 + \dfrac{kl^2}{2n}$;

当 $n \to \infty$ 时， $W = \lim\limits_{n \to \infty} \sum\limits_{i=1}^{n} F_i\Delta l = \lim\limits_{n \to \infty} \left(\dfrac{1}{2}kl^2 + \dfrac{kl^2}{2n} \right) = \dfrac{1}{2}kl^2$ 。（其中无限小项略去）

显然，由推导过程可见，利用"探究"方法使学生获得弹性势能的表达式，已

---

① 人民教育出版社课程教材研究所，物理课程教材开发中心，物理（必修1）[M]．北京：人民教育出版社，2010：67.

经超出了高一学生的认知水平。分割求极限的思想需要形式运算思维才能完成，但是研究表明，高中生达到形式运算的人数很少，只占总人数的 16%。[①] 可见，这种超越学生认知水平的探究只能是"虚假的探究"。进一步教材在没有给出第三个问题完整解答的情况下，给出了第四个问题，这无疑使得第三个问题中的"分割求和"法更显多余。由此，就打乱了教材的整个教学设计逻辑。

二、弹性势能教学的新思路——演绎推理的逻辑

为了解决以上问题，我们提出弹性势能教学的新思路——显化演绎推理的科学方法。所谓演绎推理法就是指人们以已知的客观规律为依据，推知未知规律的方法。[②] 应用在物理教学中，即根据学生已经掌握的物理概念与规律，通过数学推导，得到新的物理规律或定理。

在学习弹性势能表达式之前，学生已经掌握的相关物理规律是：功——$W = FS$，胡克定律——$F = kx$。因此，可以通过数学推导得出弹性势能的表达式，推导思路（图 1 - 50）。

显而易见，两个已知条件中相同的物理量是 F，但是两个 F 却不相等。做功公式中的力 F 是一个恒力，而胡克定律中的力 F 是一个随弹簧压缩量的变化而变化的变力。因此，不能把胡可定律中的 F 直接带入做功公式中。既然做功公式中的力是恒力，而胡可定律中的力是变力，那么应用做功公式的唯一办法便是把变力转换为恒力——"化变为恒"。

图 1 - 50 推导思路

仔细分析可以发现，胡可定律中力与位移的关系是线性的，因此，可以对弹簧由原始状态 $F = 0$ 到末状态 $W = FS$ 求平均力——恒力。平均力 $\overline{F} = \dfrac{0 + kx}{2} = \dfrac{1}{2}kx$，即假设把弹簧由初始状态 $x = 0$ 拉伸到末状态的过程是恒力 $\overline{F}$ 做功的过程，恒力做功就转化为弹簧的弹性势能。所以，利用做功公式得到末状态弹簧的弹性势能为 $E = W = FS = \overline{F}x = \dfrac{1}{2}kx \cdot x = \dfrac{1}{2}kx^2$。至此，弹性势能表达式已经得出。

其实，在本质上，"化变为恒"的方法与图像法的物理内涵是一致的。图像法是求三角形的面积，而化变为恒是将三角形进行割补求矩形的面积（图 1 - 51 甲与

① 丁咏. 高中生物理认知水平的研究 [D]. 北京：首都师范大学物理系，2003.
② 高飞，邢红军. 以科学方法引领初中重点物理知识的教学 [J]. 中国现代教育装备，2011（4）：88~90.

乙）。

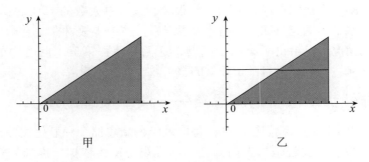

图 1-51 图像法

大部分高中生处于具体运算的认知水平是不可忽视的现实，而抽象的演绎推理是需要达到形式运算认知水平才能进行的。因此，为适应学生的认知水平，演绎推理需在教师指导的前提下展开，即教师要做出假设——拉伸弹簧变力做功的过程可以等效为恒力做功的过程。这种"化变为恒"的等效思想学生已经在匀变速直线运动的学习中接触过，比较容易接受。而"分割求和"繁杂的推导以及极限思想都已超出了学生的知识范围及认知水平，容易给学生造成认知负担，使学生产生学习物理的心理障碍。教材中分割求和无果，转而采用图像法，整节课的教学逻辑脉络不清，缺乏一条清晰的主线，反映了教材编写思路的前后脱节，没有章法。

三、弹性势能高端备课的反思

应用演绎推理方法展开的弹性势能教学设计，不仅符合学生的认知水平，而且使学生在原有知识基础上生长出新的知识，体现了维果斯基最近发展区思想。演绎推理过程中应用到的化变为恒等效思想学生并不陌生，因此从学生的角度讲是一种正迁移。此外，通过演绎推理的科学方法，彰显了教学的逻辑，教学的脉络更加清晰。

（一）关注学生的认知水平——"因材施教"

因材施教中的"材"是因，"教"是果，即根据"材"施以相应的"教"。而这里的材包括两个方面——教学的主体（学生的认知水平）以及教学的客体（教学内容被掌握所需要的认知水平）[①]。在高中物理教学中，两者常存在矛盾——学生的认知水平低而教学内容被掌握所需要的认知水平高。所以，教师要根据两者认知水平的矛盾，选择相应的教学方法。在弹性势能表达式中，应用演绎推理的方法，就是考虑到大多数学生处于具体运算阶段的认知水平，而最终表达式的得出需要形式

---

① 陈清梅，邢红军，雷凤兰. 论因材施教及其对基础教育改革的启示［J］. 首都师范大学学报（自然科学版），2009（1）：22~26.

运算阶段的认知水平。因此，应用演绎推理的过程中，要由教师给出"拉伸弹簧的过程等效于恒力做功过程"的假设。这样的教学设计既考虑到学生的认知水平，又考虑到掌握教学内容所需的认知水平，并根据两者之间的矛盾展开教学，从而达到真正意义上的因材施教。

（二）教学中常见的物理方法——"化变为恒"

"化变为恒"物理方法是建立在科学方法之上的，本质上是一种等效的思想。变力不能直接代入恒力做功的公式中，需要对变力加以相应的处理——"化变为恒"。因此，本节课还要使学生形成物理思想，让学生学到的不仅仅是知识，还包括知识背后更为重要的本质——物理思想。这样，学生就可以根据科学方法和物理思想对知识进行更为清晰的组织，从而在掌握知识的同时得到能力的发展。

（三）应用演绎推理法——"彰显逻辑"

教师的教学是否具有逻辑性，体现在学生能否建立清晰的认知结构，形成有序的知识网络，而不是使学生越学越"糊涂"。2011 年温家宝总理在北京市第三十五中学听课后，发现"老师对当前的逻辑教育重视很不够"。[①] 显然，逻辑教育首先要求教学要有逻辑。所谓教学的逻辑，就是教学过程中诸要素呈现的顺序。以科学方法为中心展开教学设计，进行知识教学，贯穿学生的认知过程，是体现教学逻辑的一种途径。弹性势能表达式的教学设计以演绎推理法展开，从已知功的公式及胡克定律出发，通过数学推导、化变为恒、等量代换，最终得出未知的弹性势能表达式，教学逻辑一以贯之，豁然开朗。

第十九节　动能定理

动能定理作为高中物理教学的重点和难点，是解决功和能之间关系的重要规律，其教学活动具有丰富的内涵。深入挖掘这些内涵，有助于把握物理教学的逻辑。由此，我们展开了动能定理教学研究的高端备课。

一、现行教材的逻辑缺陷

现行人教版教材"动能和动能定理"一节，其编写思路较过去作了调整。与以往不同的是，新教材在推导动能定理及提炼动能表达式前，安排了"探究功与物体速度变化关系"的实验，目的在于"培养学生的探究精神，体现教师的探究教学方

---

① 温家宝. 一定要把农村教育办得更好——在农村教师大会上的讲话［EB/OL］.［2011 – 08 – 28］. http：//www. moe. edu. cn/publicfiles/business/htmlfiles/moe/moe_ 176/201109/124042. html.

式"。

教材直接给出了一个物体在恒力作用下发生一段位移的图像，并提出问题"根据匀变速运动规律，这个物体运动是匀变速运动吗？"由此，让学生回顾运动学的相关知识，进而设置物理量：物体的质量 m、与物体运动方向相同的恒力 F、位移 s、初速度 v_1 及末速度 v_2，运动过程中力 F 做的功 $W = f \cdot s$，进而根据动力学知识、运动学知识以及功和能的关系以及前后两次的动能差，通过数学推导得到了动能定理的表达式：$W = \frac{1}{2}mv_2^2 - \frac{1}{2}mv_1^2$。

由于学生缺乏对动能概念的本质认识，尚不能充分理解功能关系的物理思想，因而对于动能定理的推导会觉得生涩。产生这种现象既有整体上的原因，又有细节上的原因。从总体上看，动能定理的得出采用哪种科学方法，教材并没有给出明确的回答，这就容易导致学生对定理的得出思路处于"知其然而不知其所以然"的境地。从细节上看，这是由于教材没有把物理量设置的理由阐述清楚。这个看似无足轻重的问题，其实是非常重要的。为什么要设置物理量？如何设置物理量？应该设置哪些物理量？等等。进一步，根据所设物理量，还需要设置哪些中间变量？加速度（中间变量）为什么没有设置？显然，教材没能很好地展现从物理现象到物理规律的演化过程，没有体现出物理教学的逻辑，从而使教学脉络朦胧不清。

针对上述问题，结合本节课的教学特点，我们提出了以原始物理问题解决为主线的动能定理高端备课。

二、彰显教学逻辑的高端备课

传统教学之所以没能将物理现象与物理规律有机联系起来，归根结底还是因为教材没能显化科学方法，导致教学主线不清晰，教学效果不理想。基于自组织表征理论，我们将动能定理的得出分为七个过程即定向过程、抽象过程、作图过程、赋值过程、物理过程、方法过程、数学过程。每个过程承上启下、前后呼应，从而使整个教学环环相扣。

（一）定向过程

定向过程即明确问题研究方向的过程。作为动能定理教学的起点，该环节在教学过程中至关重要。教学伊始，教师将粉笔盒放在讲台桌上，用手快速击打粉笔盒，粉笔盒在讲台桌上运动一段距离停止了。针对这一现象教师提问：为什么粉笔盒运动一段距离后会停止呢？其背后隐藏着什么样的物理规律呢？这就是本节课要揭示的问题，从而开启本节课的定向过程。

（二）抽象过程

抽象过程即抓住问题研究的主要因素，忽略次要因素，把物理现象抽象为物理模型的过程。为了简化问题，需要忽略粉笔盒的大小、形状等因素，把粉笔盒抽象为一个质点。粉笔盒为什么会停下来？分析可知，这是由于运动过程中粉笔盒受到摩擦力和空气阻力。进一步，由于空气阻力远小于摩擦力，可将空气阻力忽略。由此可见，在粉笔盒被抽象成质点，空气阻力被忽略的过程中，学生头脑中逐渐建立起一个质点运动模型。

（三）作图过程

在作图过程中，学生需要画出草图。然而，画图也并非机械的操作，而仍须进行物理思考。譬如，粉笔盒被抽象成一个质点，作图中还画成质点吗？如果将粉笔盒画成质点，虽然不影响受力分析，但却使物理情景不够直观、形象。所以，粉笔盒仍须呈现一定的图形（图 1 – 52）。当然，在进行力和运动的分析时，仍需把其看作质点。

图 1 – 52 粉笔盒运动示意

（四）赋值过程

赋值过程即设置所需物理量的过程，在教学中，教师应特别注意引导学生思考为什么要设置物理量、如何设置物理量和设置哪些物理量的问题。这是动能定理高端备课和传统备课的重要区别。具体来说，设粉笔盒质量为 m，初速度为 v_0，位移为 s，所受摩擦力为 f，加速度为 a，末速度为 v_t。

（五）物理过程

物理过程是在问题解决过程中明确需要使用的物理概念和规律。显然，动能定理得出需要用到的物理规律包括：功的公式 $W = f \cdot s$、牛顿第二定律 $f = ma$ 及运动学公式 $v_t^2 - v_0^2 = 2sa$。

（六）方法过程

方法过程即确定解决问题中运用的科学方法。教师应明确指出，本节课运用的科学方法是演绎推理法，所谓演绎推理法就是指以人们已知的客观规律为依据，通过数学推导，推知未知规律的方法。

（七）数学过程

数学过程是在问题解决过程中所运用的数学步骤，包括列方程、解方程、数学变换等。根据功的表达式 $W = f \cdot s$，由牛顿第二定律 $f = ma$ 及运动学公式 $v_t^2 - v_0^2 =$

$2as$，把 f、s 带入功的表达式 $W = f \cdot s$，整理得到摩擦力做功的表达式：$W = \dfrac{1}{2}mv_2^2$

$- \dfrac{1}{2}mv_1^2$，即动能定理。

三、物理高端备课的启示

物理高端备课基于原始物理问题教学理论的指引，使动能定理的教学跃上了新的高度。纵览上述动能定理得出的过程，我们得到如下启示。

（一）实施生态化的物理教学

本节教学中，教师快速击打粉笔盒，粉笔盒运动一段距离后最终停下来，对这一物理现象的呈现，是教学得以"破题"并顺利展开的关键。比较而言，传统教材和当前大部分教学设计，将动能定理对应的整个物理现象"掐头去尾烧中段"，只给出推导式或"片段拼凑"展示多个不同的物理现象，这两种力求简化或过渡渲染的教学设计，均不符合学生的认知规律。对此，教师应注重教学现象的生动化，强调在真实、自然的情境中研究物理规律以及学生的学习规律，从而提高物理教学的效益。

（二）显化教学中的科学方法

目前的物理教学虽然已经注意到了进行科学方法教育，但还需进一步将科学方法加以显化。因为物理概念、规律是在模型、图像、符号等共同作用下，在问题空间中借助物理情景、科学方法而形成的。因此，教学中教师应显化科学方法，尤其需要明确指出"动能定理的得出，需要运用演绎推理法"。由于科学方法是物理知识的脉络，借助于科学方法就能迅速抓住动能定理推导的关键，并有助于学生真正掌握动能定理。

（三）以问题解决引领教学过程

本节高端备课，使教学从纯粹的知识传授模式中走出来，避免了虚假探究，仅仅利用一个粉笔盒，通过提出"粉笔盒为什么停下来？"这一原始物理问题，借助于一系列问题解决过程的展现，最终得到动能定理的表达式。显然，以原始物理问题解决为驱动，引领整个教学过程，使得教师适度的教学行为与学生解决问题的思考在问题解决过程中充分、有序地协同、演进，从而实现了物理知识传授与学生思维培养的有机结合。它不仅契合了学生的直接经验和间接经验，而且有助于培养学生的物理思维能力。

第二十节　机械能守恒定律

一、问题提出与分析

"机械能守恒定律"在现行物理教材中被单列一节。它是在学生掌握功、动能、势能以及动能定理之后，为理解能量守恒定律奠定基础。由于机械能守恒定律内涵的抽象性、条件的复杂性以及应用的多样性，一直以来都是教学的重点和难点。历史上诸多论述都对本节课展开讨论，然而思路清晰、逻辑合理的教学设计尚未涌现，有鉴于此，我们展开了系统的研究。①②③④⑤

现行人教版教材"机械能守恒定律"一节首先揭示了机械能的概念："动能、重力势能、弹性势能统称为机械能"，随即提出问题"动能和势能的相互转化是否存在某种定量的关系？"其次，以物体沿光滑曲面滑下为例，讨论只有重力做功时的情况。再次，运用动能定理、重力做功与重力势能变化的关系，推导得出"在只有重力做功的情况下，机械能总量保持不变"的规律。最后，教材总结了得出机械能守恒定律的条件和内容。

我们认为，教材的编排存在三个问题。其一，推导过程采用的物理符号不够明朗；其二，对于动能和重力势能的相互转化，教材所举"物体沿光滑曲面滑下"的例子只涉及了重力势能转化为动能的情况，而对动能转化为重力势能的情况却没有包含，因此教材呈现的只是完整物理过程的一半；第三，教材编写并未能阐述机械能守恒定律推导的来龙去脉，对机械能守恒定律推导中隐藏的科学方法没有阐述，从而导致学生对机械能守恒定律缺乏真正理解。本节高端备课通过阐明机械能守恒的条件，建立重力做功与机械能转化的联系，并力图按照科学方法显化的思路去诠释教学的逻辑，以期对机械能守恒定律的教学有所启示。

二、教学设计与阐释

我们提出的教学设计由以下三个环节组成（图1－53）。

我们希望通过三个依次递进又相互关联的教学环节，为机械能守恒定律的教学开辟一扇新的窗口。

---

① 人民教育出版社课程教材研究所，物理课程教材研究开发中心．物理（必修2）［M］．北京：人民教育出版社，2006.

② 人民教育出版社物理室．高级中学课本 物理 第三册（选修）［M］．北京：人民教育出版社，1997.

③ 许国梁，束炳如．中学物理教学法［M］．北京：高等教育出版社，1981：344～351.

④ 邢红军，林崇德．论教学过程的自组织转变理论［J］．课程·教材·教法．2006，26（11）：27～33.

⑤ 乔际平，邢红军．物理教育心理学［M］．南宁：广西教育出版社，2002.

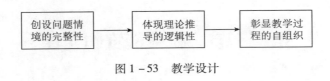

图 1-53   教学设计

（一） 创设问题情境的完整性

如前所述，现行教材对问题情境的创设采取了"物体沿光滑曲面滑下"的形式，然而这与传统教材采用"自由落体"的情境一样，并没有体现机械能守恒定律中能量转化双向性的特点，即仅有重力势能转化为动能，而没有动能向重力势能的转化。鉴于此，我们创设了光滑且对称的曲面内小球运动的情境（图 1-54）。A 为初始位置，O 为最低点，B 为小球上升到的最高点。

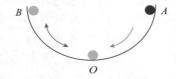

图 1-54   "物体沿光滑曲面滑下"示意

在呈现这一情境后，即可引导学生聚焦问题：小球从初始位置 A 下滑至最低点 O 的过程中，机械能转化有何定量关系？从最低点 O 继续爬升至最高点 B 的过程中，机械能转化又有何定量关系？为解决这一问题，教师应引导学生自主设置解决问题所需的物理量。可设小球质量为 m，运动速度为 v，高度用带角标的 h 表示（选取 O 为参考平面）。

（二） 体现理论推导的逻辑性

从理论上推导得出机械能守恒定律是本节的核心内容，这一环节的教学应体现出推导的逻辑性。

现行教材的推导采用了"E_p""E_k"符号，这一做法并不符合学生的物理认知水平。其原因不仅在于"E_p""E_k"的相似性使初学者容易混淆，更在于这两个符号过于抽象，使学生在学习过程中难以将物体动能与重力势能的变化与推导过程联系起来。因此，我们认为推导应使用学生熟悉的物理量，即将重力势能表达为"mgh"，将动能表达为"$\frac{1}{2}mv^2$"。这样可以避免符号的"转译"过程，使学生在学习过程中更为直接地理解物理本质。

机械能守恒定律推导的核心在于推导的思路。虽然研究问题的情境非常简单——只有重力做功，物体的动能与重力势能之间进行相互转化，但其中推导的核心思想多年来一直未能被揭示，从而导致学生在学习中始终处于"知其然而不知其所以然"的状态。

我们的研究表明，在机械能守恒定律的推导中，重力扮演着一个非常微妙和隐蔽的角色，并且非常难以被觉察。即重力扮演着一个"一力二用"的角色。一方面，重力做功使物体的动能增大；另一方面，重力同时做负功使物体的重力势能减小。这一过程虽然在同一时刻发生，但在机械能守恒定律的推导过程中却需要采用"分离与控制变量"的方法，对动能的变化和重力势能的变化分别加以研究。这一关键的教学思想需要在教学中明确向学生讲解。具体实施步骤为：

（1）在重力做正功时，只考虑动能的变化而不考虑重力势能的变化，于是引导学生运用动能定理列出方程：

$$mgh = \frac{1}{2}mv_0^2 - \frac{1}{2}mv_A^2 \qquad ①$$

（2）在重力做负功时，只考虑重力势能的变化而不考虑动能的变化。在列方程时，教材的依据是"重力做功与重力势能的关系"，而实际上从对称性的角度看，这一关系其实应该称为"势能定理"，于是有：

$$mgh = -(mgh_0 - mgh_A) \qquad ②$$

传统教材与现行教材在推导机械能守恒定律表达式中，明确使用了描述动能变化的"动能定理"，而在描述重力势能变化时虽然也使用了重力做功与重力势能的关系，但是没有明确地将其上升为一条定理的地位。这一问题貌似微小，然而却不容忽视。学生不禁会问：为什么不能像动能定理一样将其定义为"势能定理"？

事实上，由于本部分内容涉及物理学中最核心部分的结构与内涵，因此有必要使学生充分认识不同物理规律在理论推导中的地位和作用。由于上述推导没有将重力做功与重力势能的关系对应地上升为一条"定理"，因而也就没有能体现出动能转化与重力势能转化的对应与对称关系，从而影响了推导的逻辑性，并最终影响学生知识结构的完善。

我们认为，教材有必要在之前"重力势能"一节将"动能定理"提升到"势能定理"的地位，并明确其物理意义：物体重力做的功等于物体重力势能的减少量。如此，在机械能守恒定律一节就可以直接采用这一结论进行推证。

将①②两式联立得：

$$mgh_A - mgh_0 = mgh = \frac{1}{2}mv_0^2 - \frac{1}{2}mv_A^2 \qquad ③$$

③式表明，小球重力势能的减少量等于重力做的功，又等于小球动能的增加量。这个表达式充分体现了重力做功"mgh"作为机械能转化量度的作用和地位，凸显了功是能量转化量度的特征。

最后，经过简单的移项即得机械能守恒定律的表达式：

$$\frac{1}{2}mv_0^2 + mgh_0 = \frac{1}{2}mv_A^2 + mgh_A \qquad ④$$

④式表示重力做功是引起机械能转化的原因，机械能转化是重力做功的结果，

并可用功的大小去量度能量转化的多少。而在一个没有外力做功和非保守内力做功的保守系下，联系任意两个状态，系统的机械能发生不同形式的转化，但是总量保持不变。

（三）彰显教学过程的自组织

为了使学生更深刻地理解机械能守恒定律中能量转化的双向性，在教学的这一环节，教师可以设计学生自主推导小球从最低点到点运动过程中重力势能与动能之间转化的关系，以巩固学生对机械能守恒定律推导的掌握。

如果说在教学的前几个环节，学生还处于认知状态的"被组织"阶段，需要教师积极引导，那么本环节教师就要大胆放手，让学生自己思考、酝酿、尝试，通过自主推导完成认知状态的转变，到达认知上的自组织阶段。

三、研究总结与启示

纵览以上高端备课过程，我们得到以下三点启示。

（一）注意物理符号的心理效果

物理学作为一门大量运用数学语言的科学，绝大部分物理量都以符号表达，物理教学当然要使学生学会理解符号、运用符号并用符号来分析问题，然而在教学过程中，还要充分注意物理符号对信息传递的影响。在机械能守恒定律的教学中，应尽量降低学生的认知负荷，避免使用"E_p""E_k"等抽象的物理符号，而要采用物理意义更加明朗的"mgh""$\frac{1}{2}mv^2$"参与推导，这样才能使学生更好地理解推导的过程与结论。

（二）创设简约完备的物理情境

本节高端备课启示我们，物理教学情境的选择不能随心所欲，而应使物理情境有助于学生在头脑中形成正确而清晰的物理表象。在机械能守恒定律的传统教学中，采取了自由落体运动和物体沿光滑曲面滑下的情境，由于没有体现动能与重力势能转化的双向性，因此存在一定的缺陷。而我们创设的情境就充分体现了机械能转化的双向性，体现了物理过程的完整性。进一步，从更加精细的层面考虑，虽然单摆也能够体现物理情境的"双向性"，但由于含有摆线这一无关因素，就会影响物理本质的凸显，因此采用碗状的光滑曲面更加合适。由此可见，情境细节所体现的信息对教学的影响也是需要仔细考虑的。

（三）彰显重力做功的物理意义

在机械能守恒定律教学中，重力做功促使重力势能与动能相互转化，表明一种形式能量的增长总是伴随着另一形式能量的消减，而且二者在数量上也存在着确定的等量关系，表现为物体系统机械能总量保持不变。本节高端备课充分体现了这一内涵，展现了重力做功在能量转化过程中所起到的"桥梁"作用。这不仅深刻诠释了"功是能量转化的量度"这一重要的物理思想，而且能够使学生深入理解机械能守恒定律的物理本质。除此之外，高端备课对于隐蔽的"分离与控制变量"方法的挖掘也堪称点睛之笔，从而使重力做功的物理意义得到淋漓尽致的展现。

第二十一节 动 量

动量在整个物理学中都是一个极为重要的概念，动量及相关知识的介入可以顺利解决瞬时、微观、高速等牛顿运动定律无法企及的问题。随着科学技术的发展，源于经典力学的动量已逐步延伸到电磁学、光学、相对论及量子力学等领域。由于动量概念晦涩难懂，导致学生的学习往往浮光掠影，浅尝辄止，难以真正领略其内涵。有鉴于此，本文通过系统研究现行教材动量概念编写的方式，提出了基于物理学史展开概念教学的新观点，以期对物理概念的教学有所裨益。

一、对教材中动量概念引入方式的思考

教材作为一个包含教学基本内容的书面材料系统，对学生认知结构的形成和教师教学过程的安排起着知识载体、教学指导和实用参考的作用。人们在分析教材时，往往把章节安排次序所体现出来的知识体系的主干或整体称为"教材体系"。目前，中学物理教材体系大体有知识逻辑展开、实验探索、历史思想线索等类型[1]。

按照上述教材体系对人教社各版本物理教材的历史沿革发现，动量概念的引入方式主要有两大类，一类是演绎推理的方式，可称为"知识逻辑展开"方式；另一类是实验探究的方式，事实上就是"实验探索"方式。这两类引入方式能否解决学生在动量概念建立中存在的疑惑呢？本文进行深入分析。

（一）"理论的力量"：疏离学生的感性认识

人民教育出版社 2003 版高中物理教材采用"知识逻辑展开"的方式引入动量，其编写流程为：教材首先创设情境引出问题，然后将牛顿第二定律 $a = \dfrac{F}{m}$ 和运动学公式 $v = at$ 联立，得出 $v = \dfrac{Ft}{m}$，再借助"移项"获得 $Ft = mv$，最后定义冲量概念 $I = Ft$ 和动量概念 $p = mv$。这种引入方式从"甲种本"一直延续下来。这种引入方式的初衷是，希冀通过"知识逻辑展开"所蕴含的"理论力量"并结合学生的已有经

---

① 阎金铎，田世昆. 初中物理教学通论［M］. 北京：高等教育出版社，1989：39.

验，从学生原有的知识结构中生发出新的知识，这样就契合了奥苏贝尔的认知同化理论，使新知识快速与学生的原有知识建立起实质性联系。但这种"知识逻辑展开"方式的缺憾在于，整个推导所涉及的思维过程过于空洞、贫乏，给学生以虚无缥缈的感觉，即直接由牛顿运动定律和运动学规律，通过简单推导就得出了一个新的物理概念，不免使学生对"动量建立的动因及动量本质"产生困惑。此外还会有"数学凌驾物理"之感。如果不能有效解决这个问题，上述推导就会使学生产生相应的负迁移，认为任何物理概念都可不经实验操作而直接通过演绎推导得到。更为重要的是，这种理论推导完全不能体现动量及其相关知识在物理学中的重要地位，甚至不能回答"动量是什么"这一基本问题，因而势必导致学生对动量概念的起源和发展不明就里。总之，"理论的力量"疏离学生的感性认识，缺乏有力的生长点，宛若"空中楼阁"，可能导致学生无法真正理解动量概念的内涵。

（二）"实验的力量"：教学方式的不易把控

人民教育出版社 2010 版教材对动量概念引入方式作出了变更，采取"实验探索"的方式来建立"动量概念"。具体而言，学生通过探究完全弹性碰撞和非完全弹性碰撞两种情境，找寻碰撞前后的守恒量，从而发掘出质量与速度的乘积具有特殊的物理意义，进而将其定义为动量。这种引入方式的目的是：借助"实验的力量"，使学生在探究过程中获得具体而丰满的感性认识，较好地契合了具体运算阶段学生所处的认知水平。但这种建立方式的缺陷亦同样明显，实验前教师对于寻找碰撞中守恒量的原因以及只选择质量和速度作为物体运动的量度而非加速度、高度、摆长等均难以自圆其说；同时，在具体教学实践环节亦存在失当之处，即如果教师直接给出实验设计，就会弱化学生探究的主动性，使探究实验流于形式；如果不给出实验设计，必然导致实验探究难度陡增，无形中加大了学生的认知负荷，超出了学生的能力范围（现实中学生很难想到要探究弹性碰撞和非弹性碰撞两种形式下的守衡量）。这些问题极易招致学生误解"动量概念的产生是灵光乍现、妙手偶得的结果"。而现代哲学的研究成果表明，历史是必然性与偶然性共同作用的结果。因此，"实验的力量"同样不足以使学生对动量概念的建立产生深刻的认识。

我们认为，动量概念教学的主要问题是未能对动量概念产生的原因及动量的本质给予很好的诠释。事实上，纵览整个物理学史，动量概念的建立过程尤为困难，人类在认识动量概念的过程中经历了曲折而艰辛的认知历程。正如普朗克所言："一个新概念从来都不会是一开头就以其完整的最后形式出现，就像古希腊神话中雅典娜一下子从宙斯的头里跳出来那样，都将经历曲折的发展过程[1]。"那么，对于动量这样一个晦涩难懂的物理概念，应该如何以简洁明快、令人信服的方式使其在学生头脑中留下深刻的印象呢？

---

① 转引自 W. Heisenberg. *The Physicist's Conception of Nature*［M］. D. Reidel pub. Co. , 1973：264.

教育重演论指出，学习者学习科学的过程与人类研究科学的过程存在着一定的相似性，可以说是对人类研究科学过程的"重演"①。因此，我们认为，教师有必要借助"历史的力量"，引导学生在大脑中"重演"动量概念建立的艰辛历程，加深学生对动量概念的认识，并从中汲取前人的智慧、经验与思想。

二、基于"历史力量"的动量概念教学

相较"理论力量"的逻辑严密，"实验力量"的体验丰富，"历史的力量"更在于一种浸润效应，亦可谓"熏陶"，使学生在收获知识的同时，树立科学的态度及观念，这正是"历史思想线索"的价值之所在。

认真研读物理学史不难发现，动量概念的建立过程大致可分为三个阶段。首先由伽利略和笛卡尔将动量定义为运动的量度，后经惠更斯和牛顿通过碰撞实验使动量概念得以完善，最后在达朗贝尔平息莱布尼兹与笛卡尔争论的基础上，确立了动量的本质及重要地位。接下来，让我们一起沿着物理学家的足迹，重温动量概念建立的全过程。

（一）动量概念的诞生

早在16世纪，哲学家通过对自然界的观察就发现，大多数运动的物体最终都将停下来，似乎宇宙间运动的总量在一直减少。先哲们遥望星空，仰天发问：整个宇宙是否也像机器那样，总有一天会停下来呢？但是，千百年来对天体运动的观测结果告诉人们，宇宙运动并没有出现减少的迹象。于是，哲学家得出结论，宇宙间运动的总量是不会减少的，只要能找到一个合适的物理量来度量运动，就会看到运动的总量是守恒的。沿袭这一思路，物理学家开启了找寻运动中守恒量的旅程，其中一个重要突破口即是1638年。伽利略在研究打击现象时发现，打击效果与锤子的重量和速度二者存在密切关系。因此，他主张用两者的乘积作为机械运动的量度，并将速率和重量的乘积定义为动量（当时速度等同于速率，重量等同于质量），由此形成了动量的初步概念。

随后，笛卡尔继承了伽利略的思想，并公开支持伽利略的观点。笛卡尔在1644年发表的《哲学原理》一书中指出："当一部分物质以两倍于另一部分物质的速度运动，而另一部分物质却大于这一部分物质的两倍时，我们有理由认为这两部分的物质具有相等的运动量，并且认为每当一部分的运动减少时，另一部分的运动就会相应地增加。"这里，笛卡尔不仅肯定了物体的运动应该用动量来度量，而且还论述了这个量在运动过程中的守恒关系。同时，笛卡尔提出的运动守恒思想将度量物体运动的研究推向了一个新的高度，对后续科学家的研究产生了深远的影响。惠更

① 王全，母小勇. "科学史—探索"教学模式的"重演"论基础［J］. 课程·教材·教法，2008，28（7）：62～66.

斯等人正是在这一思想的基础上，通过实验进一步探究运动中的守衡量，从而使动量的概念逐步趋于完善。

（二）动量概念的完善

1652 年，惠更斯在精密实验的基础上，对物体碰撞问题进行了系统的理论研究。他借助弹性摆球的碰撞实验（图 1-55、图 1-56），用两个质量相同的小球，以大小相等、方向相反的速度碰撞后，发现它们各自以同样的速度反弹回去（图 1-55）；如果一个运动速度为 v 的球去碰撞另一个静止的球，发现运动的球静止下来，而静止的球则获得原来运动球的速度（图 1-56）。

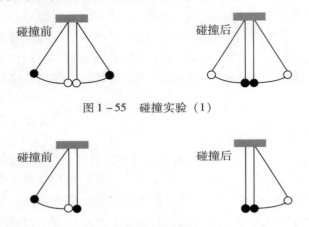

图 1-55 碰撞实验（1）

图 1-56 碰撞实验（2）

接下来，惠更斯又经过多次研究与分析，于 1668 年得出结论："两个物体所具有的动量在碰撞时可以增多或减少，但是，如果减去反方向运动量时，它们的量值在同一方向的总和将保持不变。值得注意的是，如果规定一个正方向，那么通过计算可以看到碰撞前后的总动量是相等的。"这里，惠更斯敏锐地洞察到了动量的方向性，这在动量乃至整个力学发展史上都写下了浓重的一笔。

在确立了动量的方向后，又有一个新的问题摆在了科学家面前：既然动量与物质本身有关，那么衡量物质的量到底是什么呢？这个问题曾引起过无数争论，物理学家一直为物体的重量和质量所困扰。因此，动量概念还是未被多数物理学家认可。

直到牛顿在《自然哲学的数学原理》一书中指明物质的量度是质量，方才区分开质量和重量这两个基本的物理量，从而厘清了自伽利略以来众多物理学家对质量概念的模糊认识。此外，牛顿还通过单摆碰撞实验再一次证实了运动的量度是动量，并最终于 1687 年给出了动量概念的准确定义：动量是速度和质量的乘积，它是一个矢量，其方向与速度方向相同。需要强调的是，牛顿是科学史上第一个真正意义上建立动量概念的物理学家，他定义的动量概念一直沿用至今。

有研究显示，中学生与物理学家共同体形成物理概念的过程具有高度相似性。

因此对动量有所认识后，学生自然会联想到一个与动量相贴近的概念：动能，这是《机械能》一章中的核心物理概念，那么动量与动能二者之间存在怎样的联系与区别呢？接下来，教师应当以历史上著名的"运动量度之争"为教学契机，将动量与动能两个概念进行辨析。

（三）动量概念的确立

17 世纪后期，以动量作为物体运动量度的观点虽已得到科学家们的普遍认同，但仍有一部分科学家对此持有质疑态度。譬如，1686 年，数学家莱布尼茨指出，笛卡尔关于运动的量度（动量）同落体定律相矛盾，宇宙中能度量物体运动的应该是 mv^2。他解释道："使一英磅重的物体下落四英尺和使四英磅重的物体下落一英尺，这两种情况下所得的效果相同，因为它们引起的形变相同。但是这里，两种落体运动得到的动量 mv 却不相等，而是质量与速度平方的乘积 mv^2 相等。因此，应该用 mv^2 来度量物体的运动量。"后来，根据科里奥利的建议，用 $\frac{1}{2}mv^2$ 代替 mv^2，这种形式便是我们现在所说的动能。

这样，笛卡尔的观点和莱布尼兹的观点将物理学家分成了相互对峙的两大学派，他们各持己见，使这场争论持续了半个世纪之久。直到 1747 年，事情终于发生了新的转机，法国物理学家达朗贝尔以高瞻远瞩的视角洞察出了两种形式之间存在的对立与统一关系。他认为："mv 和 mv^2 是从不同角度来对物体运动进行度量的"，并以运动物体压缩弹簧为例指出，在阻抗使运动在一瞬间停止下来时（即平衡情况下），mv 可以用来作为物体运动的量度；而存在阻碍，使运动逐渐停止的减速运动情况下，$\frac{1}{2}mv^2$ 可以作为物体运动的量度。"达朗贝尔又提出"运动的种类不同，运动的量度就不同"的观点，由此得出结论，mv 和 mv^2 都可以作为物体运动的量度。进一步可知，在不发生机械运动和其他形式运动转化的情况下，运动的传递和变化的情况可以用动量去量度；但当发生了机械运动和其他形式运动转化的情况下，则应以动能去量度。至此，长达半个世纪的争论终于画上了完满的句号。争论的结果不仅厘清了动量和动能这两个重要的物理概念，而且还进一步肯定了动量在物理学中的重要地位。

为了更加直观地反映动量概念建立的整个历史进程，采用时间表（表 1 - 17）抑或时间轴（图 1 - 57）的形式展现动量概念建立的历史演进。

表 1 - 17　动量概念建立的历史演进

时间	物理学家	对动量概念的贡献	意　义
1638 年	伽利略	定义动量：重量和速率的乘积	动量的初步概念
1644 年	笛卡尔	定义动量：质量和速率的乘积	提出动量守恒思想
1668 年	惠更斯	定义动量：质量和速度的乘积	指出动量的矢量性

续表

时间	物理学家	对动量概念的贡献	意　义
1686 年	莱布尼兹	反对用 mv 度量物体的运动 提出用 $\frac{1}{2}mv^2$ 度量物体的运动	形成动能的初步概念
1687 年	牛顿	定义动量：物体质量和速度的乘积	给出质量的定义，完善动量的概念
1747 年	达朗贝尔	指出 mv 和 $\frac{1}{2}mv^2$ 是从不同角度度量物体的运动	区分动量和动能的物理意义

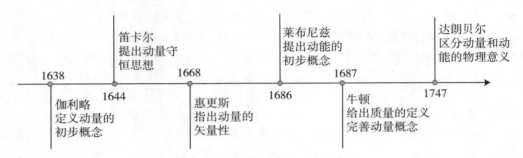

图 1 - 57　动量概念建立的时间轴

　　以科学史的形式引入"动量"概念，还有着坚实的心理学基础。心理学家皮亚杰曾通过对"动量"概念的形成和发展过程的历史考察与儿童"动量"概念的心理发生进行比较[1]，发现"动量"概念的发展历程与心理发生过程都经历了四个主要时期，其建构的过程存在相似性。不难看出，通过物理学史的重演，能够使学生明晰动量概念建立的曲折历程，熟识各色历史人物在动量建立过程中扮演的不同角色，从而使学生在对动量产生的动因以及动量的本质拥有透彻而深刻认识的同时，丰富对动量概念建立艰辛历程的心理体验，这在物理概念教学中具有重要的认知意义。

三、研究启示

　　综观动量概念建立的整个教学流程，通过物理教师化身动量概念建立历史演进的引领者，从而带领学生一起重温动量概念建立的探索之旅。在一节课的短暂时间内历经千回百转，在学生面前展现出柳暗花明的一幕，彼时师生的认知体验将被源自心灵深处的物理学智慧所照亮。由此我们得到以下三点启示。

（一）物理教材编纂：致力于物理学史的引入与诠释

　　教材是一门学科知识、方法、思想、观念和精神的载体，是帮助教师和学生认

---

① Ｊ·皮亚杰，等．心理发生与科学史［M］．上海：华东师范大学出版社，2005：42.

识世界、获得发展的媒介，扮演着继承和传播学科文化的角色。

　　传统上，物理教材一般是按照学科自身逻辑顺序编写的，虽然便于学生理解，但其涵盖的知识均是从"物理大厦"中抽取而来，有些内容无法向学生展现出知识产生的全貌，这在一定程度上不利于学生认知结构的建构。实际上，每个物理概念的形成都脱离不了相关的历史背景，尤其缺少不了物理学家的发展与参与。

　　众所周知，物理学史在物理教育中具有独特的教育价值，不仅可以促进学生物理知识的建构与理解，而且有助于渗透人文素养与科学精神。有鉴于此，我们认为，应该将物理学史适当引入教材中，即将物理教材的内容依照物理概念在物理学史中的发展历程进行编排，将历史发展过程与教学过程相匹配，从而借助历史发展顺序整合物理知识，并借机向学生介绍物理学家在定义概念时所面临的困难及解决方案。以动量概念的形成为例，教师可以进一步向学生提问：惠更斯将矢量性引入到运动学中，从而认识到动量的方向性，其在动量概念建立中的重要性如何评价？牛顿定义质量的概念，使其与重量有所区别，从而完善了动量的概念，这在动量概念建立中具有怎么的历史地位？达朗贝尔洞察出动量与动能两种形式之间存在的对立与统一关系，这在动量概念建立中扮演了何种关键性的角色？倘若教材能够将这些内容一一呈现出来，那么无论是对学生物理知识的扩充，还是科学素养的提升，都有着无与伦比的促进作用。如此，这些栩栩如生、有血有肉的物理学史就使得物理教材不再是枯燥知识点的叙述，而是物理学发展恢弘历史画卷的徐徐展开。通过使学生阅读教科书，了解物理学发展所历经的螺旋式进程，体悟物理学家坚忍不拔、执着真诚、锲而不舍的科学品质，从而培养学生的责任感和进取心。

　　一言以蔽之，将物理学史引入物理教材的编写中，不仅可以优化学生的认知结构，还对学生核心价值观的形成有着积极的促进作用。这正是物理学史在物理教学中无可替代价值的真实展现，值得我们今后去深入挖掘与努力实践。

（二）物理概念教学：着意于教学路径的创生与择取

　　物理概念是客观事物的物理本质属性在人们头脑中的反映，是对物理事物的抽象。物理概念作为物理学的基础，历来都是物理教学的重点与难点，如果学生在概念学习中未能形成正确而深刻的认识，那么必将阻碍后续的学习。然而，理解概念所需的认知水平与学生已有认知水平间往往存有剪刀差，因此就需要教师设法为学生搭建沟通二者的桥梁，即所谓的"教学路径"。

　　对同一个概念而言，建立教学路径的途径是多种多样的，其中有的是周道如砥的康庄大道，有的却是荆棘遍布的羊肠小径①。因此，选择正确的路径就很重要。就动量概念的建立而言，我们在系统分析各版本物理教材动量概念引入方式的基础上发现，传统的"知识逻辑展开"方式缺少物理思想的支撑与客观实证的依托，而

---

① 陈敏华．德国卡尔斯鲁厄物理课程的结构和特色［J］．物理教学，2007（11）：56～58.

"实验探索"的方式或完全代替学生思考，或使学生放任自流，两者均不利于学生对动量概念的理解。换言之，"理论的力量"与"实验的力量"皆不足以夯实学生大脑中对动量概念的印象。由此，我们提出将物理学史引入到动量概念的建立中，以动量的创立史作为教学主线"重构"动量概念的教学路径，从而使学生可以快速且高效地完成动量概念的内化，不必再彷徨于荆棘之中。整个教学过程以动量概念的历史演进为明线，以科学情感熏陶为暗线，采用三个阶段层层递进的形式，向学生一步步"还原"出历史上动量建立的真实过程，真正为学生厘清了动量概念产生的来龙去脉。一方面通过对历史的追根溯源，带领学生重演物理学家建立动量概念的关键环节，使学生对动量概念产生系统而丰满的认识；另一方面借助"历史力量"的浸润与熏陶，使学生充分体味到物理概念建立的艰辛与曼妙，并逐步形成自己的认知风格。

以"历史的力量"来重构动量概念的教学路径，不是为了物理学史而偏爱历史，而是因为物理学史在动量概念教学中所展现出来的那种抽丝剥茧的"历史力量"。试想，当绵延数百年、历经诸多物理学家辛勤工作才最终得出的动量概念，如果教师不带领学生去重温这段辉煌的历史，怎么就能够通过简单的推导或探究而使学生领略到其中的奥妙与真谛？因此，在物理教学路径的选择上，"知识逻辑展开""实验探索"和"历史思想线索"三者没有好与不好之分，而是哪种方式在特定的物理概念教学中更为适用，这正是物理概念教学的辩证法。

（三）力学课程框架：搭建出动量主导的体系与结构

长期以来，以"力"为基本概念的经典物理学主导着我国中学的教科书与课堂，教师和学生需要花费大量时间和精力去教授与学习力的概念，"力"也成为了学生学习困难频发的"重灾区"。然而，令人遗憾的是，在经典物理中占有统治地位的"力"，却在牛顿的力学体系中没有获得精确的定义。更为重要的是，在现代物理学中，"力"的概念早已走下了物理学的"神坛"，退化为从属于能量与动量的次级概念，德国卡尔斯鲁厄大学的 F·赫尔曼教授曾作出感叹：物理学的发展史是一条错综复杂的道路，尽管存在着更容易到达相同目标的捷径，但我们在教学中还是把这条复杂的道路强加于我们的学生，这些历史负担应该从物理课程中消除①。可见，我们必须要对中学物理的学科结构作出重大调整，设法在经典物理学和现代物理学中找到能够扮演核心角色的广延量（extensive quantity），从而使经典物理学与现代物理学中的各不同领域在结构和逻辑上更加和谐统一。

其实，随着以相对论和量子论为基础的现代物理学发展，在现代物理学中地位日益突出的动量早已扮演了这一重要角色，成为了物理学中的主导概念与核心概念。

---

① F·赫尔曼，陈敏华. 卡尔斯鲁厄物理课程［J］. 物理教学探讨，2015（4）：1~4.

并且，从恰当形式的动量定理出发，能够得到唯一确定的"力"的概念①。一言以蔽之，以动量主导整个力学体系是大势所趋。反观当前的中学物理课程，"动量概念"却是寄于"力学概念"篱下的一种概念，且动量内容在课程设置中分布分散，学生难免会产生牛顿力学为主，动量守恒为辅的观念，甚至错误地认为动量守恒只不过是经由牛顿力学推导而得到的附产品，这就严重阻碍了今后学生学习现代物理。

有鉴于此，我们有必要适当弱化"力"概念在中学物理课程体系中地位的同时，加强动量概念的教学，将分散的动量概念有机地整合起来，使其贯穿于整个中学物理课程体系之中，并在教学中构建动量概念发展的知识主线，从而为学生今后的学习搭建起科学的概念体系，为现代科学知识的学习打下坚实的基础。

动量概念教学的深化研究，可以启迪人们以新的视角去思考力学课程框架。从现代物理的观点来看，寻找不同参考系内物理量、物理规律之间的变换关系（相对性原理），以及变换中的不变量（即对称性），能够超越传统认识的局限性，把握物理世界中更深层次的奥秘。比如，在力学教学中从时空对称性的角度阐明三个守恒定律的物理渊源，可以强调对称性在物理学中的基本地位，使学生体会到，为什么三个守恒定律可以长驱直入贯通物理学的宏观领域与微观领域？进一步可以发现，传统力学教材都是以牛顿运动三定律为核心展开的，并把质量和力作为力学中最基本的概念，从而导出动量和能量概念以及三个守恒定律。然而，从现代物理的高度来看，在描述物质的运动和相互作用时，动量—能量的概念要比力的概念基本得多，因此，力学教材的编写完全可以以动量、能量和角动量三个守恒定律为核心来展开②。

其实，以动量为主线的物理课程体系在国内外已有成功的先例，最具代表性的当属德国卡尔斯鲁厄物理课程（简称 KPK），KPK 倡导以动量、动能取代速度与力来架构新的课程体系。KPK 历经十余年的试验与修改，在教学实践领域已获得巨大成功，德国已有近万名学生使用了这一课程③。同时，我国上海等沿海城市的一些中学也正在开展有关 KPK 的教学实践，并获得了师生的好评。更为重要的是，30年来，使用《KPK 物理》教材的学校和教师数量一直在平稳地增加，并且很少有教师在使用了《KPK 物理》后又转回头使用传统中学物理学教材的。这些就为在中学物理课程中加强动量教学展现出美好的前景。

① 罗莹. 科学概念演化视野下的中学物理课程内容现代化研究［J］. 课程·教材·教法，2016，36（12）：62~66.

② 邢红军，张抗抗. 论物理思想的教育价值及其启示［J］. 教育科学研究，2016（8）：61~68.

③ 同②。

第二章 电　　学

第一节　库仑定律

"库仑定律"是现行人教版高中《物理选修3－1》《静电场》一章的内容。作为电磁学的基本定律，它不仅是力学向电磁学过渡的桥梁，而且是整个电磁学的基石。但是到目前为止，对库仑定律的教学设计还存在诸多争议。有鉴于此，我们拟采用高端备课的方式，运用类比法深化对库仑定律的理解，以彰显物理教学的逻辑、促进物理课堂有效教学。

一、传统教学设计存在的问题

查阅文献发现，有关库仑定律的教学设计基本都是以人教版教材为蓝本，将教学活动按顺序分为三个部分：①通过实验探究影响电荷间相互作用的因素，得到的结论是电荷间的相互作用力随着电荷量的增大而增大，随着电荷间距离的增大而减小；②直接给出库仑定律的内容，即真空中两个静止点电荷之间的相互作用力，与他们的电荷量的乘积成正比，与他们的距离的二次方成反比，作用力的方向在它们的连线上；③通过库仑扭秤实验得出库仑定律的表达式 $F = k\dfrac{q_1 q_2}{r^2}$。

笔者基于物理教学的逻辑和学生的认知规律，以高端备课的视角对库仑定律的教学进行了深入的剖析，结果发现，上述教学设计存在着"三个不符合"：第一，教学顺序与教学逻辑不符合。库仑定律理应是定性研究与定量研究的结果，而教材却把库仑定律的内容放在定性研究与定量研究之间，使得新知识的获得既不能承前亦不能启后，在定性实验之后直接给出库仑定律，很可能使学生产生错误认识，认为如果一个量随着另一个量的增大而增大就是正比关系，反之就是反比关系。第二，教学内容与学生的认知水平不符合。在知识层面，库仑扭秤实验涉及用扭丝的转角（库仑扭秤的主要工作部件）间接测量静电力变化的比值关系、涉及扭力的概念和力矩平衡的知识，这些知识都远远超出了学生现有的认知水平。在技能层面，由于库仑扭秤结构上的复杂性和操作上的精确性，重演这个实验，需要介绍实验器材、分析实验原理、讲解操作方法，学生难以自主驾驭。而且教学实践表明，此实验很难获得想要的结果。第三，探究实验与历史事实不符合。库仑定律得以完备精准描述，并不只是一个扭秤实验就能完成的，扭秤实验只能验证同种电荷间的相互作用力，而对异种电荷间的库仑力则是库仑通过电摆实验得出。因此，教材通过库仑扭秤实验就得到库仑定律是违背历史事实的。

究其原因，探究实验难辞其咎。由于实验本身的难度打乱了从定性到定量得出结论的逻辑思路，使知识获得的过程缺乏逻辑性，所以学生很难从整体上把握库仑定律的内涵。事实上，库仑定律的建立既是实验事实的总结，也是理论研究的成果。在物理课堂教学中，学生间接经验的获得未必非要重演科学家的实验，类比法同样是科学家在建立定律时应用的一种重要科学方法，教学中没有必要厚此薄彼。鉴于此，本文尝试突破传统教学的局限，利用类比法使学生学习库仑定律。这样，既尊重了历史史实、减轻了学生的认知负荷，又为后续学习电磁学提供了方法模型。

二、库仑定律的高端备课

针对传统教学以"科学探究实验"为主的教学模式，笔者以"显化科学方法"的方式展开"库仑定律"规律教学的高端备课，以期降低高中二年级学生进入电磁学学习的门槛，搭建一座从力学向电磁学过渡的桥梁，使类比的思想逐渐渗透到学生的头脑中。本次高端备课主要分为以下三个阶段。

（一）设计先行组织者，提供类比的可能

设计先行组织者，是奥苏贝尔提供的一种重要的教学策略。它是先于学习任务本身呈现的一种引导性材料。设计"组织者"的目的是增加新旧知识之间的可辨性，以促进类属性的学习。[①]

学生通过先前的学习，已经熟悉了天体的运动和万有引力定律，掌握了原子的结构、电荷和电荷量的概念，知道了电荷之间存在着相互作用力。本节采用类比法的关键是让学生领悟到新旧知识之间的联系，找出它们的共同属性。为了使新知识尽快纳入学生已有的图式中，需要设计一个问题情景，即电子绕原子核运动的多媒体动画，由学生分析电子的运动情况和受力情况，经由这一分析，学生容易联想到行星绕太阳的运动。这样一来，就把学生的思维从陌生的微观粒子运动带到熟知的宏观天体运动的情境中。这一思维的过渡，能够激发学生的想象力，使类比推理顺利进行。

高端备课不同于教材编排，为了使教学更加符合逻辑，我们在定律建立之前就呈现静电力和点电荷两个概念，把它们作为"先行组织者"的一部分。这一处理，可以使学生在静电力和万有引力、点电荷和质点这两组类比对象中建立联系，增加类比的可行性。

① 陈琦，刘儒德．当代教育心理学［M］．北京：北京师范大学出版社，2007：171.

（二）从特殊到特殊，有效实施类比

在进行类比之前，首先向学生介绍类比法的定义。所谓类比法，就是根据两个对象之间在某些方面具有的相同或相似性，推论它们在其他方面也可能相同或相似的方法。它既是一种创新思维方法，又是一种形象思维方法，其思维过程是从特殊到特殊。① 高端备课依据这一思维过程进行的类比推理如下图（图2－1和图2－2）。

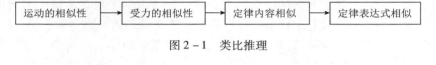

图2－1　类比推理

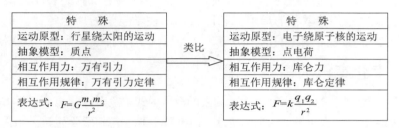

图2－2　类比推理的具体过程

如图2－1和图2－2所示，从"运动的相似性"到"定律表达的相似性"，这一推理思路简单流畅，扬弃了复杂的实验验证，着眼于万有引力和库仑力之间的共同属性，契合了学生的认知水平。

对于行星绕太阳运动的规律学生已经耳熟能详，知道这是一个圆周运动的模型，并且万有引力提供向心力；而对于电子绕原子核的运动相对比较抽象，但是学生通过化学课和相关内容的介绍，容易接受电子在核外绕核做圆周运动这一事实，知道电子绕核运动的规律，离核越远的电子受原子核束缚越小，即电子与原子核之间的作用力也是随着距离的增大而减小的，这一规律与万有引力有着惊人的相似。由动力学的知识可知，运动的相似性很可能是由于受力的相似性造成的。有了这一认知，就可以利用类比推理，仿照万有引力定律的内容，尝试表述电荷之间作用力遵从的规律。学生就能够顺利把万有引力定律的内容迁移过来，把定律中"物体"改为"电荷"、把"质量"改为"电荷量"，并且可以写出表达式："$F = G\dfrac{q_1 q_2}{r^2}$"。这样，库仑定律的雏形基本形成。

显然，学生不可能想到把比例系数直接写出，也不可能把定律使用条件直接限制在"真空、静止、点电荷"，也就是类比的结果会与定律本身有出入，但这并不

---

① 巨朝军．类比推理微探［J］．齐鲁学刊，1999（4）：3.

影响本节课的教学效果，反而为讲清库仑定律的外延埋下伏笔。类比推理通过分析共性已经使学生理解了库仑定律的内涵：库仑力的大小满足平方反比律，且与带电体的电荷量有关。接下来通过分析上述差异，使学生了解库仑定律的适用条件，即讲清公式的外延。这样，通过类比推理，求同存异，一个完整的库仑定律就建立起来："真空中两个静止点电荷之间的相互作用力，与他们的电荷量的乘积成正比，与他们的距离的二次方成反比，作用力的方向在它们的连线上，即：$F = k\dfrac{q_1 q_2}{r^2}$"。[①]

（三）渗透物理学史，验证类比结果

库仑定律的建立是集多位科学家的分析研究成果于一体，最后由库仑通过扭秤实验和电摆实验确认得出。因此，高端备课并不能止步于库仑定律的顺利得出，库仑所做的验证实验也应该是本节的教学内容之一。

由于库仑扭秤实验和电摆实验所涉及的知识和技能均超出了学生现有的水平，单独介绍实验会使得教学枯燥乏味。所以，通过与学生一起回顾库仑定律发现前后科学家所做的工作和成绩，一方面可以让学生了解库仑定律建立的背景及其过程，使学生的思维和科学家的思维产生共鸣，体会类比法的成功；另一方面可以增加学生的好奇心和求知欲，为下一步介绍验证实验做铺垫。介绍库仑的实验时应该重点突出两点：第一，库仑扭秤实验只能验证同种电荷间的库仑力满足平方反比关系，对于异种电荷间库仑力的特点则是库仑类比单摆实验设计了一个电摆得出的；第二，库仑当年实验时，还不知道怎样测量物体所带的电荷量，甚至连电荷量的单位都没有。根据电荷守恒定律，两个相同金属球接触后电荷量将等量分配，可确定两金属球带电量变化的比值关系。

这样，通过物理学史的渗透正本清源，旨在引起学生情感上的共鸣，使学生不仅仅增长了知识，而且对类比法有了深入的了解，并有利于"情感、态度、价值观"的升华。

三、高端备课的启示

总结以上高端备课的过程，可以得到以下几点启示。

（一）高端备课应力求体现物理教学的逻辑性

教学的逻辑与思维的逻辑是一致的，知识本身的逻辑体系是影响教学效果的重要因素。传统教学设计受探究实验的限制，使教学存在明显的逻辑缺陷，不利于间接经验的有效获得。高端备课直接采用类比法，以"类比的可能→类比的实施→类比的验证"这样一条逻辑路线展开，脉络清晰、目标明确，使每一个教学步骤都处

---

① 人民教育出版社，课程教材研究所. 物理选修3-1［M］. 北京：人民教育出版社，2007：5~6.

在学生的"最近发展区"里，既不低估，也不逾越，真正体现了循序渐进的教学原则。这样的教学设计，借助科学方法表达了物理教学的逻辑性，由浅入深，由已知到未知，引导学生大胆推测，有利于激发学生探索意向、培养学生的逻辑思维能力。

（二）高端备课应注重科学方法的显性教育

物理学是一门具有方法论性质的科学。物理教学中不仅要教给学生基本概念和规律，更重要的是要教给学生学习物理学的研究方法。而我国物理教材的编写上则表现为，对知识点的逻辑体系采用显处理，而对物理知识的内在关系和物理方法，采用隐处理，即不在课本中写明，而是让学生自己去领悟，这是明显偏离物理教育培养目标的。[①] 由于本章以及整个电磁学知识的抽象性，后续学习用到类比法的频次较多，显化这一科学方法就显得尤为重要。然而教材对科学方法采用了隐处理的方式，着重笔墨介绍了验证实验，这样不利于知识的获得。高端备课依据类比法的思维过程逐步展开，前承牛顿力学，使学生对万有引力定律的认识得以升华；后启电磁学，为之后电场、磁场中抽象概念的学习提供了方法模型。

（三）高端备课应促进课堂教学有效性的提高

有效教学是指教师遵循教学活动的客观规律，以尽可能少的时间、精力和物力投入，取得尽可能多的教学效果，从而实现特定的教学目标，满足社会和个人的教育价值需求。新课改倡导以"科学探究"为主的课堂教学模式，而忽视了课堂教学有效性的提高。库仑定律的教学设计大多侧重于"探究实验"，目的是通过探究活动发现基本的原理，像科学家那样思考问题。但是由于实验条件和学生知识水平的限制，有些实验并不适合探究。如果在教学中一味追求形式，片面强调学生的主体作用，不仅浪费时间，而且问题并不能得到有效解决。高端备课运用类比法使新旧知识进行了有意义同化，突破了物理规律教学难点，从而有利于物理课堂教学有效性的提高。

第二节　电场强度

一、问题的提出

电场强度是高中物理教学内容中的重要概念。长期以来，教材在引入时通常是沿用普通物理的处理方法，即只讲电场强度是检验电荷在电场中某点受到的电场力与电量的比值，是一个常量。这个常量与检验电荷无关，只与电场本身的属性有关。

---

① 乔际平，邢红军. 物理教育心理学［M］. 南宁：广西教育出版社，2002：96～97.

所以，定义这个比值叫做该点的电场强度，而不讲为什么要用电场力与电量进行比较。这种情况就使学生在学习中对于电场强度概念的定义始终处于一种"知其然而不知其所以然"的境地，从而在一定程度上影响了学习的效果。有鉴于此，本文拟结合有关教材对电场强度概念引入方式的比较分析，探讨电场强度概念的恰当引入方式，以期对中学物理概念教学有所裨益。

二、人教社版教材电场强度概念引入方式的分析

对于电场强度概念，人民教育出版社出版的全日制普通高级中学教科书《物理》（第二册）是这样引入的。

研究电场，必须在电场中放入电荷。这个电荷的电荷量应当充分小，放入之后，不致影响原来的电场。体积要充分小，便于用来研究电场中各点的情况。这样的电荷称为试探电荷。

把试探电荷 q 放在电荷 Q 产生的电场中（图 2-3），电荷 q 在电场中的不同点受到的电场力的大小一般是不同的，这表示各点的电场强弱不同。电荷 q 在距 Q 较近的 A 点，受到的电场力大，表示这点的电场强；电荷 q 在距 Q 较远的 B 点，受到的电场力小，表示这点的电场弱。

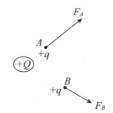

图 2-3　电荷 q 在电荷 Q 的电场中

但是，我们不能直接用电场力的大小表示电场的强弱，因为不同的电荷 q 在电场的同一点所受的电场力 F 是不同的。实验表明，在电场的同一点，比值 F/q 是恒定的；在电场的不同点，F/q 比值一般是不同的。这个比值由电荷 q 在电场中的位置所决定，跟电荷 q 无关，是反映电场性质的物理量。在物理学中，就用比值 F/q 来表示电场的强弱。

放入电场中某点的电荷所受的电场力 F 跟它的电荷量 q 的比值，叫做该点的电场强度，简称场强，用 E 表示电场强度，则有 $E = F/q$。[①]

我们的研究表明，该教材对电场强度概念引入的处理存在着逻辑上的缺陷。

我们知道，电场强度是从力的角度描写电场各处强弱及方向的物理量。[②] 因此，

①　全日制普通高级中学教科书．物理第二册（试验修订本·必修）［M］．北京：人民教育出版社，2000：95.

②　胡盘新．大学物理手册［M］．上海：上海交通大学出版社，1999：219.

如果要引入电场强度这个物理量，就需要在电场中放入电荷。然而，直接用电场力表示电场的强弱是不行的。其原因不仅是因为不同的电荷 q 在电场中同一点所受的电场力是不同的，① 更是因为，如果这样做，就可能会出现离场源电荷 Q 近的地方电荷受的电场力小（如果在该点放置一个电量较小的电荷），而离场源电荷 Q 远的地方电荷受的电场力大这样的情况（如果在该点放置一个电量较大的电荷），从而得出离场源电荷 Q 近的地方电场强度小，而离场源电荷 Q 远的地方电场强度大的错误结论。原因何在呢？

原来，出现上述佯谬的根本原因在于，直接把两个不同的电荷 q 放在电场中的不同点所受的电场力 F 进行比较是没有意义的。这是因为，在做比较时必须要有相同的标准。只有具备了相同的标准，才能使比较的结果有意义。那么，如果两个电荷 q 的电量不相同怎么办呢？根据比较的要求，就需要把它们的电量 q 化成相同。而这种方法，就是把两个不同的电荷 q 放在电场中的不同点所受的电场力 F 与各自的电量相比，而相比的结果就 q 成了单位电荷所受的电场力，这正是电场强度的定义。

因此，在电场强度概念引入的过程中，如果在电场中同一点放置不同电量的两个电荷，由于其比值 F/q 是恒定的，所以，无法比较电场的强弱。相反，如果在电场中的不同点放置不同电量的电荷，由于其比值 F/q 是不同的，因此，可由其比值判断电场的强弱。然后再在电场中同一点放置不同电量的电荷，由于 F/q 是一个常量，它是一个反映电场性质的物理量。这样的逻辑关系，才使电场强度定义的引入水到渠成。

三、北师大版教材电场强度概念引入方式的分析

由教育部基础教育司《高中物理课程改革与实验》课题组编写的全日制普通高级中学教科书《物理》（第二册）是这样引入电场强度概念的（图 2 – 4）。

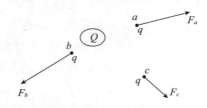

图 2 – 4　电场强度

电场的最基本的特性就是对处在电场中的电荷有力的作用。在图 2 – 4 中，Q 是一个正电荷，它的周围存在着电场（Q 也可称为场电荷）。将同一个电荷很小的点

① 全日制普通高级中学教科书. 物理第二册（试验修订本·必修）［M］. 北京：人民教育出版社，2000：95.

电荷（又叫检验电荷）放在电场中 a，b，c…等不同的位置，检验电荷在这些点受到的电场力 F_a，F_b，F_c…是不同的。这说明电场中不同的位置电场的强弱是不同的。

如果把电荷分别为 q_1，q_2，q_3…的检验电荷放在电场中的同一点上，各检验电荷所受电场力分别为 F_1，F_2，F_3，，也是不同的。但是，电场力与相应电荷的比值 F_1/q_1，F_2/q_2，F_3/q_3，却是一个常量。这个常量与检验电荷无关。在电场中不同位置上，这个常量是不同的。看来，这个常量与检验电荷无关，只与电场本身的属性有关。物理学中就把检验电荷在电场中某点受到的电场力 F 与电荷 q 的比值，叫做该点的电场强度，简称场强，用 E 表示电场强度，写成公式是 $E = F/q$。[①]

我们的研究表明，上述教材关于电场强度概念的引入同样存在着逻辑上的缺陷。因为，比值定义法采用两个或多个物理量相比来定义一个新的物理量，不是因为其比值恰好是一个常量，而是因为通过比较可以达到选取相同比较标准的目的，使比较的结果有意义，从而定义一个新的物理量。而该教材在编写时忽视了比值定义法运用时的一个关键问题：为什么要用两个物理量相比来定义一个新的物理量。只回答是什么（比值是常量）而不回答为什么（即为什么要比），这是该教材对于电场强度定义处理的根本缺陷。

其实，对于目前教材中电场强度概念引入方式的缺陷，物理教育工作者已经有所觉察并做了相应的研究。比如，有研究认为：电场强度是一个非常重要而又十分抽象的概念，课本上通过检验电荷受到的力与检验电荷电量的大小的比值对某一点来说是一个常量这一本质属性来定义电场强度这个物理量。实际上这个概念的建立不是很顺利，学生有一个思维障碍，即为什么要用这种方法来测试电场的强弱，造成学生在方法认识上没有主动性，这属于一种元认知困难。针对这个问题，我们使用一个迁移方法来解决这一难题。以下是教学片段列举：

师：同学们，我们现在来研究一个问题，如何测定风力的强弱？（提示：应该使用风的什么性质？风对阻挡物有力的作用。）

生：用一个物体去挡风，测试力的大小。

师：物体受到的风力大小与哪些因素有关呢？

生：与阻挡风的面积大小有关。

师：风力大小与挡风面积之间存在什么关系？

生：风力大小正比于挡风面积。

师：那么我们可以将风力 F 与挡风面积 S 间关系表示成 $F = kS$，那么 $k = F/S$，讨论 k 的意义。

生：k 的大小实际上表征了所测点的风力强度。

① 全日制普通高级中学教科书．物理第二册（试验修订本·必修）[M]．北京：北京师范大学出版社，2000：73.

这段讨论给学生启示了一种测量物理量强度的方法。挡风面积 S 的引入起测量作用。测量点的风力强度与引入挡风面积大小或是否测量无关。这是风力的客观性。在这种思考的引导下，再引入电场强度的测量（定义）$E = F/q$ 就非常容易理解了。[①] 上述研究具有一定的启发意义，但仍然没有很好地解决为什么要用电场力与电量进行比较来定义电场强度的问题。这说明，对于这个问题，仍然需要继续进行研究。

四、电场强度概念引入的教学设计

根据上述分析，我们提出如下电场强度概念的教学设计。

电场最基本的特性就是对放在电场中的电荷有力的作用。为了描述电场的这种特性，就需要引入一个新的物理量。而引入新物理量的思路就是在电场中的不同点放置不同的电荷，用电荷所受电场力的大小来描述电场中不同点电场的强弱。

然而，直接用电场力的大小来表示电场的强弱却存在问题。这是因为，如果在离场源电荷 Q 较近处放置一个电量较小的电荷而在离场源电荷 Q 较远处放置一个电量较大的电荷，就会出现前者所受的电场力较小而后者所受的电场力较大这样的情况，从而得出离场源电荷 Q 近的地方电场强度小，而离场源电荷 Q 远的地方电场强度大的错误结论。解决这个问题的关键，是要在比较两种情况下电场力的大小时采用相同的标准——即两种情况下电荷的电量是相同的。为满足这个条件，只需将两种情况下不同电量的电荷所受的电场力与相应电荷的电量相比即可。因为比的结果即是单位电荷所受的电场力，它满足了比较必须有相同的标准才能使比较的结果有意义的要求。因此，该比值就表示电场中某一点的强弱。

进一步，我们会发现，在电场中某一点，电场力与相应电荷电量的比值又是一个常量。这个常量与检验电荷无关，只与电场本身的属性有关。这样，我们就把检验电荷在电场中某点受到的电场力 F 与电荷 q 的比值，叫做该点的电场强度，简称场强，用 E 表示电场强度，写成公式是 $E = F/q$。

第三节　电势能和电势

"电势能和电势"一节是高中物理教学的重点和难点。它上承电场强度，下启电势差，是《静电场》一章的核心内容。然而，教学实践表明，学生对这部分内容的理解并不尽如人意。鉴于此，笔者试图以类比法为主线，对电势能和电势的教学设计做出新的尝试。

---

① 曾保龙，沃建中．高中物理教学中学生创造性思维的培养［J］．心理发展与教育，1999（4）：62~64.

一、教材分析

"电势能和电势"一节成为教学难点的原因是多方面的，既有概念自身特点和教材编写的客观因素，也有学生认知和教师教学的主观原因，分析如下。

（一）教材内容及学情分析

人教版高中物理教材将电势能与电势一节分为四个部分：①静电力做功的特点；②电势能；③电势；④等势面①。第一部分静电力做功推导中蕴含着"分割—求和"的思想，而教材对该部分内容始终未有明确的表述，处于隐晦状态，向学生渗透"微元"思想训练更是无从谈起。其次，这四部分内容涉及了一对重要的功能关系、两个重点概念，从而导致了概念抽象、公式繁多的问题。而电势与电势能的相对性更为这些概念的获得设置了障碍。最为关键的是，这些概念所围绕的主题"电场"，是看不见摸不着却是真实存在的物质，加之教材并未给出"电势能""电势"的具体表达式，导致教学中容易形成教学效果不佳的状况。

（二）传统教材编写的逻辑缺陷

传统教学设计通常采取类比法，然而研究发现，类比法并不能贯穿于这四部分教学内容的始终。例如，静电力做功的特点可以和重力做功的特点进行类比；电势能可以与重力势能进行类比，等势面可以与等高线进行类比，唯独缺少了与电势相类比的概念。教材把"重力势"的概念放到课后习题里，目的是强化对电势概念的理解。笔者认为，与其让学生以"课后补"的形式来加深理解，不如在建立"电势"概念之前就讲清重力势的概念。

高中二年级学生的思维水平大部分还处于具体运算阶段。所以，学生能否顺利内化电势能与电势概念，建构正确的概念图式，很大程度上取决于教师的讲授，而讲授是否得法，关键又在于教学设计，一个好的教学设计往往能够取得事半功倍的教学效果。因此，对"电势能和电势"的教学进行高端备课，就显得尤为重要。

二、电势能与电势的高端备课

奥苏贝尔的认知同化理论认为，当学生把教学内容与自己的认知结构联系起来时，意义学习便发生了。奥苏贝尔认为同化理论的核心是：学生能否习得新信息，主要取决于他们认知结构中已有的有关观念②。基于奥苏贝尔的理论可知，在电势教学中，学生认知结构中由于缺少了"重力势"而使得类比法的教学出现逻辑断点。因此，如何合理安排教材顺序，完善学生的认知结构，成为电势与电势能教学

① 人民教育出版社课程教材研究所，物理课程教材研究开发中心．物理选修3-1［M］．北京：人民教育出版社，2013：15~19．

② 陈琦，刘儒德．当代教育心理学［M］．北京：北京师范大学出版社，2007：165~172．

的首要任务。鉴于此,我们设计出五个教学环节的高端备课(图2-5)。

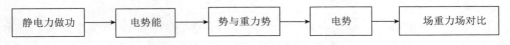

图2-5 电势能与电势教学设计

(一) 静电力做功

我们知道,保守力场中才有"势"的概念。因此,静电力是否是保守力的证明,显然成为能否引入电势能的先决条件。据此,教师可以向学生提出这样的问题,电场强度为 E 的匀强电场中,点电荷沿 q 路径1从 A 运动到 B,电场力做功与路径有没有关系?

如图2-6所示,其中 AM 沿着电场线的方向,BM 垂直于 AM,A 运动到 B 共有三条路径即:路径1沿曲线 $A \to B$,路径2沿直线由 $A \to B$,路径3由 $A \to M \to B$。点电荷沿路径1从 A 移动到 B,由于运动轨迹是一条曲线,点电荷的运动方向逐渐变化,运用功的定义很难直接求解出静电力做功的多少。为此可以采用"分割—求和"的方法,首先在由 A 到 B 的曲线上取极小的一段弧 CD 作为研究对象,弧长为 Δl_1,由于 Δl_1 极小,可以将其看作一条直线,如图2-7所示。CD 直线与电场线之间的夹角为 θ,过点 D 做垂线 DE,那么在垂直于电场线方向,电场力做功 $W'_1 = qE\Delta l_1\sin\theta_1 = qE|DE| = 0$,而沿电场线方向电场力做功 $W_1 = qE\Delta l_1\cos\theta_1 = qE|CE|$。由于曲线 AB 可分割成无限多个小段,因此对无限多小段求和可得 $\Delta l_1\cos\theta_1 + \Delta l_2\cos\theta_2 + \Delta l_3\cos\theta_3 + \cdots + \Delta l_n\cos\theta_4 = \overline{AM}$,即点电荷 q 从 A 移动到 B 电场力做的总功为 $W = W_1 + W_2 + \cdots + W_n = qE|AM|$,这与点电荷沿路径2及路径3做功多少是一样的。

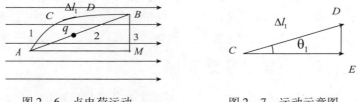

图2-6 点电荷运动   图2-7 运动示意图

显然,与重力做功相同,匀强电场中静电力做功的大小仅与电荷的始末位置有关,而与电荷运动路径无关。因此,"静电场"是保守场,可以引入电势能。

(二) 电势能概念的建立

类比"重力势能",将一个质点从场中某一点 A 移到参考点,重力场中某点重力势能即为 $E_p = mgh$。若选无穷远处为势能零点,电场中某点距无穷远处的距离为

l，则该点的电势能即为 $E_p = qEl$。由于教材此处并未给出电势能的具体表达式，我们认为，由于电势能的抽象性，仅凭借叙述很难让学生有一个直观的认识。因此，有必要呈现电势能的具体表达式。

（三）"势"与"重力势"概念的建立

当电势能的概念建立之后，电势概念的建立就顺理成章了。但由于在重力势能的建立过程中，没有引入重力势的概念，导致学生对电势概念的理解出现困难。因此，我们认为，只有先引入"势"与"重力势"才有可能使学生具有思维的拐杖，从而顺利建立起"电势"的概念。教师可以举出语文上含有"势"的一些成语如"势如破竹""势不可挡"，将"势"描绘的情景、蕴含的力量展现在学生面前，发现成语中"势"通常指一种特殊位置，含有高的意味，具有潜在的运动趋向及做功的能力。

在重力场中的某点所处位置与所具有的重力势能之间存在什么关系？根据"势"的概念，"重力势"代表物体在重力场中所处的位置及运动的趋势，由此我们将"重力势"定义为重力势能与质量的比值，表达式即 $gh = \dfrac{E_p}{m}$。这表明，在重力场中它代表相同高度其重力势是一定值，且沿着重力的方向"重力势"逐渐降低，将具有相同高度的各点构成的面叫做"等高面"。

（四）电势概念的建立

"势"与"重力势"概念的提出为"电势"概念的建立提供了"先行组织者"。由此，学生建立"电势"概念时就有了可类比的依托，类比"重力势"的概念 $gh = \dfrac{E_p}{m}$，电场中某点的电势即为电荷在该点的电势能与其电荷量的比值，即 $\varphi = \dfrac{E_p}{q}$。由于教材仅给出了上述表达式，导致学生不能直接看出"电势"与哪些物理量相关，因此，有必要向学生呈现"电势"的表达式即 $\varphi = El$，它表明，电场中某点的电势仅与电场强度及其所处位置有关，且沿着电场线的方向电势逐渐降低。同样类比重力场中的"等高线"，我们将电场中电势相同的各点构成的面称为"等势面"。

（五）"电场"与"重力场"的统一

通过上述梳理，很容易看到，"电场"与"重力场"属于同一性质的场，二者在物理量的设置及定义上存在一一对应关系，为了便于完善学生的知识结构，我们对"重力场"与"电场"中的基本物理量引入进行对比（表2-1）。

表 2-1　重力场与电场中各物理量的比较

类别	研究对象	势能	势	名称
重力场	质量 m	重力势能 $E_p = mgh$	重力势 $\dfrac{E_p}{m} = gh$	等高面
电场	电荷 q	电势能 $E_p = qE_l$	电势 $\varphi = E_l$	等势面

通过对比，可以清晰地看到"电场"与"重力场"中相关物理量的对应关系，形成了从重力场到电场过渡的认知脉络，从而达到了新旧知识的统一。

三、教学启示

（一）关注学生的意义学习

奥苏贝尔认为，学生是否习得新知识主要取决于他们认知结构中已有的观念，而意义学习必须与学生认知结构中已有的观念相互作用才能得以发生[①]。因此，这就要求教师在授课之初必须关注学生已有的认知观念。在"电势能和电势"一节中，涉及"静电力做功""电势能""电势"等概念的学习，而"电势"从哪里来的，为什么要定义"电势"这一物理量，并没有相关说明。所以在高端备课过程中，呈现与"势"相关的成语，加深学生对"势"感性认识，继而引入"重力势"，并将其作为"电势能和电势"一节课教学的先行组织者，在学习者已有的知识与要学习的新知识之间架设一道认知桥梁，应用"静电力做功"与"重力做功"的相似性，促使学生将二者联系起来，这一思维过程扬弃了精确的推理步骤，促进学生知识的正"迁移"，培养了学生的类比思维能力，促进了意义学习的发生。

（二）重视"微元法"的显化

高中生即将进入大学深造，抽象思维开始快速发展，面对某些难以解决的问题需要新的思维方法，这就要求教师要抓住机会向学生渗透物理本质。由于从 A 到 B 的运动轨迹是一条曲线，惯用的研究思路不能求解出电场力做功的大小。我们采用"微元法"，取 AB 间极小的一段 Δl_1 作为研究对象，将 AB 分割为无限多个小部分，最后求和解决了电场力做功问题。静电力做功的推导不仅体现了电场力做功的特点，又蕴含着"微元法"的物理思想。通过学生对微元思想不断了解、积累、熟练，可以有效地促进学生掌握物理知识，解决物理问题。

（三）体现物理教学的逻辑

所谓教学的逻辑，就是教学过程中诸要素呈现的顺序。这就要求教学中每一个

---

① 陈琦，刘儒德. 当代教育心理学 [M]. 北京：北京师范大学出版社，2007：165～172.

教学环节和行为都应有充分的依据。通过静电力做功的推导证明了电场力是保守力，然后在电场中引入电势能的概念，进一步引入学生所熟悉的"势"与"重力势"，从而自然而然地得出"电势"的概念，最后将"重力场"与"电场"统一起来，起到举一反三的效果。这样的教学设计安排顺序，化抽象为具体，体现了对学生原有知识水平的关顾，将"电场"的新知识融于"重力场"的旧知识中，克服学习"电势能与电势"一节的陌生感，从而体现了教学的逻辑性。

第四节　电　势　差

　　"电势差"是高中物理继"电势能和电势"之后的又一重点和难点。现行人教版教材把电势能、电势与电势差分开讲授，避免了使抽象概念过于集中，这样的编排比较符合学生的认知水平。但是，进一步研究发现，教材在知识呈现上却存在逻辑断点，对概念的阐述也未能深入本质。有鉴于此，我们以高端备课的视角对本节课进行了重新设计，以期对"电势差"教学的改进有所裨益。

一、现行教材的逻辑缺陷

　　由于电势和电势差概念的抽象性，现行人教版教材采取了"静电力做功特点—电势能—电势—电势差"的编写顺序，符合从具体到抽象的认知规律。然而，教材在讲完电场力做功特点、电势能、电场力做功与电势能的关系、电势等概念与规律之后，对于电势差概念的讲述却浮光掠影，未能深入本质，盖因其基本逻辑的缺陷。分析发现，教材的编排思路如下（图2-8）。

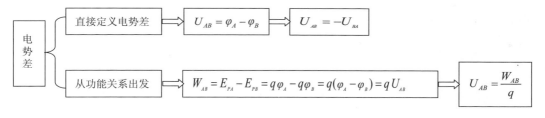

图2-8　现行教材的思路

　　显然，教材对电势差公式的推导采取了两条逻辑线。第一条逻辑线直接把电势差定义为"两点间的电势之差"，交代了电势差正负的含义后便戛然而止。然后，开始叙述第二条逻辑线，从静电力在 A、B 两点间移动电荷时所做的功等于电荷在这两点间的电势能之差出发，导出静电力做的功与电势差的关系 $W_{AB} = qU_{AB}$，经过变形得到 $U_{AB} = \varphi_A - \varphi_B$，随后简要说明了引入这一公式的意义：知道了电场中两点的电势差，就可以很方便地计算在这两点间移动电荷时静电力所做的功，而不必考虑静电力和电荷移动的路径。[1]

　　细究这一安排不难发现，教材实则采用了两条互不关联的思路。思路一交代电势差的概念，思路二讲述电场功能关系。在学生尚未明了电势差内涵的情况下，将电势差这一状态量与电场力做功这一过程量无序地交互呈现，极易使学生陷入"知其然而不知其所以然"的境地。

　　由上可见，电势差作为一节概念教学的新授课，教材的编排跳跃性太大，不仅存在逻辑上的断点，而且没有讲清楚电势差的内涵，给学生的认知设置了障碍，遑论其逻辑思维能力的培养。具体地，教材由 $U_{AB}=qU_{AB}$ 变形得到 $U_{AB}=\varphi_A-\varphi_B$ 仅仅作为数学演算，实则缺乏背后的物理依据，并且回避了对公式 $U_{AB}=\varphi_A-\varphi_B$ 内涵的解释，仿佛利用这一公式就是为了方便计算，这样势必会把学生引入一个误区：公式就是为计算服务的。因此，这样的编排不符合物理概念教学的本质，学生很难把这一公式纳入到原有的知识结构中。

二、"电势差"教学的高端备课

　　鉴于对上述问题的深入反思以及对教材的分析，我们遵从物理教学的逻辑和学生的认知规律，以显化科学方法，注重逻辑思维训练为突破口，对"电势差"概念的教学进行了高端备课的新尝试（图2-9）。

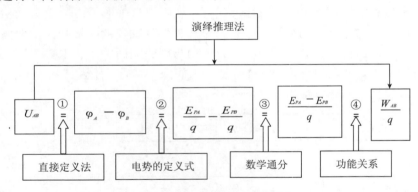

图2-9　电势差概念教学设计

　　与人教版教材编排的结构不同，高端备课的流程体现了一条环环相扣、一脉相承的逻辑路线。按照这种结构去组织教学，解决了教材逻辑性差的问题，每一步推导都契合了学生的认知水平，为学生全面理解电势差设计了扎实有效的途径。更为重要的是，这一逻辑路线在呈现电势差概念教学过程的同时还贯穿了演绎推理这一重要的科学方法。具体教学步骤如下：

　　（1）首先呈现一个简单的物理情景。设在匀强电场中有任意两点 A、B，其电

① 人民教育出版社，课程教材研究所. 物理选修3-1［M］. 北京：人民教育出版社，2006：20～22.

势分别为 φ_A、φ_B，电势能分别为 E_{PA}、E_{PB}，A、B 两点间的位移沿电场线方向的分量 L。静电力把一电荷量为 q 的试探电荷从 A 点移动到 B 点所做的功为 W_{AB}。然后通过与高度差类比，从而更加形象、直观地诠释电势差的物理意义。由此说明 A、B 两点之间电势的差值就是电势差，即 $U_{AB} = \varphi_A - \varphi_B$。

（2）引导学生根据学过的电势定义式 "$\varphi = \dfrac{E_P}{q}$"，将前式中的 φ_A、φ_B 分别用 $\dfrac{E_{PA}}{q}$、$\dfrac{E_{PB}}{q}$ 代换。这一步呈现了前后相继且逻辑严密的教学脉络。

（3）由数学通分得到 $\dfrac{E_{PA} - E_{PB}}{q}$。这一步虽然简单，但并不能忽略。因为物理学中数学技巧的背后往往蕴含着微妙的物理本质，即研究物体能量的变化往往比单独研究某种能量更具有实际意义，因此式中对电势能之差 "$E_{PA} - E_{PB}$" 的呈现也是非常必要的。

（4）根据电场功能关系 $W_{AB} = E_{PA} - EE_{PB}$，用 W_{AB} 替换 $E_{PA} - E_{PB}$，就得到了电势差的另一表达式 $U_{AB} = \varphi_A - \varphi_B$。此步体现了由能量变化就想到功这一重要的科学思想。

为了进一步帮助学生理解电势差的定义式，还应该继续深化拓展。引导学生将已学的静电力做功公式 "$U_{AB} = qEL$" 代入 $U_{AB} = \varphi_A - \varphi_B$，得到 $U_{AB} = EL$。由此可见，电势差是一个只由电场本身决定的物理量，与试探电荷、电场力做功无关，其大小由电场力做功和试探电荷的比值决定，即：A、B 两点间的电势差在数值上等于单位正电荷从 A 点移动到 B 点时电场力所做的功，用它可以描述电场能的性质。进一步，对此公式进行变形就得到电场力做功与电势差的关系：$W_{AB} = qU_{AB}$。

至此，结合高端备课流程图，学生既理解了电势差的物理意义（描述电场能的性质的物理量），又获得了概念的两种定义方式：$U_{AB} = \varphi_A - \varphi_B$ 和 $U_{AB} = \varphi_A - \varphi_B$，并且知道了这两种定义方式并不独立，而是可以互相推导得出的。

物理教学理论指出，以学生原有的知识（电势定义式、电场力做功与电势能的关系）作为新知识（电势差概念）的生长点，引导学生从原有知识中生长出新的知识，能够激发学生的好奇心和求知欲，并体会收获的喜悦，同时还能培养学生的演绎思维能力。教学中还应当告诉学生，所谓演绎推理法，就是在已有定律的基础上，运用数学推证得出结论的方法。通过科学方法教育，不仅使学生掌握了知识，而且知道所学的知识是用了什么样的方法得出来的，从而让学生感觉到科学方法教育的真实性和实在性，使知识的呈现过程成为学生学习科学方法的途径，这样既能加深对物理知识的把握，又能落实科学方法教育。[①]

---

① 高飞，邢红军. 初中物理科学方法教育途径研究 [J]. 北京教育学院学报（自然科学版）2010（5）：34～38.

三、比较与启示

事实上，教学中无论按照何种知识结构展示教学内容，都应力求与学生的认知水平和物理教学的逻辑相符合。有鉴于此，我们对上述两种教学设计进行了比较与分析。

高端备课由电势差的定义 $U_{AB} = \varphi_A - \varphi_B$ 出发，循序渐进，层层深入，最后得到电势差更为本质的定义 $U_{AB} = \varphi_A - \varphi_B$。这一顺序立足电势差的概念教学，是物理概念教学的正常顺序，由此得到的 U_{AB} 是直接描述电场性质的物理量。而且，把电势差的两种定义式整合在一条逻辑路线中，在之前学过的电势、电势能、电场力做功与电势能的变化关系等结论的基础上扎实地推进，这样的设计重点突出、层次清晰，学生的思维逐步过渡且始终处于推理状态，符合学生的认知规律。从心理学的角度看，大部分高二学生的思维水平还处于具体运算阶段，抽象思维能力还比较弱，所以，如何使抽象概念在教学过程中变得更为具体就显得至关重要。基于这种认识，高端备课的主旨就是使注意力与思维聚合于电势差概念的抽象概括，从第一步到第四步，每一步都体现了对学生原有知识水平的关顾，逻辑性强，跳跃性小，从而降低了电势差教学的难度。

与高端备课的视角不同，现行教材则是在呈现电势差的一种定义之后，转而讲述静电力做功与电势能的关系，进而由 "W_{AB}" 出发推导出 "$U_{AB} = \varphi_A - \varphi_B$"。这里的 "转而" 其实就是逻辑的缺失，具体表现为教材两条思路之间的不连贯与逻辑断点。在尚未揭示概念本质的情况下，又跳到规律教学中来，未能彰显 $U_{AB} = \varphi_A - \varphi_B$ 这一重要公式的物理内涵，以致学生对最后得到的式子究竟是对电势差概念的再认识还是对功能关系的再认识模糊不清。这种处理方式就如同掘井，一次挖掘未及泉源，就另换一处，重新挖起，如何不是半途而废、点而不透呢？此外，教材在第二条思路得到 $U_{AB} = \varphi_A - \varphi_B$ 后，经变形另得一等式 $U_{AB} = \varphi_A - \varphi_B$，此处又是一个逻辑断点，过渡比较突兀。"为什么要变形？""变形后的式子有何意义？"这些问题从教材中均得不到答案。综上所述，教材的处理无论是在纵向（两条思路之间）还是在横向（一条思路之内）均缺乏逻辑。这样做势必会加重学生的认知负荷，使学生对电势差概念的理解趋于肤浅。

关于当前中学教学的逻辑，温家宝总理在农村教师大会上的讲话中曾有一段论述，他说："提起中学教育，我前年在北京三十五中听了半天课，我发现老师对当前的逻辑教育重视很不够。其实逻辑思维对一个学生的成长非常重要，为什么孩子们有的听了教师一个报告，能够很快地把它概括出来，看到一件事物，能够很快地、深刻地分析出来，并且表达出来。我说这就是逻辑思维。只有知识、经历加逻辑，这个人才能成为真正的演说家，如果这三点缺一点都不可能，这些往往在课本上是都没有的。"[①]从高端备课的角度分析，"老师对当前的逻辑教育重视很不够"，恐怕

---

① 邢红军. 三论中国基础教育课程改革：方向迷失的危险之旅 [J]. 教育科学研究. 2012（10）：50~52.

在很大程度上就是由于教材编写缺乏逻辑性所造成的，而教材对"电势差"一节的编排正是缺乏逻辑性的真实写照。这一问题应当引起我们的高度警觉和充分重视。

第五节　电　容

一、问题的提出

众所周知，电容作为一个极为抽象的概念，历来是高中教学的重点和难点。研究发现，现有的教学方式均未能澄清电容概念的本质，定义式的引入方法也是间接的，缺乏点睛之笔。由此导致学生对电容概念的学习只能是"走马观花"，难以深入体会其间的曼妙。鉴于此，我们以建立电容定义式的三种常见方式为例，对其进行历史沿革研究，希冀对本节课的教学有所裨益。

二、利用类比推理法引入电容定义式

类比推理法是一种重要的思维方法。所谓类比推理，是指根据两个对象在某些属性上的相同，而推出它们在另一些属性上也可能相同的一种间接推理。关于电容概念的类比教学，主要存在以下两种方式。

（一）与电阻定义式的形式类比

教师先以"怎样表示电容器容纳电荷的能力"发问，旋即指出，由于电容器和电阻一样都是重要的电学元件，正如用电压 U 跟电流 I 的比值来表示导体对电流的阻碍作用一样，我们可以用极板携带的电荷量 Q 跟极板两端电压 U 的比值表示电容器容纳电荷的能力，这个比值愈大，说明电容器容纳电荷的能力就愈强，我们将该比值称为电容，于是便得到了电容的概念及定义式。

（二）与蓄水池的形象类比

首先教师让学生在功能方面对电容器与蓄水池进行类比。蓄水池是一种储存水的容器，而电容器是一种储存电荷的容器，可见二者都能够储存物质，如此一来借助常见的蓄水池就使学生对生疏的电容器产生了感性认识。接下来由"用水容描述蓄水池储存水的能力"为"跳板"，引导学生得到结论"电容器储存电荷的能力用电容进行描述"。最后联系学生的生活经验指出：蓄水池水位越高，所需水量就越多，即蓄水池储存水的能力就越强，所以有：蓄水池储水能力＝水量/水位差。与之相对应，电容器电位越高，所需电量就越多，即电容器储存电荷的能力就越强，用公式表示：电容器储电荷能力＝电量/电位差，即电容（C）＝电量（Q）/电位差（U）。由此得到了电容的概念和定义式。

其实，类比推理属于一种或然性推理，思维跨越性强，而逻辑性弱，其结论的真实性还有待实践的证明。经类比电阻公式得到电容定义式的方法虽看似易于学生理解、记忆，实则只是在问题表面原地打转，无法窥探电容概念的本质。况且电容器本身与电阻在功能、用途等方面尚存在不小的差距，一旦教学处理不当，极易混乱学生的认知结构。

同样，电容器与蓄水池的形象类比法虽遵循了由直观到抽象的教学规律，但仍有研究显示这种教学方法的效果亦是不遂人愿。"容"字本身含有"盛载、容纳"之意，容易在学生大脑里产生"容即指物体的容积、容量"的前概念，进而导致大多数学生先入为主地把电容 C 跟蓄水池的容量 V 作比，认为电容大的电容器相当于容量大的蓄水池，而对教科书中关于"电容 C 与蓄水池的横截面积 S 对应"的说明置若罔闻。这无疑将扰乱学生对电容概念的理解，遑论增强学习效果。

三、通过比例系数法归纳电容定义式

鉴于类比推理法自身的局限性，一些有识之士提出了借助演示实验，利用比例系数法，对电容器带电量与极板间电压的比例关系进行探究，主要思路如下。

首先，分别选用电容 $C = 500\mu F$ 和电容 $C = 1000\mu F$ 的电容器进行演示实验[1]。通过改变电池数目，使学生观察极板间电压、极板携带电量（由电流表指针偏转的格数反映）及电容大小三者的关系，并通过比对数据（表 2－2）总结规律、得出结论：不同电容器在相同电压下携带的电量不同，同一电容器所带电量 Q 与该电容器极板间电压 U 成正比，即 $Q \propto U$，于是引入一个与带电量 Q 及极板间电压 U 均无关的常数 k，令 $Q = kU$，经数学转换可得常数 $k\dfrac{Q}{U}$，而且不同电容器的 k 值不同，该常数 k 的大小只由电容器自身的性质决定，是电容器的一种属性，称为电容器的电容 C。

表 2－2　不同电压下电容器极板带电量（电流表指针偏转格数）实验结果[2]

电容器	电池节数			Q/U
	1	2	3	
电容器 A $C = 500\mu F$	1	2	3	不变
电容器 B $C = 1\,000\mu F$	2	4	6	不变

通过上述实验可以在学生的头脑中形成直观的物理图景，对电容概念的教学起

---

① 郑建荣. 电容器—电容教学之我见 [J]. 中学物理教学参考，2000，29（7）：8～9.
② 同①.

到了一定的积极作用，也使学生对定义式中蕴涵的比例关系有了较为清晰的认识。然而我们认为这样的处理方式依然是比较生硬的，在电容定义式的建立过程中存在关键环节的缺失，即未能将极板携带的电量 Q 与板间电压 U 进行相比的必要性阐述出来，由 $Q = CU$ 变形得到 $C = \dfrac{Q}{U}$ 仅是一种数学演算，却隐晦了公式变形背后的物理意义，这种迂回间接的引入方式必定给学生的思维造成逻辑上的断点。因此，采用比例系数法同样无法使学生真正明晰电容概念的本质，也就难以将其纳入学生已有的认知结构中。

四、对于电容定义式建立的编写建议

认知同化理论指出，有意义学习是由符号代表的新知识与学习者认知结构中原有的适当观念建立起实质性的联系。[①] 由于电势差、电荷量等物理知识是构成高中电学的基础，所以电容概念的教学就要与这些知识建立起密切的联系。于是我们在悉心洞察高中生认知特点及深入透视电容内涵的基础上，选取了"衡量电容器容纳电荷能力"的研究思路，以比值定义法为教学主线展开电容概念教学的三部曲。

（一）提出假设：依靠电量比较，衡量电容大小

在前面的充电、放电实验中，学生已认识到电容器两端加上电压后便能容纳电荷。据此，教师可顺势提问，对于不同规格的电容器我们该如何衡量它们容纳电荷的能力呢？回顾之前学过的知识可知：电荷的多少用电量表示。这样便引导学生提出了"通过直接比较电容器极板携带的电量来判断它们容纳电荷能力"的假设。那么这一假设是否符合客观事实，又如何验证假设的准确性呢？

对此，教师应帮助学生设计验证实验，选取已标明规格的两个不同容量电容器，将它们分别接入电路中进行电量多少的比较。然而结果却显示，由于电容器两端所加电压不同，实验中出现了容量大的电容器带电量少，电容小的电容器反而带电量多的现象。例如，两端加有 2V 电压的大容量电容器仅携带了 $1.2 \times 10^{-6}C$ 的电量，而两端加有 3V 电压的小容量电容器却携带了 $1.5 \times 10^{-6}C$ 的电量。可见，直接比较极板携带电量的做法是错误的！这就引发了学生的认知冲突，为我们下一步的教学做出了铺垫。

（二）修改假设：借助除法工具，统一比较标准

随后的教学环节中，教师要及时把握教学契机，启发学生找寻谬误产生的根源并尝试修改先前的假设。谬误的产生源于两个电容器加载的电压不同，即比较时未能选取相同的标准，因此解决问题的方法就是让两电容器板间的电压相同，对电容

---

① 陈琦，刘德儒. 当代教育心理学［M］. 北京：北京师范大学出版社，2007.

器两端的电压做标准上的统一。对于"统一电压"的方法，我们可以更换提供电压的电池数目，但是出于简单和方便考虑，还可以利用除法这种数学工具，用极板携带的电量 Q 除以相应的电压 U，得到"单位电压下极板所携带的电量"，也就是用比值 $\dfrac{Q}{U}$ 的形式进行比较。

那么，借助比值 $\dfrac{Q}{U}$ 进行比较能否得到我们期待的结果呢？对此可通过数学计算加以检验，经计算大电容器的 $\dfrac{Q_1}{U_1}$ 值等于 6×10^{-6}，而小电容器的 $\dfrac{Q_2}{U_2}$ 值则为 5×10^{-6}，正好与客观事实（容量大的电容器携带的电量更多）相吻合。但这种比较方式却与我们的初衷（直接比较极板携带的电量）大相径庭，这个比值的含义究竟是什么，又具有什么特点呢？由此将我们的教学引入了高潮。

（三）设计实验：分析实验数据，诠释比值含义

此时针对比值 $\dfrac{Q}{U}$ 引发的困惑，教师应再次启发学生提出假设：比值 $\dfrac{Q}{U}$ 是电容器自身的属性，同极板带电量 Q 及板间电压 U 无关。接下来的教学环节中，教师要鼓励学生去自行设计验证实验：给电容器两端依次施加不同数值的电压，计算比值 $\dfrac{Q}{U}$ 的大小，并通过量化分析其规律与特点，测量与计算结果如下（表 2-3）。

表 2-3 测量与计算结果

大容量电容器	Q/C	1.2×10^{-6}	2.4×10^{-6}	3.6×10^{-6}	4.8×10^{-6}	6.0×10^{-6}
	U/V	2	4	6	8	10
	$\dfrac{Q}{U}$	0.6×10^{-6}	0.6×10^{-6}	0.6×10^{-6}	0.6×10^{-6}	0.6×10^{-6}
小容量电容器	Q/C	1.5×10^{-6}	3.0×10^{-6}	4.5×10^{-6}	6.0×10^{-6}	7.5×10^{-6}
	U/V	3	6	9	12	15
	$\dfrac{Q}{U}$	0.5×10^{-6}	0.5×10^{-6}	0.5×10^{-6}	0.5×10^{-6}	0.5×10^{-6}

观察数据发现，比值 $\dfrac{Q}{U}$ 是一个常数，和极板携带电量 Q 的多少及极板两端电压 U 的大小确无关系。它只与电容器本身有关，是电容器自身的一种属性。这个比值反映了电容器容纳电荷本领的强弱，该比值越大，单位电压下极板携带的电量就越多。我们称比值 $\dfrac{Q}{U}$ 为电容器的"电容"。

由此可见，在电容概念的教学中，我们历经了一个"提出假设—验证假设—修

改假设"的往复过程，既在实质教育层面向学生传授了知识与方法，又在形式教育层面锻炼了学生的直觉思维（即通过推测，提出假设），可谓"一箭双雕""事半功倍"。

五、电容教学的启示

（一）以概念驱动的教学模式引导学生思维的发展

心理学家西蒙提出的科学发现规范理论把知识获取的途径归结为两类[①]：一类是数据驱动，先收集大量数据，然后进行分析，找出规律并予以解释；另一类是概念驱动，先提出假设，然后根据实验检验并修改假设。二者相较，概念驱动要求的心理表征抽象性更强，概括性更高，有助于将高中生的思维引入发展的临界区域。故而要为学生思维的发展铺设合理的逻辑通道，我们就应该选择概念驱动模式的教学。那么究竟哪种科学方法属于概念驱动模式呢？经研究后我们发现，以分析数据，归纳规律入手的比例系数法是数据驱动模式；而以提出假设、验证假设入手的比值定义法才是概念驱动模式。因此，利用比值定义法建立电容概念的教学流程更契合高中生的认知特点，辅助学生思维水平的提升。

（二）建立清晰的认知结构，促进科学方法的迁移

科学方法中心论指出，一种科学方法能够在多个知识的获取中发挥作用，即所谓的"一方多知"[②]，可见科学方法具有很强的可迁移性，但是怎样才能促进科学方法的迁移，达到触类旁通、举一反三的效果呢？对此，认知结构迁移理论能为我们指点迷津——塑造学生良好的认知结构是产生迁移的关键。[③] 所以，教学中教师应努力帮助学生建立清晰的认知结构，形成有序的知识网络。受此启发，我们在对电容内涵深入考究后，采用比值定义法，由衡量电容器容纳电荷能力为动因，以比较极板携带电量为突破口，利用除法工具统一比较标准，最后借助比值 $\frac{Q}{U}$ 的形式进行有效比较，在定义电容 C 的同时，揭示出数学公式背后的物理意义，整个教学脉络清晰，环环相扣，为学生彻底厘清了其间的来龙去脉，从而在获取知识、建立概念的过程中使学生形成清晰的认知结构，为日后科学方法的迁移奠定了夯实的基础。

---

① 邢红军. 从数据驱动到概念驱动：物理问题解决方式的重要转变 [J]. 课程·教材·教法, 2010, 30 (3)：50~55.

② 邢红军, 陈清梅. 科学方法纳入《课程标准》：基础教育课程改革的重大理论问题 [J]. 教育科学研究, 2013 (7)：5~12.

③ 祁小梅. 奥苏贝尔认知结构与迁移理论及教学 [J]. 黑龙江高教研究, 2004 (5)：99~100.

第六节 电 动 势

一、电动势教学的回顾与反思

电动势一直是高中物理教学的重点和难点，在教学中长期存在争论，争论的主题是要不要引入非静电力，并逐渐形成了三种不同的教学安排。

人教社"甲种本"用的是典型的电压引入方式。在课程设置上省略了非静电力，通过对比不同的电源两端电压不同，从而引出电动势是表征电源特性的物理量，大小等于没有接入外电路时两端的电压，也等于在外电路接通时内外电压之和。[①] 这种教学安排与现行教材的教科版、粤教版、司南版基本相似。然而这种教学安排在逻辑上存在明显偏误。一方面，只在数值上对电动势进行定量表征，而不做定性的描述，学生很难真正理解电动势的概念。另一方面，从电压到电压的逻辑顺序，容易让学生形成"电动势就是电源没有接入外电路时两极间的电压"的思维定势，有学者指出："如果不从本质上对电动势这一概念有所了解，那又怎么能真正弄清两者的区别呢？"[②]

现行人教社教材代表了另一种引入方式。从非静电力做功引入，将电动势与电压分开，只在闭合电路的欧姆定律中引出两者的关系。在课程设置上先从电源、恒定电流讲起，电源保持恒定电流的原因就是电源内部存在"非静电力"，然后给出定义，电动势就是表征电源中非静电力做功能力的物理量[③]。这种引入方式虽然用非静电力将电源与电压区别开来，但并没有说明非静电力是如何产生的。在教学设计上与"甲种本"相比，其实就是引入另一种物理量来代替电压，依然没有解决电动势是什么的问题。对于这种教学安排，有学者就一针见血的指出，"非静电力本身是一个学生不易理解的概念，对学生学习形成障碍"。[④]

第三种教学安排以沪科版教材为代表，以电压引入，然后综合非静电力做功来进行教学。在课程设置上，首先实验探究电源内部的电压，然后引出符号 $\vec{E}$ 来表示不同电源内外电压恒定这一特性，最后以生活实例类比非静电力做功，赋予符号 $\vec{E}$

---

① 张同恂，等. 物理（甲种本）第二册 [M]. 北京：人民教育出版社，1984：205 ~ 207.

② 胡恩泽. 关于电动势的教学 [J]. 物理教学，1988 (3)：5 ~ 8.

③ 人民教育出版社，课程教材研究所，物理课程教材研究开发中心. 物理选修 3 – 1 [M]. 北京：人民教育出版社，2007：42 ~ 43.

④ 吉日嘎拉，马亚鹏. 整合多版本教材内容优化电动势概念教学 [J]. 中学物理教学参考，2013 (Z1)：14 ~ 16.

的物理意义。[①] 这种教学安排其实是综合了以上两种教学思路，但是反过来也保留了以上两种思路的问题。

综上所述，我们发现，如何有效进行电动势教学问题依然没有得到很好解决。因此，基于已有的研究进行新的探索，就成为本文的研究课题。

二、"非静电力" 本质的研究与诠释

教学实践表明，虽然教材中写到"电动势等于非静电力将单位正电荷从电源的负极搬运到正极所做的功"，但是学生对于非静电力是怎么产生的？是如何"搬运"正电荷的？一直以来都没有真正理解，导致学生头脑中不能形成电动势这的物理图景。而形成这个物理图景的关键，就是理解非静电力产生的来龙去脉。基于此，本文以伏打原电池实验为例，从四个方面诠释非静电力。

（一）插入锌板与铜板，分析原电池微观机制

伏打电池是指将铜板和锌板插入稀硫酸溶液中形成的原电池。当锌板和铜板同时插入稀硫酸溶液中，锌板与稀硫酸作用的结果是：锌离子进入稀硫酸溶液中，电子留在锌板内，导致锌板带负电，进入溶液中的锌离子带正电。经过复杂的化学反应，最终溶液中的锌离子受锌板上负电荷的吸引，排列在锌板与溶液的接触面上，形成一层正电荷"薄膜"。由于铜的化学性质没有锌"活泼"，铜板与稀硫酸作用的结果是：铜板中的电子进入稀硫酸溶液，导致铜板带正电。与锌板表面发生的化学反应相似，最终溶液中的电子排列在铜板与稀硫酸溶液的接触面上，形成一层电子"薄膜"（图 2 - 10）。

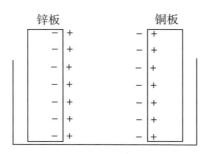

图 2 - 10　伏打电池微观机制

（二）连接铜板和锌板，分析外电路的电子移动

连接锌板和铜板后，则连接锌板与铜板的导线就构成了外电路，虚线框内即为

① 束炳如，何润伟，等. 普通高中课程标准实验教科书——物理选修 3 - 1［M］. 上海：上海科技教育出版社，2004：79 ~ 81.

外电路（图2-11）。由于锌板带负电，锌板电势低，铜板带正电，铜板电势高。因此锌板中的电子受到铜板上"静止的"正电荷产生的静电场的吸引经外电路从锌板流向铜板，结果是：锌板中电子减少，铜板得到电子。

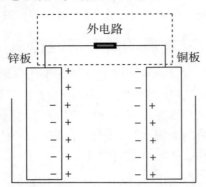

图2-11　原电池外电路中电子转移机制

（三）连接锌板和铜板，分析内电路离子的移动（非膜）

连接锌板和铜板后，则稀硫酸溶液就构成内电路，虚线框内为内电路（图2-12）。在内电路中，由于铜板得到电子，铜板电势降低，导致带正电荷的铜板与带负电荷的锌板之间形成的"板电场"变小。因此，由锌板附近带正电荷的"薄膜"锌离子层与铜板附近带负电荷的"薄膜"电子层形成的"膜电场"起主要作用，所以，就形成了一个等效电场 $E_{非}$，$E_{非} = E_{膜} - E_{板}$，方向向右。在电场 $E_{非}$ 的作用下，稀硫酸溶液中带负电荷的硫酸根离子向锌板移动，在锌板附近与带正电荷的锌离子结合生成硫酸锌（$ZnSO_4\downarrow$）。同时，带正电荷的氢离子在电场 $E_{非}$ 的作用下向铜板移动，在铜板附近与带负电荷的电子结合生成氢气逸出（$H_2\uparrow$）。由于电场 $E_{非}$ 不是静电场，所以，带电离子在电场 $E_{非}$ 中受到的力就是我们常说的非静电力。

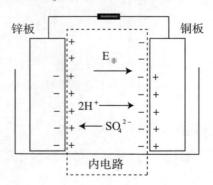

图2-12　原电池内的等效电场 $E_{非}$

（四）分析电子和离子，理解非静电力本质

在外电路中，电子由锌板流向铜板形成电流。为了维持电流的恒定，原电池需要经由内电路（稀硫酸溶液）再把电子从铜板"搬运"回锌板。需要指出的是，此时非静电力"搬运"的不是电子（电子与氢离子结合生成氢气逸出），而是带负电荷的硫酸根离子。也就是说，溶液中的硫酸根离子"替代"了电子被从铜板"搬运"到锌板，从而形成了电源内部负电荷的"回流"。这就是非静电力作用的最本质物理图景（图 2–13），因此，内电路中带电离子的运动实质上是在电场的

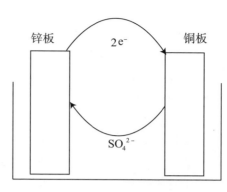

图 2 – 13　非静电力"搬运"电荷

作用下发生的。所以，非静电力仍然是一种电场力而非"化学力"。

三、教学启示

电动势教学对不同引入方式讨论的过程，其实就是物理教学对"度"的权衡历程。具体来说，物理教学的"度"应该围绕三个主题展开，即教材内容的深广度，学生的可接受"度"以及教师教的程"度"。

（一）教材内容的深广度

受"结构主义"影响，我国物理教材编写逐渐形成了"分散难点，螺旋上升"的传统。这种编写方式的特点是，以物理学的基本概念、规律为核心，螺旋式反复、逐层深入，逐渐扩展，直至学生全部掌握为止。这种教材编写方式是我国教材编写的优良传统。

然而，从初中到大学的电动势教材编写却只体现了"扩展"，却少有"深入"。以人教社初高中教材为例，初中物理教材从电源的作用入手，引出电压的概念。高中选修 1 – 1 将决定电源两极电压的性质定义为电动势，高中选修 3 – 1 将产生电动势特性的原因定义为非静电力的作用，即使是大学电磁学，对电源电动势的讲解仍然是"暂且不问非静电力的具体起源"。[1][2][3][4] 由此可见，教材对于电动势的处理只

① 人民教育出版社，课程教材研究所，物理课程教材研究开发中心. 物理（九年级）[M]. 北京：人民教育出版社，2013：56.

② 人民教育出版社，课程教材研究所，物理课程教材研究开发中心. 物理选修 1 – 1 [M]. 北京：人民教育出版社，2007：17.

③ 人民教育出版社，课程教材研究所，物理课程教材研究开发中心. 物理选修 3 – 1 [M]. 北京：人民教育出版社，2007：42 ~ 43.

④ 梁灿彬，等. 普通物理学教程，电磁学 [M]. 北京：高等教育出版社，2004：133.

有简单的直线式概念累加，却鲜有概念的深化，这与我国优良的教材编写传统明显不相符合。

（二）学生的可接受"度"

对于学生而言，影响可接受"度"除了自身因素外，主要取决于课程的难度。有研究认为，影响课程难度的基本因素至少有三个，即课程广度、课程时间长短以及课程深度。① 因此，在课程时间一定，课程广度有限的情况下，课程深度就决定了课程的难度。

最近发展区理论认为，课程难度既不能过于简单，以至于学生一眼就看出来。也不能过难，使学生望而生畏。应该从学生已有的知识经验出发，保持一个"适度"的标准。具体到电动势教学，主要体现在学生能否顺利理解非静电力。有鉴于此，我们在教学设计中突出了建立电动势的"关键点"，弱化了对电偶层等稀硫酸溶液内部复杂化学作用的分析，转而启发学生运用等效思想与已有的知识建立联系，从而帮助学生逐步建构电动势的物理图景。

（三）教师教的程"度"

原电池中非静电力的发生是内外电路交互作用的结果，因此，基于层层深入的视角对内外电路分析，就成为学生理解非静电力的关键。此外，内电路电场的分布对于学生来说较为复杂，因此应该忽略对内部电场的细节分析，转而抓住内部电场的主要因素，忽略次要因素，这是掌握非静电力本质的关键。

当然，上述关于电动势的高端备课，严格说来不是完美无缺的。但"过于刻板的定义有使精神被阉割的危险"。② 因此，我们认为在中学物理教学研究中，不要过分追求定义的严格。你严格了，学生不懂又有什么用？电动势的教学正是如此！

第七节　磁感应强度

一、问题的提出

当前关于高中物理"磁感应强度"一节教学的研究并没有很好地解决磁感应强度教学的逻辑问题。有鉴于此，本文就磁感应强度概念的引入提出不同见解并给出相应的教学设计，希冀对磁感应强度的教学有所裨益。

---

① 孔凡哲. 基础教育新课程中"螺旋式上升"的课程设计和教材编排问题探究［J］. 教育研究，2007（5）：62~68.

② （英）J·D·贝尔纳. 科学社会的功能［M］. 陈体芳，译. 北京：商务印书馆，1982：13.

二、教学的逻辑

作者在文中指出：教材中磁感应强度的引入存在逻辑上的混乱，同时提出应该以比值定义法的科学性诠释问题，这无疑是正确的。但接下来文章的诠释却又回到教材编写的老路上——以安培力的公式为出发点，利用公式变形，间接得出磁感应强度的表达式[①]。显然，文章并没有触及比值定义法的内涵，同时也未能依据"概念精准"和"逻辑严密"的考量解决教材的逻辑混乱问题。究其原因，可能还是未能真正把握比值定义法的核心思想与内涵。

那么何谓比值定义法呢？比值定义法就是用两个或多个物理量的比值来定义一个新的物理量，其核心思想是比较。在这里，比较的关键是选取相同的标准，因为只有选取相同的标准，比较的结果才有意义。因此，比值定义法采用两个或多个物理量相比，事实上就是选取相同标准的一个基本手段[②]。如果不清楚这一点，就不可能明晰比值定义法的本质。接下来，我们立足于比值定义法的本质，以一种高端备课的视野进行磁感应强度的教学设计。

（一）踏破铁鞋无觅处：比较两通电直导线在不同磁场中受力情况

力作为高中物理学的重要概念，在学生的认知结构中起着举足轻重的作用，物理概念的建立往往以分析受力、比较受力为切入点。因此，磁感应强度概念的教学就应立足于"比较"导线受力"大小"这种朴素的动机。由此，本节课的教学逻辑应把"探究影响安培力大小的因素"思路转变为"比较通电导线在磁场中受力"的思路，把研究方法由"控制变量法"转变为"比值定义法"。我们认为，这才是这节课教学设计的核心思想，亦可称为创新。因为这既与学生日常经验的认知倾向相吻合，又符合比值定义法的核心思想。于是，磁感应强度概念的建立过程就在这一思想引领下展开。

据此，可以引导学生提出：通过直接比较通电导线在强弱磁场中的受力情况来判断磁场的"强""弱"，进而得出磁感应强度的表达式。因此，我们借用小说写作的四个步骤：起因、经过、高潮、结局，将"直接比较通电导线在不同磁场中的受力"作为教学的出发点，称为"起因"。

首先，选用多块规格不同的马蹄形磁铁来提供匀强磁场，把一段通电直导线作为试探物放入磁场中，发现其受到力的作用，进而明确研究目标：通过测量其受力大小来定义磁场的强弱。教学步骤为：先在强磁场中放一长为 0.2m，通电 1A 的直导线，所受磁场力为 0.12N；后在弱磁场中置一长为 0.1m，通电 3A 的直导线，所受磁场力为 0.15N。结果表明：通电直导线在强磁场中受力小，在弱磁场中受力大！

① 朱建廉. 物理教学中的概念精准与逻辑严密——基于《磁感应强度》一节的文本分析与教学建议 [J]. 中学物理教学参考，2012，41（10）：21～23.

② 邢红军. 按照比值定义法的本质改进高中物理概念的编写 [J]. 物理教师，2004，25（4）：5～7.

这显然与学生的日常生活经验相矛盾，从而引发认知冲突。对此，教师引导学生分析：导致直接比较出现错误的根源在于没有选取相同的标准。于是，解决问题的方法就是在比较时选取相同的标准。

（二）山重水复疑无路：选取相同的标准继续比较两通电直导线的受力

为了使比较的结果有意义，需要把比较的标准变成一样，即把相同长度，通以相同大小电流的两根长直导线分别置于强弱磁场中，这意味着将导线的长度及电流大小统一了标准。然而，这并非要对直导线进行任何实质上的变化，而是利用除法这一数学工具，用导线所受磁场力 F 除以电流强度 I、导线长度 L，使标准化为"单位长度并通以单位电流"。然后，得到比值"$\dfrac{F}{IL}$"就可以有效进行比较了。接下来，按照我们的思路，发现强磁场中比值为 $\dfrac{F_1}{I_1 L_1} = 0.6$，弱磁场中比值 $\dfrac{F_2}{I_2 L_2} = 0.5$。显然，比值的大小契合了学生的日常经验（在强磁场中受力大，在弱磁场中受力小），但却与我们的研究思路（直接利用导线所受磁场力来衡量两磁场强弱）并不一致。这一比值为什么不同于"比较导线受力大小"的初衷？比值的含义是什么？这些问题在本环节均未得到解决。由此，我们把教学引入"高潮"。

（三）柳暗花明又一村：诠释比值的物理意义

在后面的教学环节中，选择多组不同规格的直导线，比较它们在强弱磁场中受力，用来解答上述两个问题并通过量化分析研究比值的内涵。测量与计算结果如下（表 2 – 4）。

研究发现，比值同通电导线受力并无关系！至此，研究思路发生了重大变化。原本我们是要比较在不同磁场中通电导线的受力大小，结果却得到了一个与受力无关的常量。这一步的教学环节经历了研究结论从"山重水复疑无路"到"柳暗花明又一村"的变化，同时把研究带入"高潮"。

表 2 – 4　通电导线在磁场中受力数据表

强磁铁	F/N	0.12	0.24	0.36	0.48
	L/m	0.2	0.4	0.3	0.4
	I/A	1	1	2	2
	$\dfrac{F}{IL}$	0.6	0.6	0.6	0.6
强磁铁	F/N	0.15	0.3	0.45	0.6
	L/m	0.1	0.3	0.3	0.6
	I/A	3	2	3	2
	$\dfrac{F}{IL}$	0.5	0.5	0.5	0.5

至此，得出了比值"$\dfrac{F}{IL}$"更深层次的物理意义：该比值只与磁场本身有关，反映了磁场的特性。比值越大，置于其中的单位长度并通以单位电流的直导线所受磁场力就越大。比值是磁场本身的一种属性，反映了磁场的强弱，我们将其定义为磁场的"磁感应强度"。

（四）人情练达即文章：联系学生的生活经验理解比值定义法

与一般的陈述性知识不同，比值定义法是一种程序性知识，它涉及的不是物质世界本身，而是人们认识物质世界的途径与方法，具有高度的抽象性，学生对其理解会存在一定的困难。认知同化理论也指出：新知识与学生认知结构中已有经验发生相互作用，导致新旧知识的同化，才能形成新的认知结构①。有鉴于此，最后一个教学环节就要联系学生的日常经验，增强学生对比值定义法的理解。教师可以举出这样的例子：

当今社会上网冲浪已融入人们的生活。对此网络公司出台了不同的包时形式：①40小时512kB（即0.5MB）网速的50元；②50小时1MB网速的75元。问哪种上网形式更经济合算？

对此，学生很容易理解，比较时要选取相同的标准，即比较一个小时一兆网速的价格。这样，通过联系学生的日常生活经验，很好地契合了他们的认知水平，促进了其认知结构的形成。可以说，该教学环节绝非画蛇添足，而是起到了锦上添花的效果。同时也为我们的教学设计画上了完满的"句号"。

对于物理教学，我们不仅要"知其然"，更要"知其所以然"。正是在对比值定义法"知其所以然"的基础上，我们展开了磁感应强度概念教学的四个教学步骤（表2-5和图2-14）。图2-14是我们的教学设计流程。

表2-5 磁感应强度教学设计表

序号	教学逻辑	教学环节	教学操作
1	起因	踏破铁鞋无觅处	直接比较在磁场中的受力
2	经过	山重水复疑无路	选取相同标准比较在两不同磁场中受力
3	高潮	柳暗花明又一村	比值与受力无关，反映了磁场的固有属性
4	结局	人情练达即文章	联系学生的生活经验理解比值定义法

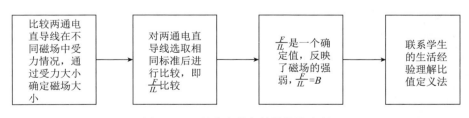

图2-14 磁感应强度教学设计流程

---

① 陈琦，刘德儒．当代教育心理学［M］．北京：北京师范大学出版社，2007．

三、建议与启示

(一) 厘清教学逻辑，促进思维发展

物理教学兼顾传授物理知识和发展学生思维的双重任务，其中促进学生的思维发展需要把握教学的时空次序，即教学逻辑。因此，在教学中必须厘清比值定义法与磁感应强度的内在逻辑关系——以比较通电导线在不同磁场中的受力为突破口，利用比值的形式对比较的标准进行统一，最终得到磁感应强度 B 的表达式。在此后的教学设计中，我们正是遵循这一逻辑展开教学，将整个教学脉络呈现出来，从而为学生的思维发展找到合理的逻辑通道。相比之下，教材由安培力 $F = BIL$ 经一步变形便得出公式 $B = \dfrac{F}{IL}$ 的方法则存在着逻辑上的迂回，过渡过于突兀。特别是对于"为什么要变形"这一核心问题语焉不详，没有揭示出数学技巧背后蕴含的物理本质。这无疑将导致学生的认识停留在对磁感应强度概念的死记硬背上，使学生的思维原地踏步，停滞不前。

(二) 打破原有平衡，形成认知结构

根据自组织理论，非平衡是有序之源，学生对物理概念的掌握是由于原有认知平衡被打破，发生同化和顺应的结果。[1] 在我们的教学设计中，从比较通电导线在磁场中的受力开始到最后以比值 $\dfrac{F}{IL}$ 的形式定义磁场的强弱，研究结果完全背离了研究的初衷。这就打破了学生思维原有的平衡状态，从而将学生的大脑引入了非线性的耗散结构状态，激发了关于比值定义法的思考。通过对大量信息的比较分析，最终使学生的大脑越过临界区域，形成新的认知结构，从而完成对磁感应强度概念的掌握。与我们的教学设计不同，教材经安培力公式变形得出磁感应强度的表达式，显然与学生司空见惯的数学运算无异，根本无法引起认知冲突。可以想象，这种简单、直白的方式很难打破学生思维的平衡状态，使学生的思维难以得到有效发展。

(三) 传授科学方法，落实方法教育

科学方法既是教学逻辑的主线，也是获取科学知识的主要途径。因此，对于科学方法传授不能仅仅停留在对名称的记忆层面，而要把科学方法置于教学过程的中心，使学生能领悟到科学方法的内涵及操作步骤。反观教材在磁感应强度教学的处理中，仅仅向学生列举了相关知识和概念，并未将有关科学方法（即比值定义法）体现在概念的建立过程中。与之形成鲜明对比的是，我们立足于高端备课的视角，在充分洞察并显化比值定义法内涵的基础上，以四步环节展开相应的教学设计，脉

---

① 邢红军．论教学过程的自组织转变理论 ［J］．课程·教材·教法，2006，26（11）：27～33．

络清晰，环环相扣，生动地向学生展现了运用比值定义法获取磁感应强度概念的全部过程，从而使磁感应强度的教学水到渠成。

第八节 楞次定律

楞次定律作为高中阶段最为抽象的一个物理规律，长期以来都是物理教学的一个"老大难"问题。为解决这一难题，已经积累了可观的研究资料。但如何以高端备课的研究观点，立足物理学科的本质与学生的学习规律，系统地研究楞次定律教学的物理内涵并给出逻辑思维脉络的教学设计还未涌现。鉴于此，本文试图就楞次定律的教学设计论述我们的观点，诚望方家指正。

一、传统教学的困局

现行人民教育出版社的教材"楞次定律"一节，从条形磁铁相对螺线管运动的实验出发，引导学生将"感应电流的磁场"作为"中介"，通过填表比较，归纳出楞次定律的表述："感应电流具有这样的方向，即感应电流的磁场总要阻碍引起感应电流的磁通量的变化。"[1]

这种传统的教学安排，涉及原磁场方向、感应电流方向、线圈绕向、感应电流的磁场方向、磁场的变化方向等众多要素，早已受到了"现象多、过程复杂，效果不够好"的评价。[2] 对此，我们认为，正是本节演示实验存在的问题造成了长期以来的困境。理由如下。

（1）学生不能够直接从"螺线管四组实验"判断出感生电流的方向。这是因为，由"磁铁插入、拔出线圈"和"灵敏电流计指针摆动"两个仅有的实验现象判断感生电流的方向，需要经过（灵敏电流计接线柱的电流）"正进负出"和线圈绕向两个思维环节，使得思维链条过长。这有违物理教学的简单性原则。

（2）实验把感生电流方向和感生电流的磁场方向两个变量同时呈现，没能使用"分离与控制变量"的科学方法，使教学陷入复杂之中。

（3）由实验不能判断出感生电流的磁场方向。

因此，正是实验的选取不当造成了教学逻辑的繁冗。所以，这种方式必须予以改变。当然，教材在"楞次定律的应用"部分呈现了如下方框图，还是为我们提供了一定的启示（图2-15）。[3]

该图虽然初步体现了较为清晰的脉络，然而起始部分仍然显出繁复的情势。图

① 人民教育出版社，课程教材研究所，物理课程教材开发中心.物理选修3-2［M］.北京：人民教育出版社，2006：9~14.
② 许国梁，束炳如.中学物理教学法（第二版）［M］.北京：高等教育出版社，1993：323.
③ 同①.

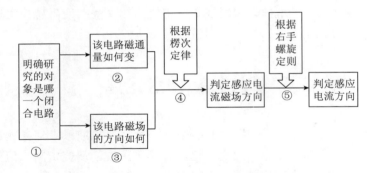

图 2 - 15 现行教材的教学思路

2 - 15②、③从"磁通量"和"电路磁场的方向"两个抽象的内涵入手，有违直观性原则。因为磁场的通量和方向都并不能通过该实验确定。图 2 - 15④部分是对楞次定律名称的直接搬用，以致整个方框图未能展示出楞次定律具有可操作性的具体内涵。

二、彰显定律内涵的教学设计

基于以上认识，我们选用"楞次环"实验作为基本的出发点和突破口。实验装置如下（图 2 - 16），A、B 都是铝环，其中 A 环闭合，B 环断开，横梁可以绕中间的支点转动。实验时，用条形磁铁的一极垂直插向、拔出环，可观察到仪器绕支点的转动。

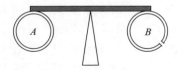

图 2 - 16 楞次环

该实验的优势在于：①实验装置简单、实验现象直观，可以直接判断出感生电流的磁场方向。至于感生电流的方向，则可由右手螺旋定则判断给出。②可以控制和分离变量。感生电流的方向与感生电流的磁场方向就被分离了开来。所以，传统教学急于寻找磁场这一"中介"并选用繁复且不能体现物理现象的"螺线管四组实验"其实是舍本逐末、徒增吃力的。

基于上述理由，我们对楞次定律展开了如下的教学设计。教学逻辑如下（图 2 - 17）。

显而易见，这一教学逻辑图更加符合教学的逻辑。

第一步，判断感生电流的磁场方向。实验时，当使条形磁铁的 N 极垂直并插向 A 环，发现 A 环向远离磁铁方向运动，呈现一种"拒斥"现象；再使条形磁铁的 N 极垂直并离开 A 环时，却发现 A 环向磁铁方向追进运动，仿佛是对磁铁的"挽留"。

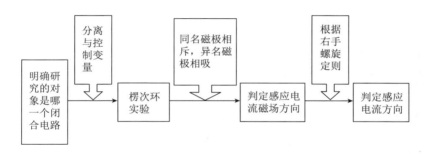

图 2-17　教学设计

而对 B 环却没有这种现象。之后，换用 S 极并多次实验后发现仍然呈现以上现象，"来拒去留"是对其最为直观形象的描述。这种直观、简约的实验现象不仅剥离了线圈绕向等多重因素，而且分离了感生电流方向这一因素。

在实验中体验到的"拒"与"留"正是铝环中感生电流磁场与原磁场相互作用的宏观表现，根据"同名磁极相互排斥，异名磁极相互吸引"的基本规律易判断感生电流的磁场方向。进一步可以引导学生从物理本质上进行归纳：当铝环中的磁通量增加时，感生电流的磁场方向与磁场方向相反；而当铝环中的磁通量减少时，感生电流磁场方向与磁场方向相同。因此，可以用"增反减同"概括。

第二步，判断感生电流的方向。已知感生电流的磁场方向，根据安培定则就很容易得出感生电流的方向。至此，感生电流方向的判断完成，楞次定律也得以自然地被总结出来。以上实验结果记录如下（表 2-6）。

表 2-6　实验记录表

磁极与运动		实验现象	磁通量	感生电流磁场方向与原磁场方向
N 极	靠近	排斥	增加	相反
	远离	吸引	减少	相同
S 极	靠近	排斥	增加	相反
	远离	吸引	减少	相同
结果分析		来拒去留	增反减同	

最后，为了验证这一定律，可以将电流传感器接入不闭合铝环，用条形磁铁重复上述实验，传感器显示铝环中有电流产生并且与定律判断的方向一致。

三、对教学设计的反思与启示

我们认为，教学设计不是一项实用主义导向的活动，而是基于物理教学理论的系统思考。在以理论为导引与实践答辩的双重作用下，教学设计活动才能成为沟通教学理论与实践的枢纽。从上述教学设计过程中，我们得到了如下启示。

（一） 物理教学实验的选取应以简单性为原则

纵观以上教学设计可见，正是选用简单、显性的"楞次环"实验代替了"螺线管四组实验"才使整个教学思路豁然开朗。传统教学安排的实验是显然不符合这种"简单性"要求的。麦克斯韦曾经说过："这些实验的教育价值，往往与仪器的复杂性成反比，学生用自制的仪器，虽然经常出毛病，但它却会比用仔细调整好的仪器学到更多的东西。仔细调整好的仪器学生易于依赖，而不敢拆成零件。"这很好地说明了简单仪器特有的教育价值。

（二） 分离与控制变量是教学逻辑的基本要求

"分离与控制变量"在初高中物理教学多次出现，甚至是出现频次最高的方法，然而许多人却没有意识到，教学的逻辑也需要由科学方法来表达。我们的实验及教学设计成功地剥离了多个变量的干扰，通过隐性地控制变量，不仅使教学脉络简单、层次分明，并且体现了科学方法的效力与内涵。

事实上，我国物理教学研究的历史上也一直有着对"物理教学逻辑"的零星研究。如传统教材编写就提出了"逻辑轻快"的原则。然而，所谓"教学的逻辑"却并不只包含单一化的条框，而是有着丰富的内涵可供研究。这些对教学逻辑的研究都意在使学生在教学中体验到一种微妙的逻辑感，由此，"教学的逻辑"才能实现与"思维的逻辑"的互动。然而遗憾的是，目前对物理教学逻辑的研究还很不够，在"逻辑轻快"原则之后未能持续地深入下去。以上我们的教学设计则体现了：分离与控制变量不仅是物理学习的重要科学方法，更应作为物理教学逻辑展开的一条基本要求。这是对"物理教学逻辑"内涵的重要发展与充实。

（三） 直观与抽象是物理教学中的一对基本矛盾

物理教学既须满足直观性的教学原则，又须面对抽象而丰富的物理意义。因此，如何处理直观与抽象的关系就成了物理教学的一对基本矛盾。其中，物理教学的直观性是定律本质、认知特点以及物理教学基本思想的共同要求。这意味着物理教学不能泛谈、空谈"直观"，而应明确为什么直观、如何直观。这需要对物理学概念、规律内涵的深刻把握才能揭示。"楞次环"实验就是在仪器简单性以及描述定律力学特征的双重思考下选用的。这种直观性有助于学生形象思维能力的培养，关乎整个物理教学的基本思想，因为物理学的本质是现象而不是推演。①

本节直观性与抽象性矛盾的核心是对定律中"阻碍"一词的诠释。传统教学设计在学生没有明晰整个教学脉络且没有形成一个完整、形象的物理图景前提下就引入了抽象内涵，或将"来拒去留"弃之不用，或将"增反减同"等同于"阻碍"，

---

① 邢红军. 论物理教育中的直观性与学生形象思维能力的培养 [J]. 教育研究, 1993 (9): 54~56.

或是对三者的名词进行简单的罗列，凡此种种，就在于没有把握住抽象与直观之间的层次关系与心理逻辑。而梳理整个教学设计，就可以为"阻碍"这一抽象的物理意义找到直观的阐释（图2－18）。

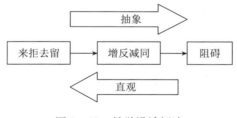

图2－18　教学设计阐述

教学从"来拒去留"到"增反减同"，再到"阻碍"，是由现象到模型、再到本质的完整抽象次序，不仅符合认知规律，也为"阻碍"的内涵阐明了层次。具体说来，"来拒去留"描述的是感生电流的磁场与原磁场的相对位置，是看得见、摸得着的东西，因此最为直观；而"增反减同"说的是磁通量，是看不见、摸不着的东西，需要学生在教师的引导下进行想象才能理解；而"阻碍"则说的是楞次定律的本质，是对"来拒去留"与"增反减同"的高度概括。可见，"阻碍"作为最高程度的概括，包含了"来拒去留"与"增反减同"的所有意义。它既容纳了微观的、理论的、数学的含义，更描述了电磁感应一种宏观的、现象的、力学的特征。正是在这个意义上，"阻碍"一词在本节中是最为抽象且不可替代的。

第九节　示波管的原理

物理高端备课是指以物理课程与教学理论为指导，采用"备课"的形式，研究既符合物理学内在逻辑，又符合物理教学规律，同时符合学生学习规律并接受课堂教学实践检验的教学设计，体现"从物理知识传授到物理方法教育，再到物理思想形成"的核心理念。在此基础上，构筑一线物理教师参与的教学研究交流平台，从而达到物理教育理论与实践真正结合，促进教师专业提升与学生认知发展向高水平跨越的物理教育研究活动。

"示波管的原理"是带电粒子在电场中运动的典型应用。然而，教学实践表明，此部分内容一直是教学中的"老大难"问题。鉴于此，本文拟从高端备课的视角进行设计，以期对教学有所裨益。

一、难点成因分析

现行人教版教材把"示波管的原理"列为"带电粒子在电场中运动"的一部分，继带电粒子的加速、偏转之后，以"思考与讨论"的形式展开"示波管原理"

的教学。这样的编排具有一定的启发性，但是教材没有关顾各部分教学内容之间的紧密联系，带电粒子的加速和偏转理应是示波管工作原理的直接应用，没有之前推导的偏移公式作为结论，波形显示原理的教学便无法展开。教材在没有任何知识铺垫的情况下直接以问题驱动的形式引导学生画图，使得知识间的联系出现断点。而且，教材呈现的问题比较零散，设问的意图不够清晰，对波形显示原理的描述过于粗略，没有厘清信号电压和扫描电压的关系。①

此外，示波器的波形显示原理要求较高的抽象思维能力和空间想象能力，而高中二年级学生在这两方面的能力均有欠缺，加之学生尚未学习交流电压和简谐振动的相关知识，大部分学生对于示波管原理的学习存在畏难情绪。学生能否克服思维障碍、顺利建立波形显示原理的清晰图式，很大程度上取决于教师的讲授，而讲授是否得法，关键又在于教学设计，一个好的教学设计能够取得事半功倍的教学效果。因此，一节基于学生认知规律和物理教学逻辑的研究亟待展开。

二、高端备课的过程

学生已经以例题的形式获得了带电粒子在加速电场和偏转电场中处理问题的方法，讲解示波管的原理的条件已成熟具备。教学应该在复习已有知识的基础上扎实推进，以使学生了解电子在空间位置的转换以及波形显示的原理（图2-19）。图2-19直观地反映出了电子从偏转电场射出之后运动到荧光屏上的路径。从偏转电场射出的电子到达荧光屏上，荧光屏上涂有的荧光物质就会发光，从而在电子到达的位置形成亮点。当电子停止作用时，荧光剂继续发光，经一定时间才会停止，这种效应称为余辉效应。当接入不同的信号电压时，荧光屏上就会显示出不同的波形。

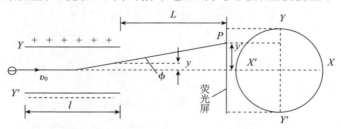

图2-19　示波器

高端备课依据上述原理，采用讲授加实验的方法，将教学过程分为三部分，以期突破示波管原理教学的难点，教学设计的流程图如下（图2-20）。

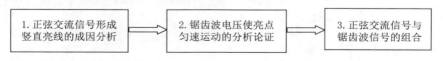

图2-20　示波管原理教学设计

① 人民教育出版社，课程教材研究所．物理选修3-1［M］．北京：人民教育出版社，2007：35~36.

（一）给竖直偏转电极加正弦信号，揭示竖直亮线的成因

当在竖直偏转电极 YY' 接入正弦交流电压时，令 $U = A\sin\omega t$，将其代入偏移公式 $y' = \dfrac{ql}{mv_0^2 d}U\left(L + \dfrac{l}{2}\right)$ 可得：$y' = kA\sin\omega t$，其中 $k = \dfrac{ql}{mv_0^2 d}\left(L + \dfrac{l}{2}\right)$ 为常量。可见，偏移量随时间按正弦规律变化。由于每个电子在电场中运动的时间很短，可以认为单个电子是在电压不变的匀强电场中偏转的，不同时刻进入偏转电场的电压不同，屏上亮点的位置就不同。接下来，引导学生采用特殊点描绘法，依次做出以下分析：在 $t = 0$ 时刻，电压为 U_0（零值），偏移量 $y' = 0$，从偏转电场射出的电子打在荧光屏上的中央位置，荧光屏上的光点处在坐标原点 O 处；在 t_1 时刻，电压为 U_1（正值），荧光屏上的光点处在坐标原点上方的 1 位置处，位移的大小正比于电压 U_1；在 t_2 时刻，电压为 U_2（最大正值），即电子到达荧光屏上的最远点，光点处在坐标原点上方的 2 点处，位移的大小正比于电压 U_2；在 t_3 时刻，根据对称性，电子又回到 1 位置处，以此类推 U_4，U_5，…，U_8 的各个时刻，荧光屏上光点位置分别为 4，5，…，8 点。这样，不同电子在荧光屏上的位置变化就通过光点的移动展示出来（图 2－21 甲）。即：电子束形成的光点将随电压的变化在竖直方向上围绕坐标原点做往复运动（图 2－21 乙）。

为了验证分析结果，可以通过示波器演示，将电压频率调低，让学生清楚地观察到荧光屏上光斑的往复运动。再将电压频率调高，发现此时在荧光屏上已看不到亮点的运动，而是一条竖直亮线，这是由于交流电压的频率很大，电子在荧光屏上的位置在空间叠加，加之荧光屏的余辉现象和人眼的视觉暂留现象，在荧光屏上看到的就不是一个上下移动的点，而是一条竖直亮线，如图 2－21 丙所示。

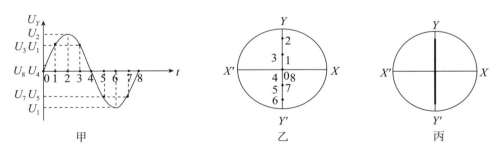

图 2－21　示波器示意图

至此，学生对亮点的运动情况和亮线形成的微观机制已经有了清晰的认识，但仍会存有疑惑：既然偏移量随时间按正弦规律变化，为什么荧光屏显示的是直线而不是正弦波形。针对这一问题，应向学生澄清，在 $y' = kA\sin\omega t$ 这个关系式中，y' 是随时间 t 的变化，而不是随水平位移 x 的变化。如果我们画出 y' 随时间 t 的变化的函数关系图像，的确应该是正弦波形。然而，荧光屏上表示的是竖直位移 Y 和水平位

移 X 组成的坐标系，无法显示出时间轴。实质上，我们观察到的直线是不同电子在竖直方向上留下轨迹的重复叠加，并不是位移随时间的变化图像。至于怎样才能使信号在空间展开，从而形成正弦波形，可以借用机械振动里的沙漏实验进行类比。此处无须提及简谐运动和单摆的概念，引入这个实验只是为了将"波形显示"这一抽象的原理转化为具体的、可操作的方式，将抽象与复杂转化为直观与形象，尽可能减轻学生的认知负荷。①

实验分为以下两个步骤进行：①让沙摆在垂直于 OO' 方向来回摆动，观察到其漏出的细沙在薄板上形成一条直线（图 2 - 22）。②让薄板沿 OO' 方向匀速移动，观察到振动着的沙斗漏出的细沙在薄板上画出一条正弦曲线（图 2 - 23）。此实验给学生提供了一个很好的类比场景，学生凭直觉能够想到，通过荧光屏的移动应该也能看到正弦波形，但是荧光屏是不能移动的，那如何使信号展开呢？带着这样的疑问，可以进入下一阶段的教学。

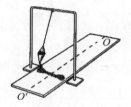
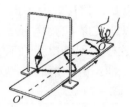

图 2 - 22　沙摆实验 1　　　　　图 2 - 23　沙摆实验 2

（二）水平偏转电极接入锯齿波电压，阐明锯齿波电压使亮点匀速运动的机制

依据沙漏实验的思想，亮点在水平位移上做匀速运动是待测信号展开的必备条件。然而，传统教学往往只是使用了这一结论，而忽视了对其原因的解释。这种重结果轻过程的教学方式容易使学生形成错误认识，学生往往误认为示波管中 XX' 偏转板两端加入线性电压后，随着线性电压的增加，电子束受到的电场力也增大，电子束在电场力的方向应该做加速运动，光点在屏幕的水平方向也应该作加速直线运动。② 为了使学生走出这一误区，我们采用数形结合法和函数分析法依次进行分析。

水平偏转极板 XX' 接入如图 2 - 24 甲所示锯齿波电压 $U_x = kt + b$，由于水平偏移也与偏转电压成正比，即 $x = KU_x$，将锯齿波电压 U_x 的表达式代入上式，可以得到水平偏移量 $x = k't + b'$，其中，k、b、K、k'、vb' 均为常量。当 $t_0 = 0$ 时，电压为 U_0（最大负值），荧光屏上的光点处在坐标原点左侧的起始位置，偏移量的大小

---

①　邢红军. 论物理教育中的直观性与学生形象思维能力的培养 [J]. 教育研究，1993（9）：54～56.

②　郑元，戴赛萍. "示波器的使用"实验教学中的两个常见问题 [J]. 大学物理实验，2006（7）：37～38.

$x_0 = k't_0 + b'$；在 $t_1 = 1$ s 时，电压为 U_1（负值），荧光屏上光点处在坐标原点左方的 1 点上，偏移量的大小 $x_1 = k't_1 + b'$；在 $t_1 = 2$ s 时，电压为 U_2（负值），荧光屏上光点处在坐标原点左方的 2 点上，偏移量的大小 $x_2 = k't_2 + b'$；以此类推，在时间 t_3，t_4，…，t_8 的各个时刻，荧光屏上光点的对应位置是 3，4，…，8 各点，水平偏移依次为 x_3，x_4，…，$x_8 = k't_8 + b'$，如图 2 – 24 乙所示。

从微观的角度得到亮点的位置坐标后，为了进一步说明亮点是匀速运动的，需要继续分析与论证。由水平位置坐标 $x_0 = k't_0 + b'$，$x_1 = k't_1 + b'$，$x_2 = k't_2 + b'$，…，$x_8 = k't_8 + b'$，可以得到相邻位置坐标之差，即亮点的水平位移 $\Delta x_1 = k'(t_1 - t_0)$，$\Delta x_2 = k'(t_2 - t_1)$，…，$\Delta x_8 = k'(t_8 - t_7)$，由此可见，亮点在水平方向的位移与时间间隔成正比，即水平亮点移动的速度 $v = \dfrac{\Delta x}{\Delta t} = t'$，是一个定值，亮点在水平方向上匀速运动。这样，通过简单的数学证明，即强化了数学函数思想在物理教学中的应用，又克服了学生的思维障碍。

得到亮点匀速运动的机制以后，还应该向学生讲清扫描电压的原理，让学生知道，上面只是分析了一个周期内亮点的运动情况，如果所加锯齿波电压是周期性的，在 $t = 8$ s 这个瞬间，锯齿波电压由最大正值跃变到最大负值，则荧光屏上光点从 8 点极其迅速地向左移到起始位置零点，即亮点从左侧匀速地运动到右侧后立即返回左侧起始位置处，之后再匀速地移向右侧。如此反复，这个过程叫做扫描，水平极板所加电压叫扫描电压。当扫描电压的频率较高时，就会在水平方向上形成一条亮线（图 2 – 24 丙）。

上述分析可知，水平方向的锯齿形电压可以使亮点水平匀速移动，这容易给学生启示，虽然荧光屏不能移动，只要亮点可以水平匀速移动，我们依然可以将信号电压展开，如果在竖直偏转极板之后紧接着加一水平偏转电极，就可以使在竖直方向叠加的光斑被展开，其波形与信号电压就会相同。

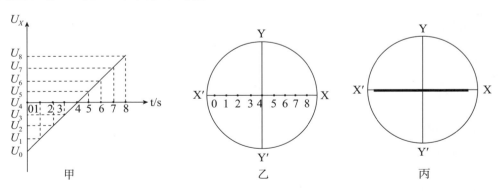

图 2 – 24　示波器扫描示意

（三）将正弦电压和锯齿波电压依次接入两个偏转极板，获得示波的原理

通过前面两部分的学习，学生对于信号电压和扫描电压的作用有了清晰的认识。接下来再次进行类比以加深学生的理解。信号电压加正弦波，光点在竖直方向做来回往复运动形成亮线，相当于沙漏摆动时在纸板上留下沙的径迹。扫描电压加上锯齿波时，光点在水平方向匀速运动，类似于沙漏实验中匀速拉动纸板，沙子在水平方向匀速运动。因此，当把正弦信号电压加到竖直偏转板上的同时再将锯齿波扫描电压加到水平偏转板上，电子的运动就是两相互垂直的运动的合成。亮点在竖直方向做简谐运动的同时，水平方向被匀速拉开，从而使亮点在荧光屏上的运动轨迹为正弦图形，而且如果信号电压的周期等于扫描电压的周期，则荧光屏上将显示出一个周期的正弦波形。上述类比的结果依然可以通过演示实验或作图法进行验证（作图可以让学生课下完成（图2－25）。

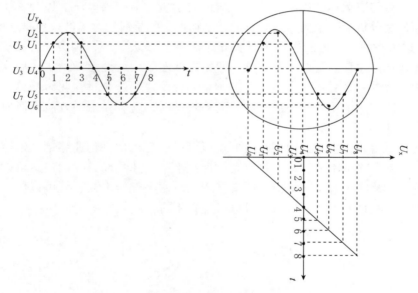

图2－25　示波器成像作图

三、高端备课的启示

总结以上高端备课的过程，得到以下启示。

（一）高端备课凸显了精细的微观过程

示波管中的电子束先后经加速电场、竖直偏转电场和水平偏转电场，最后到达荧光屏形成亮点，整个过程涉及多次空间位置的转换，对学生的空间想象能力提出

了较高的要求。高端备课通过特殊点作图法搭建了一座从三维空间电子的运动到二维平面上波形图形成的桥梁，使工作原理与波形显示原理得以恰到好处地链接。在解释波形的成因时，遵从学生的认知规律，从单一电场过渡到组合电场，从荧光屏上一维平面的亮点、亮线的分析过渡到了二维平面上正弦波形的形成，使波形形成的微观机制被着意放大。如此处理，降低了学生的思维难度，有利于培养学生的空间想象能力。

（二）高端备课彰显了类比法的重要作用

类比法是指对两个或几个相似的对象进行"联想"，根据它们之间在某些方面的相同或相似，而推出它们在其他方面也可能相同或相似的逻辑推理方法。它既是一种创新思维方法，又是一种具体的形象思维方法。中学生的思维方法是以形象思维为主，抽象思维相对比较差，而"示波管的原理"一节需要较高的抽象思维能力和空间想象能力。为了解决学生现有思维水平和教学所要求达到的思维水平之间的矛盾，高端备课巧妙地用沙漏实验来类比示波器波形展开的原理。这一处理，不仅可以使抽象的知识直观形象化，顺利实现知识间的横向迁移，而且可以启发学生的想象思维，起到举一反三、触类旁通的作用。

（三）高端备课注重了物理思想的渗透

物理思想是物理教学的灵魂。知识唯有通过方法上升到物理思想，才能转化为能力的提升。此次高端备课有意识地渗透了转换的思想、数理结合的思想、空间展开的思想。转化的思想具体表现为引导学生将三维空间中粒子的偏转转化为二维平面上坐标的描述，将电压信号转化为波形信号；数理结合是物理教学中一以贯之的思想，函数解析式可以提供简洁的物理语言表达，作图可以提供翔实的数据和直观的几何图形。在讲述扫描电压的作用时，突出了"空间展开"的思想，即扫描电压可以使亮点在水平方向匀速运动，形成时间基线，使原本叠加的波形在空间被展开。

第三章　光　　学

第一节　光的干涉（1）

光的干涉作为高中物理《光》一章的重要内容，一直都是高中物理教学的重点与难点之一。文献检索表明，这节课的教学设计一直没有得到真正意义上的有效解决。有鉴于此，本文立足于高端备课的视角，对光的干涉教学进行重新设计，希望对本节课的教学有所启迪。

一、现行教材编写的分析

教材首先提出猜想，"如果光真的是一种波，两束光在一定条件下应该发生干涉"[①]，随后直接引出托马斯·杨的双缝干涉实验：让一束单色光投射到一个有两条相距很近狭缝的挡板上。如果光是一种波，狭缝形成两个波源，它们的频率、相位和振动方向总是相同，两波源的光在挡板后的空间互相叠加，发生干涉现象。杨氏双缝干涉实验观察到干涉现象，证明光的确是一种波。最后，讨论得出明条纹和暗条纹出现的条件。

光的干涉很好地说明了光具有波动性，使学生对于光本性的认识有了进一步的深化。虽然任何经典的概念都不能完全概括光的本性[②]，但光的干涉却也是认识光本性的一个重要台阶。它既是光波波动性的重要体现，也是分析理解光的衍射现象的重要基础，对光的干涉的重视以及深化，在光学教学中具有举足轻重的地位[③]。

研究发现，教材编写存在几个问题。其一，教材中所展示的光的双缝干涉实验虽然没有科学性错误，但是不够直观、深刻和有趣，没有突出"空间"干涉的思想；其二，教材中双缝干涉实验的示意图没有采用形象化的展示，从而影响学生对

---

①　人民教育出版社，课程教材研究所，物理课程教材研究开发中心．物理选修3—4［M］．北京：人民教育出版社，2010：54～55.

②　赵凯华．新概念物理教程·光学［M］．北京：高等教育出版社，2004.

③　顾铮，卜胜利，童元伟．浅析"光的干涉"中的光源性质及作用［J］．大学物理，2013，32（4）：53～56.

光的干涉机理的理解；其三，在阐述杨氏实验明暗条纹产生的条件时，如何由明暗条纹的位置过渡到光程差，教材并未给出合乎逻辑的解释。有鉴于此，本文针对以上几个问题展开新的教学设计。

二、光的干涉高端备课

（一）创新演示实验，展示空间干涉

教材一开始就引入了光的双缝干涉实验，在暗室中用氦氖激光器发出的红色激光照射在金属挡板上的两条平行狭缝，学生可以在屏上观察到明暗相间的干涉条纹，由于该实验仅在固定的光屏上进行观察，会让学生误以为干涉只发生在光屏处，如同凸透镜只在光屏处成一个清晰的像一样。因此，为了让学生在空间观察到杨氏双缝干涉的图样，可以引入如下实验：

以激光为光源，将单缝和双缝放在讲台上，把实验室后面的墙壁当作光屏，将房间的窗帘以及门关好，营造一个暗室条件，干涉条纹就清楚地显示在墙壁上。由于讲台和墙壁之间有一段距离，双缝离墙壁距离较远，学生观察到的干涉条纹间距较大。此时，教师举着一块贴有半透明纸的玻璃板，沿着两束光的叠加区，从实验室的后面慢慢走到前面，在这一过程中，学生可以通过玻璃板清楚地看到干涉条纹始终存在且间距由大逐渐变小，说明两束光在空间的整个叠加区域内都发生干涉，明暗条纹的空间分布是稳定的。进一步，教师再用喷雾器在光束的叠加区域洒雾，空气中的小水珠会对光形成散射，这时可以观察到在整个叠加区域明暗条纹干涉图样的空间分布。这样就使学生信服地认识到两束相干光的叠加和两列波长相同的水波的叠加是类似的，从而承认光的波动性。①

这样的实验不仅激发了学生的学习兴趣，而且直观、深刻地突出了"空间"干涉。只有通过这样的实验，才能让学生认识到光的干涉不仅只发生在光屏处，而是在光的整个叠加区域都会发生。如此就将光的干涉由二维上升到三维，也就是由"位置"上升到了"空间"。因此，就使学生对"两波源的光在挡板后的空间互相叠加，发生干涉现象"的"空间"二字有了全新的认识。

（二）借助形象图示，理解干涉机理

对于光的干涉，教材借助图 3-1 并结合波动理论解释了明暗条纹形成的原因。

然而，图 3-1 无法直观展现光波叠加的实际过程，利用该图进行讲解，学生难以在大脑中构建光波叠加的具体图像，理解起来较为抽象。为此，可以借助直观形式将光的传播过程及叠加方式展现出来，以便学生更好地理解明暗条纹产生的原因。

---

① 柳斌，马立，赵所生，闫金铎. 中国著名特级教师教学思想录中学物理卷 [M]. 南京：江苏教育出版社，1993：432.

1. 波峰和波峰叠加（或波谷和波谷叠加）

图 3-2 是两列波在 P 点叠加的具体图示，与图 3-1 不同的是，图 3-2 更加直观地显示了两列波在 P 点恰好是波峰和波峰叠加。由于波峰的振幅最大，且此时两列波的振动方向相同，所以在 P 点叠加时振幅更大，因此在 P 点出现明条纹。

同理，如果两列波在 P 点恰好是波谷和波谷叠加（图 3-3），因为波谷的振幅也最大，且此时两列波的振动方向相同，所以在 P 点叠加时振幅也更大，因此在 P 点也会出现明条纹。

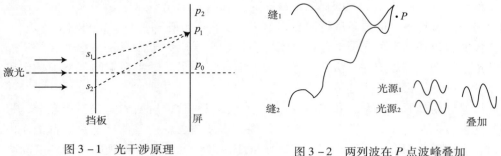

图 3-1　光干涉原理

图 3-2　两列波在 P 点波峰叠加

2. 波峰和波谷叠加

图 3-4 是两列波在 P 点叠加的具体图示，可以发现，两列波在 P 点是波峰和波谷叠加，因为波峰和波谷的振幅都是最大，但此时两列波的振动方向相反，所以在 P 点叠加时，振幅为 0，此时在 P 点会出现暗条纹。

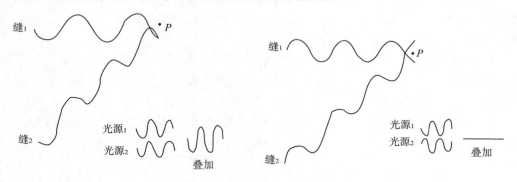

图 3-3　两列波在 P 点波谷叠加

图 3-4　两列波的波峰与波谷在 P 点叠加

借助上面 3 幅图，可以帮助学生更好地理解波的叠加机理，并对明暗条纹的产生原因有了初步了解。相对于教材的示意图，新的示意图更直观，更形象，更便于学生理解。在学生充分理解之后，教师可以进一步引导学生分析产生明暗条纹的物理本质到底是什么。

（三）强化教学逻辑，彰显物理本质

当学生理解了波峰和波峰叠加以及波峰和波谷叠加的干涉机理后，教师应带领学生分析产生明暗条纹的物理本质。因为波峰和波峰叠加、波峰和波谷叠加，只是一种形象的说法，还有必要进一步研究产生明暗条纹的物理本质。教材在阐述产生明暗条纹的条件时，直接引入了路程差的概念。由于路程差是一个空间量，如何讲清由"位置"转换到"空间"的逻辑关系？教材对此问题的阐述并不清晰，需要重新梳理。

教师应当告诉学生，研究通常遵循"从特殊到一般"的思路。具体来说，在保证两列波频率、相位和振动方向都相同的情况下，可以首先研究 p_0 点。因为这个点很特殊，两列波到达该点的路程是一样的。通过观察，发现该点出现亮条纹。由于只研究该点无法得出产生明暗条纹的条件，因此需要由 p_0 点开始，沿两边选取任意一点 p_1，希望通过研究 p_1 点出现明暗还是暗纹，从而归纳出产生明纹与暗纹的条件。由于波源性质不变，唯一发生变化的就是两列波到达 p_1 点的路程不再相等，出现了差值。因此，出现明暗条纹的根本原因就在于路程差。

进一步，教师可以引导学生讨论路程差与明暗条纹之间的关系。对于明条纹来说，两列波处于波峰和波峰（波谷和波谷）叠加的状态，假设一列波保持不动，将另一列波向前移或向后移，直到波峰和波峰（波谷和波谷）再次重叠，此时移动的那列波刚好走了 1 个波长的距离。同理，继续向前移或向后移，波峰和波峰（波谷和波谷）再次重合时，运动的那列波走了 2 个波长……显然，出现明条纹时，两列波的路程差应该为 0 或相差 1 个波长，2 个波长……也就是波长的整数倍，也可以说是半波长的偶数倍。

出现暗条纹时，两列波处于波峰和波谷的叠加状态，假设一列波保持不动，另一列波向前移或向后移，直到波峰和波谷再次重叠，此时运动的波走了半个波长。同理，继续向前移或向后移，当波峰和波谷再次重合时，运动的那列波走了 3 个半波长……显然，出现暗条纹时，两列波的路程差应该相差半个波长，3 个半波长……也就是半波长的奇数倍。通过这样的分析，就可以水到渠成地得到杨氏双缝干涉实验明暗条纹产生的条件，并总结出如下结论：

产生明纹的条件：$\Delta r =$ 偶数倍 $\dfrac{\lambda}{2}$

产生暗纹的条件：$\Delta r =$ 奇数倍 $\dfrac{\lambda}{2}$

其中 $\Delta r = 0$ 是屏的中心点 P_0 产生明条纹的条件。

教材对明暗条纹产生条件的具体阐释是将明暗条纹来回穿插进行分析的，这样有可能导致学生思维混乱，不利于学生理解，所以先讲明纹还是先讲暗纹也是教师需要考虑的问题。由于明纹产生的条件涉及到的路程差是一个波长的整数倍，一个波长比半个波长更易于学生理解和掌握，所以教师应该先讲解明条纹的产生条件，再讲解暗条纹的产生条件。

三、高端备课的启示

(一)高端备课应注重物理思想的渗透

高端备课的核心思想是体现从物理知识教育到物理方法教育，再到物理思想教育的过程，同时达成教学逻辑与学生心理逻辑的统一。在光的干涉教学中，最重要的物理思想就是"相干"思想。从机械波的干涉、水波的干涉、声波的干涉，上升至现在的光波的干涉，都是体现相干思想的实例。从理论上讲，各种波动都有可能产生相干，"相干"的实质是波动与波动的相互作用，"相干"的结果是波动能量在叠加空间里重新分配，产生新的能量分布，两列波离开叠加区域以后，它们的能量又会恢复为原来的分布[①]。

目前在中学物理课堂教学中，教师更注重知识的讲解，并利用大量习题达到巩固知识的目的。但是当新的问题出现时，学生往往"无计可施"。很多人认为是由于学生迁移知识的能力比较弱，其实不然，最根本的原因还是由于学生在学习时没有从物理本质上理解知识。以本节为例，干涉的重点就是"相干"的物理思想，只有深刻理解了干涉的思想，才能使学生更好地掌握"干涉"内容，并实现知识的迁移。

(二)高端备课应注重直观图像的展现

在备课过程中，不论语言、图像、逻辑都应该围绕彰显物理本质而展开，以最直观、最易理解的方式将知识呈现在学生的面前。在构建干涉示意图时，首先应该保证示意图的正确性，不能出现科学性错误。在此基础上，还应该让示意图更直观，更形象，更便于学生理解。

波不是以直线方式传播的，而是以正弦波的形式在空间传播。波峰和波峰叠加（或波谷和波谷叠加），波峰和波谷叠加是波的两种叠加形式。从教学角度来思考，以正弦波的图示对两种叠加形式进行分析，能更好地在学生的大脑中构建光波叠加的具体过程，从而使学生对振动加强、振动减弱有更直观地理解。相反，教材中的图像有可能让学生误以为光波是以直线的形式在空间传播，导致对叠加过程的理解不够深入。

改进后的图像对于得出产生明暗条纹的条件有很大帮助。由图像展示的波峰和波峰叠加（或波谷和波谷叠加）是振动加强部分，因此路程差一定是半波长的偶数倍；而波峰和波谷叠加则是振动减弱的部分，路程差一定是半波长的奇数倍，由此可以顺理成章地得出产生明暗条纹的条件。

---

① 朱鋐雄.物理学思想概论[M].北京：清华大学出版社，2009：140.

（三）高端备课应注重教学逻辑的诠释

教材对于"路程差"有阐述，但是逻辑并不清晰，这也是很多中学课堂中的问题。根据光屏上某一位置的明暗条纹追溯到两光源在空间中的传播距离，不仅让学生认识到明暗条纹的产生是由于光的传播的距离不同，而且让学生对于光波干涉的空间性有了更深一层的认识。

教学的逻辑顺序是至关重要的。先讲什么，后讲什么，都应该有一定的依据，而这个依据就是学生的学习心理，遵从由简单到复杂，由直观到抽象的教学原则。

之所以依据"由特殊到一般"的方法引出"路程差"，以及"先讲明纹后讲暗纹"的教学顺序，都是基于以上两个原则的考量。根据形象的图示进行分析，先描述叠加时振幅的变化，再分析产生明暗条纹的原因，并进一步得出路程差与明暗条纹之间的关系。

教学逻辑可以帮助学生更好地将直观的物理现象与抽象的物理本质更好地联系起来，使学生不仅知其然，而且知其所以然，这正是物理教学逻辑的重要价值。

第二节　光的干涉（2）

人教版高中物理《光的干涉》一节主要从两个方面进行阐述，分别是杨氏双缝干涉实验以及如何测量可见光的波长。研究发现，教材编写存在着一些值得商榷之处，本文拟对这些问题进行系统地研究，并在此基础上提出教学建议。

一、教材编写应依据学生的学习心理

教学的逻辑顺序是至关重要的。先讲什么，再讲什么，每一步都应该有一定的依据，这个依据就是学生的学习心理。那么，光的干涉一节的教材编写逻辑顺序应该怎样设计呢？

现行教材对于明暗条纹产生条件的阐释是按如下顺序展开的（图3-5）。

图3-5　物理教材对明暗条纹产生条件的阐释

可以发现，教材的编写顺序是对明暗条纹来回穿插进行分析的。事实上，虽然明暗条纹是两种现象，但是条纹产生条件的本质是一样的。因此，将两种不同的现象与本质混合在一起进行说明，就不免会导致学生的思维混乱，不利于学生的理解。因此，教材应先将一个问题从现象到本质讲清楚、讲透彻，然后再讨论另一现象及其本质。这样，教学的逻辑性就会大大增强，学生的知识体系中也会显现出两条清晰的主线。

教材编写应该遵循从简单到复杂的教学原则。因此，在本节课中，先讲明纹还是先讲暗纹就成为教师需要考虑的问题。从教学逻辑出发，为使学生更容易理解，本节课应该先介绍明纹出现的条件。这是因为，学生已经学习过波的干涉，在介绍波的干涉时，先描述了振动加强过程，再描述振动减弱过程。而光的干涉作为波的干涉的一种特殊形式，两者存在很多相似性，学生会很自然地将两者联系在一起。所以，完全可以将波的干涉作为"先行组织者"来学习光的干涉，这样对于学生的理解会有很大帮助。

明纹产生条件涉及的路程差是一个波长的整数倍。从学习的角度出发，一个波长比半个波长更易于学生理解和消化。仍然是从简单到复杂的教学原则考量，教材应该先讲明条纹的产生条件，再讲暗条纹的产生条件。

学生的学习心理不仅是从简单到复杂，还遵循从直观到抽象。因此，在介绍明暗条纹的产生条件时，教师应该先对"叠加"的现象进行描述，然后再深入到物理本质，即由明暗条纹过渡到光程差。比如，在介绍明条纹的产生条件时，应该先借助形象的光波叠加图示进行分析，并阐述叠加时振幅的变化，能量的变化，待物理现象描述清楚之后，就要归结到物理本质，即根据"由特殊到一般"的方法[1]分析明条纹产生的根本原因，也就是"路程差"。同时，进一步讨论路程差满足什么条件，才会出现波峰和波峰的叠加或波谷和波谷的叠加。暗条纹的产生条件也应该遵从这种由直观到抽象的分析方法，该过程的教学逻辑应改善（图 3 - 6）。

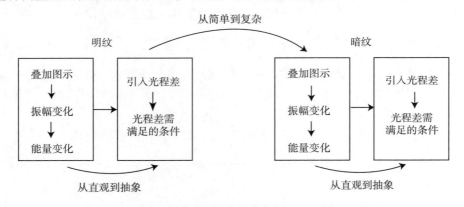

图 3 - 6　明纹与暗纹形成的教学逻辑

二、教材中物理思想方法的隐匿与彰显

杨氏双缝干涉实验不仅是历史上最早为光的波动性理论提供实验证据的实验，

① 周栩君，邢红军. 光的干涉高端备课 ［J］. 物理通报，2017，36（4）：54～57.

还是导致光的波动理论被普遍承认的决定性实验之一[①]，同时也是首次实现用实验方法测得可见光波长的实验。教材中通过推导得到了相邻两个亮条纹或暗条纹中心间距的表达式，即 $\Delta x = \dfrac{l}{d}\lambda$，其中 l 是缝到屏的距离，d 是两缝之间的距离，λ 为波长。通过变形，可以得到波长的表达式，即 $\lambda = \dfrac{d}{l}\Delta x$。这其中，蕴含了重要的物理思想与方法。

众所周知，在物理学中存在许多宏观量和微观量，宏观量有力、电流等，都可以用测力计，电流表直接读出；电子，量子力学几乎都是在微观的角度进行研究。可见光波长一般在 $300 \sim 800\mathrm{nm}$，很明显是一个微观量。由于光的波长很短，很难直接观察光波随空间位置变化的周期规律，所以无法用仪器直接读出数值。但在一定条件下光波的干涉特征更为明显，并且容易在实验上得到实现[②]，相当于将不能直接观察的现象加以转化放大，而变为可观察的干涉图样[③]。所以，托马斯·杨利用光的干涉装置测得了光的波长，实现了由宏观量到微观量的连接及转化。

首先，杨氏双缝干涉实验的装置很简单，并不是一个非常尖端的装置，却实现了宏观到微观的转化。在该实验中，宏观量是缝到屏的距离 L、两缝之间的距离 d、缝的宽度 α、相邻条纹的宽度 Δx 等，都是宏观量。如何将微观量找出？

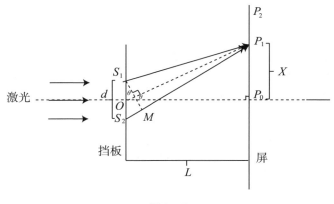

图 3 - 7

从两缝发出的光到达中心点 P_0，路程差为 0，产生中心亮条纹。P_1 点位于中心点 P_0 的上方，路程差为 $\Delta r = S_2P_1 - S_1P_1$，三角形 P_0OP_1 为直角三角形，记 $\angle P_0OP_1$，为了方便求解，在这里进行两个简化：

① 张国英，刘战存，张敏捷．托马斯·杨对光的干涉的实验研究 [J]．首都师范大学学报（自然科学版），2001，22（3）：33～38．
② 朱鋐雄．物理学思想概论 [M]．北京：清华大学出版社，2009：140．
③ 姚启钧．光学教程 [M]．北京：高等教育出版社，2008：17．

（1）如果 $L \gg d$，线段 S_1P_1、S_2P_1 和 OP_1 位置关系可近似看做平行。

那么 ΔS_1MS_2 可近似看做直角三角形，$\angle MS_1S_2 = \theta$，$\sin\theta = \dfrac{S_2M}{d} = \dfrac{\Delta r}{d}$；

（2）如果 $\theta \leqslant 5°$，$\sin\theta \approx \tan\theta$。

在直角 ΔP_0OP_1 中，$\tan\theta = \dfrac{X}{L}$，在直角 ΔS_1MS_2 中，$\sin\theta = \dfrac{\Delta r}{d}$

由于 $\theta \leqslant 5°$，$\sin\theta \approx \tan\theta$ 成立，即 $\dfrac{X}{L} = \dfrac{\Delta r}{d}$，也就是 $\Delta r = d\dfrac{X}{L}$

根据①产生明纹的条件：$\Delta r =$ 偶数倍 $\dfrac{\lambda}{2}$（$\Delta r = 0$ 为中心点 P_0 产生明条纹）；

②产生暗纹的条件：$\Delta r =$ 奇数倍 $\dfrac{\lambda}{2}$，可知 $\Delta r = d\dfrac{X}{L} = \pm k\lambda$（$k = 0$，1，2，3……）时出现亮条纹，当 $k = 0$ 时为中心亮条纹，$k = 1$ 时为第一级亮条纹，以此类推。从而就可以计算出两相邻亮条纹或暗条纹的中心间距是：$\Delta x = \dfrac{L}{d}\lambda$，波长的计算公式为：$\lambda = \dfrac{d}{L}\Delta x$。

由此可知，推导过程巧妙地借助数学中的几何方法与近似方法，从而实现了由宏观到微观的转化。因此在推导中，不仅要使学生明白推导的过程，更重要的是要显化科学方法。教师应告诉学生，这种几何法和近似法并不是第一次应用。例如在必修二向心加速度一节，探究向心加速度大小的表达式时就运用了这两种方法。如此对比学习，可以加深学生对这两种方法的认识和理解，并在今后解决物理问题时，可以自主选择并运用，这对学生的物理学习更有意义。

此外，在宏观量向微观量转化的过程中，也蕴含了重要的物理思想——"转化思想"。在物理学中，有很多无法直接测量的微观物理量。随着物理研究的不断进行，人们逐渐意识到可以通过物理量之间的关系，将难以测量的微观物理量转化为便于测量的宏观物理量，从而反映出微观量的物理意义。在物理学习中，学生只有形成了物理思想才能谓之真正理解了物理学，真正掌握了物理学。[①]

三、由"特殊到一般"深化物理原理

教材在介绍光的干涉时，主要研究的是波峰和波峰的叠加（波谷和波谷的叠加）、波峰和波谷的叠加。可以发现，所讨论的都是特殊的位置，也就是波峰和波谷。学生在学习的时候，可能会产生这样的疑问：为什么只是波峰和波谷两两进行叠加，两列波的一般位置能不能进行叠加呢？

对于上述问题，现行教材中并没有给出解释，导致学生容易陷入认知误区，即

---

① 邢红军，张抗抗. 论物理思想的教育价值及其启示［J］. 教育科学研究，2016（8）：61～68.

在一般位置两列波不发生干涉，只有在波峰和波谷这样的特殊位置才能发生干涉。因此，教学中向学生说明该问题是非常必要的。首先要向学生强调，只要狭缝形成两个波源，它们的频率、相位和振动方向相同，就会发生干涉。通过前面的学习知道，波峰和波峰叠加是亮纹，波谷和波谷叠加也是亮纹。实际上，如果仅仅是波峰和波峰叠加或波谷和波谷叠加，它不应该是一个有宽度的亮条，而是一根亮线（图3－8中的 A 线所示），同理，波峰和波谷的叠加，会出现一根暗线（图3－8中的 B 线）。而 A 线两边的其他亮线以及 B 线两边其他的暗线就是一般位置叠加线的集合，所以中间的过渡带就是非峰非谷的叠加区域。

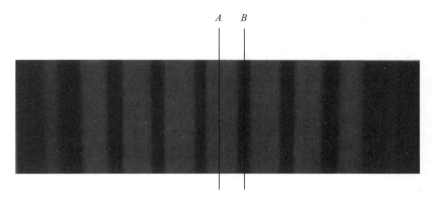

A线：波峰和波峰叠加或波谷和波谷叠加；B线：波峰和波谷叠加

图3－8 光的干涉图样

之所以特别强调波峰和波峰的叠加（波谷和波谷的叠加）、波峰和波谷的叠加，是因为这三种叠加干涉条纹的可见度较好，所以对比度最理想。一般位置叠加，干涉条纹的可见度比较低，从而会造成条纹的模糊不清或没有条纹现象，但并不是未发生干涉现象。

我们认为，向学生说明该问题是十分有必要的，否则会导致学生对于干涉的物理原理理解不透彻，可能出现概念性错误，并对光的干涉认识变得狭隘、片面。

四、以知识的创新激发学生的兴趣

物理知识、物理实验一直都处于发展的过程中，而物理学的发展远远没有终结。本节阐述的是一束光通过两个狭缝，形成同频率、同相位、同振动方向的两列波发生干涉的物理现象。然而，随着科技的发展以及设备的不断完善，人们发现单光子自身也可以进行干涉，并得到干涉条纹。一个光子穿越上缝时，它似乎"知道"下缝开没开。通过下缝时，也会"知道"上缝开没开。只开一个缝或双缝同时打开，对单光子的运动会有影响。大量实验都证实了这一奇怪的现象。目前，理论上对此还没有令人满意的解释。①

这是目前干涉领域中一个未得到解决的问题，教师在教学中介绍该问题，可以更好地引发学生求知的欲望，激发学生对于物理学习的兴趣，让同学们认识到他们不仅仅是物理知识的接受者，同样也是物理问题的解决者，从而在今后的物理学习中应该更加积极主动的思考问题。

知识一直处于不断更新的状态，教学中的墨守成规与一成不变会导致教学效果日益衰退，而不断接受、学习新的知识就成为当代教师的必修课。同样，对现有知识的思考与重新设计也是教师专业发展日益精进的过程。

针对教学中的疑难问题，物理教师需要耐心思考，因为它们不仅仅是学生学习过程中的障碍，同时也是教师在备课、讲授过程中需要再三斟酌的问题。只有真正突破这些障碍，才能实现真正意义上的物理"教学"。

---

① 赵峥．物理学与人类文明十六讲［M］．北京：高等教育出版社，2008：93．

第四章 物理教学设计的比较研究

第一节 重力势能教学设计的比较研究

教学设计理论自 20 世纪 80 年代引入国内，一直处于发展阶段。至今已逐渐由原来单一的备教材、备学生、备教法向注重教学逻辑、注重学生学习心理转变。物理教学设计作为教师教学准备的重要环节，如何体现物理学的本质，彰显教学逻辑，是每一位物理教师需要关注的问题。

物理教学设计在发展过程中，逐渐形成了不同的研究范式。由于每种研究范式背后都有独特的研究取向与思维方式，因此，对不同物理教学设计范式展开探讨，对于落实核心素养培养目标，提高物理教学效果有着重要意义。

有鉴于此，本文结合重力势能教学设计的比较分析，通过研究重力势能表达式的引入方式，以期对物理教学设计的发展有所启迪。

一、"重力势能"教材编写的设计比较

物理教学设计不是空中楼阁，而是建立在物理教材基础之上。物理教材作为物理教学设计的"根基"，是物理教学设计的源泉。因此，对物理教学设计范式进行比较研究，就有必要首先展开教材编写分析。为此，本文对各个版本的高中物理教材"重力势能"编写进行比较，以期从中窥见教学设计范式的特点。

（一）人教版教材重力势能推导分析

人教版教材对于重力势能的表述是，"物体由于被举高而具有重力势能，它的质量越大、所处位置越高，重力势能就越大"，认为认识重力势能应以重力做功为切入点。于是，通过让小球沿不同路径由距离地面 h_1 处运动至 h_2 处（图 4-1 甲、乙、丙）分析得到，"物体运动时，重力对它做的功只跟它的起点和终点的位置有关，而跟物体运动的路径无关"，即：$mgh = mgh_1 - mgh_2$。mgh 与重力做功相关，并

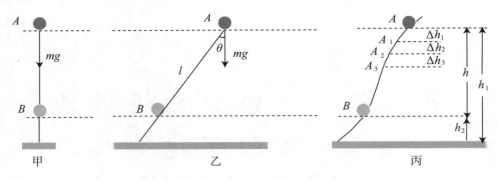

图 4-1 物体沿不同路径下落

且随 m、h 的增加而增加，与势能基本特征一致，因此将物理量 mgh 叫做物体的重力势能。[1]

教材中用大量篇幅证明"重力做功与路径无关"，然后指出 mgh 是一个具有特殊意义的物理量，但 mgh、mgh_1、mgh_2 到底有何意义，特殊在哪里？教材并没有展开论述，从而导致重力势能的编写留有可以研究的空间。

（二）山东科技版教材重力势能推导分析

山东科技版教材首先定义"物体处于一定的高度而具有的能叫做重力势能"，然后利用实验探究影响小球势能大小的因素，并得到"重力势能的大小与物体的质量和所处的高度有关。物体的质量 m 越大，所处的高度 h 越大，重力势能 E_p 就越大"的结论。随后，教材直接把重力势能表示为 $E_p = mgh$。而重力做功与重力势能之间的关系则在下一节进行讨论。[2]

教材对于重力势能表达式的推导缺乏逻辑说明，而是采用了直接定义方式，这可能导致学生对于重力势能的理解片面与浅显，无法真正理解 mgh 是什么，以及 mgh、mgh_1、mgh_2 三者之间的关系。

（三）上海科技教育版教材重力势能推导分析

上海科技教育版教材首先定义"物体由于被举高而具有的能量叫做重力势能"，并以重锤打桩为例，说明"重锤的质量越大，上升的高度越高，桩就被打得越深，这表明，重锤的重力势能跟它的质量和高度有关"。随后，设定一个物理情境，让重锤从离地面高度 h_1 处自由下落至 h_2 处，位移 $\Delta h = h_1 - h_2$，重力做的功为 $W = G\Delta h = mg(h_1 - h_2)$，即 $W = mgh_1 - mgh_2$。然后就认为 mgh 跟物体的质量和离地面

① 人民教育出版社，课程教材研究所，物理课程教材研究开发中心. 物理·必修 2［M］. 北京：人民教育出版社，2010：63~65.

② 山东科学技术出版社，中学物理教材编写组. 物理·必修 2［M］. 济南：山东科学技术出版社，2005：27~28.

的高度有关，从而将其定义为重力势能 $E_p = mgh$。[①]

与山东科技版相比，上海科技教育版教材在定义重力势能之前研究了重力做功，但与人教版又有所不同。虽然都以重力做功为切入点进行研究，但是却没有证明"重力做功与路径无关"，并在得到 $W = mgh_1 - mgh_2$ 之后直接定义了重力势能。

教材中提到，"$W = mgh_1 - mgh_2$ 是一个很重要的关系式"，但是在讨论其物理意义时，并没有深入分析，而仅仅由"重力势能跟它的质量和高度有关"得出重力势能表达式。这样对于关系式左右两边的物理量缺乏清晰的阐述与比较，会导致学生对于重力势能的认识存在盲点与误区。

（四）广东教育版教材重力势能推导分析

广东教育版教材先定义"物体所处位置的高度决定的能量称为重力势能"，从定性角度讨论重力势能与物体质量和高度有关，随后探寻定量关系。将物体匀速举高，需要向物体施加一个向上的力，且力与重力等大反向。根据功能关系，这个力对物体做的功，等于物体增加的重力势能，若选择初始位置令其势能为 0，那么质量为 m，离地面高度为 h 的物体相对于地面的重力势能 $E_p = mgh$。[②]

广东教育版教材重力势能的提出，与以上 3 种教材的引入方式均不相同。教材没有提及重力做功，而是由重力的平衡力做功入手，"根据功能关系，向上的力对物体做的功，等于物体增加的重力势能"。这样的处理手法仍然会导致学生先入为主地将重力势能理解为重力做功，而非重力势能。显然，如此引入容易造成学生的知识混乱及概念模糊。

综上所述，众多教材在推导重力势能表达式时虽然采用了不同方式，但这些方式普遍存在逻辑漏洞及环节缺失，很难从本质上解释为什么将重力势能表达式定义为 $E_p = mgh$。因此，如何恰当引入并建立重力势能的表达式就成了亟待解决的问题。

二、不同教学设计范式的比较研究

为了更深入地研究物理教学设计范式，我们对《中国知网》1995—2016 年有关重力势能教学设计的文章进行分析，提取每篇文章的研究范式，并进一步分析每种研究范式的优缺点，以期对教学设计有所启示。

1995—2016 年，《中国知网》上"重力势能"教学设计文章共 47 篇（图 4 - 2）。

由图 4 - 2 可知，从 2009 年开始，重力势能的教学设计文章明显增多。细究之下，却发现大多数文章并未触及重力势能教学设计的核心，致使问题依然未能得到有效解决。表面看来，这个问题只是一个具体物理教学设计问题，但在大量文章的背后，却折射出了物理教学设计范式问题。因此，对于这一问题展开深入研究，就

---

① 束炳如，何润伟. 物理·必修2 ［M］. 上海：上海科技教育出版社，2007：57～58.
② 广东基础教育课程资源研究开发中心，物理教材编写组. 物理·必修2 ［M］. 广州：广东教育出版社，2005：67.

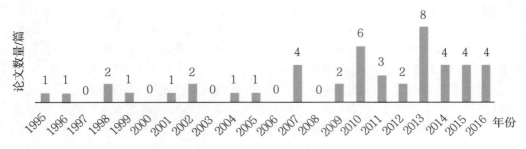

图 4 – 2　1995—2016 年重力势能教学设计论文数量

具有方法论层面的特殊意义，并有助于中学物理教学设计的健康发展。为此，我们在对 47 篇文献深入研究的基础上，梳理出如下教学设计范式展开研究。

（一）"传统式教学设计"设计范式

研究发现，高达 85.1% 的"传统式"重力势能教学设计文章，是基于教材内容进行设计的，这类设计更多的是一种教学经验的总结与概括。设计范式如下。

文章开篇通过回忆初中教材知识，定义物体由于被举高而具有的能为重力势能，并从实验角度得到重力势能与 m、h 的定性关系，而后由"功是能量转化的量度"出发，从分析不同力做功使重力势能变化的角度，定量推导重力势能的表达式。结果发现，只有重力做功才会导致重力势能发生变化，进而研究重力做功的特点。通过研究，发现重力做功与物体运动路径无关，即 $W_G = mgh = mgh_1 - mgh_2$，说明 mgh 是一个具有特殊意义的物理量，而该物理量具有的两个特征恰与重力势能的基本特征一致，因此定义重力势能 $E_p = mgh$。

文献检索发现，这类教学设计范式几乎没有采用直接定义方式得到重力势能表达式的，说明中学物理教师对于部分教材中的直接定义法并不认同，而认为重力势能的表达式需要推导，但推导过程却与教材如出一辙。由此可见，教材是教师进行教学设计的首选，这样的教学设计基本上就是教材编写思路的再现。由于这类教学设计范式并未对"重力势能"建立提出合理建议，从而导致重力势能教学问题并未得到解决。

（二）"框架式教学设计"设计范式

"框架式"设计范式首先将"相互作用物体凭借位置而具有的能"定义为势能，并从势能的定义推理出重力势能与重力、相对位置有关，认为重力也由相对位置决定，从而归纳出重力势能只与相对位置有关，表征为势能的"基本特征一"。

根据"物体在力的作用下能量发生了变化，这个力对物体一定做了功"，归纳出重力做功可以决定重力势能的变化，从而得到重力做正功，势能减少；重力做负功，势能增大。表征为势能的"基本特征二"。

　　进一步，根据势能由位置确定，推理出势能的变化也只由位置确定，由此猜想重力做功与路径无关，最终得到：$W_G = mgh = mgh_1 - mgh_2$，表征为势能的"基本特征三"。

　　最后，对等式右边的 mgh 之差进行分析，发现其符合上述三个基本特征，于是将重力势能定义为 $E_p = mgh$。[①]

　　"框架式"设计范式致力于揭示重力势能的基本特征以及重力做功量化重力势能的条件，与传统教学设计相比较，文章框架更清晰，更容易把握主题。"框架式设计范式"虽然看起来更加全面与具体，但是依旧存在问题。第一，从重力做功与路径无关到重力势能，两者之间仍然存在逻辑漏洞；第二，对于 $W_G = mgh = mgh_1 - mgh_2$ 的理解不到位，没有从本质上解释 mgh、mgh_1、mgh_2 的物理意义是什么？具有什么样的内涵？因此，"框架式"设计范式依然未能解决重力势能教学存在的问题。

（三）"概念式教学设计"设计范式

　　"概念式"设计范式通过提出"功的计算常常能够为能量的定量表达及能量的转化提供分析的基础"观点，认为做功的过程就是能量转化的过程，以及功是能量转化的量度。然后，从实验角度探究得到重力势能的大小与物体的高度和物体的质量或重力有关。

　　在此基础上，对物理概念——"变化量"的具体含义进行说明，对矢量和标量的变化量进行介绍、区分，并说明功和能都是标量，两者满足代数运算法则，并得到结论："凡是同一个标量物理量的两个值之差就表示这个物理量的变化"。

　　最后，由重力做功入手，得到 $W_G = mgh = mgh_1 - mgh_2$。鉴于重力做功要量度某一种能的变化，而变化就是同一物理量的两个值之差，而等式右边恰好是两个值之差，并且形式均为 mgh，所以 mgh 表示一种能量。由于重力势能与 m、h 有关，所以重力势能定义为 $E_p = mgh$[②]。

　　"概念式"设计范式教学设计最大的特点在于，在分析重力做功 $W_G = mgh = mgh_1 - mgh_2$ 之前，讨论了"变化量"的具体含义，即"凡是同一个标量物理量的两个值之差就表示这个物理量的变化"。由此可以发现等式右边为两项之差且两项形式相同，均为 mgh，所以该项有特殊的物理意义。虽然这类教学设计对于 mgh 展开了讨论，但是仍然没有从本质上解释 h、h_1、h_2、mgh、mgh_1、mgh_2 到底表示什么？具有什么样的意义？此外，将 mgh 直接定义为能量的说法也过于笼统，没有能够真正揭示 mgh 的物理本质。

---

　　① 陈金苗. 探究重力势能表达式中存在的问题与解决对策［J］. 中学物理教学参考，2014，46（6）：13～15.

　　② 柏露枝. 重力势能和动能概念的逻辑性教学——以人教版教材为例［J］. 物理教师，2016，37（5）：12～13.

（四）"本质式教学设计"设计范式

"本质式"设计范式，在教学设计上的特色就是对 $mgh = mgh_1 - mgh_2$ 中的各个物理量进行了诠释，这是该设计范式与其他范式的最大区别。

本质式设计范式首先从数学式中看出端倪，认为在 $h = h_1 - h_2$ 表达式中 h 是真实发生的，是小球沿重力方向运动的位移，而表达式右边的 $h_1 - h_2$（包括 h_1、h_2）都不是小球真实发生的位移，h_1、h_2 均是假设发生的，这就为重力势能教学设计的展开选取了正确的方向。

进一步，从物理学的角度考量，若等式两边同时乘以 mg，即 $mgh = mgh_1 - mgh_2$，表达式左边的 mgh 就是重力做的功，是真实发生的。而表达式右边并非真实发生的过程，但它的差值在数值上等于重力做的功，在量纲上与功的量纲一致，所以 $mgh = mgh_1 - mgh_2$ 不仅仅是数学上的等式，更是一个物理等式。$mgh_1 - mgh_2$ 并非真实做的功，而是一个虚拟的做功，它具有潜在的做功本领。因此，可以将它看作一种能量。由于这种能量由重力产生，所以定义为重力势能。①

"本质式"设计范式的切入点是独具慧眼的。在大学物理层面，重力势能的引入并不存在任何问题。考虑到高中生的物理认知水平，高中物理教学中重力势能的引入就不能采用大学物理的思路而须另辟蹊径。需要降低教学难度，并采用一种既能够让高中生理解与接受，同时又符合重力势能本质的教学设计，这样的教学设计才能被称为好的教学设计。

由是观之，"本质式"设计范式从"真实"位移与"虚拟"位移出发，进而过渡到"真实"做功与"虚拟"做功，从而揭开了 mgh 与 $mgh_1 - mgh_2$ 的神秘面纱。具体而言，$mgh = mgh_1 - mgh_2$ 不仅满足数量上的关系，更重要的是在量纲上保持一致，从而由数学等式转化成为物理等式。由于左边是真实存在的功，右边的差值只具有做功的本领，但不是真实做的功，因此右边的两项之差只能是能量，从而定义重力势能的概念。这种由数学到物理、由真实到虚拟的研究思路才能揭示物理本质，使该问题得到真正解决。

三、启示与建议

（一）物理教学设计要"凸显"物理本质

科斯根为思考理想教师特征提供了一个框架，从而提出了洋葱模型②。最外层到最里层分别是环境、行为、能力、信念、职业身份、使命，在模型中，里圈与外圈因素是相互影响的。科斯根还提到"洋葱模型中的各个因素类似于原子核中的电

---

① 邢红军，胡扬洋. 高中物理"重力势能"教学的高端备课［J］. 湖南中学物理，2016（9）：41～42.
② 陈琦，刘儒德. 教育心理学［M］. 北京：高等教育出版社，2005：537～538.

子,越是外层的因素越不稳定,越容易改变和塑造,越是里层的因素越稳定,越难于培养"。其实,洋葱模型也同样适用于物理教学设计,因为物理教学设计的最终目的是以科学的方式讲清楚知识最核心的物理本质。所以,物理本质就是洋葱模型的芯,一切教学逻辑、教学活动都要围绕物理本质展开,只有揭示物理本质的教学设计才能取得好的教学效果。因此,教学设计要围绕物理本质而展开。

本质式教学设计之所以与众不同,是因为作者的研究视角不一样,看待问题的思维方式也不相同。对于重力势能的教学设计,大多数教师在备课中往往强调"功是能量转化的量度"以及"相对位置",虽没有科学性错误,但却不是本节课的核心与焦点,真正的物理本质存在于等式 $mgh = mgh_1 - mgh_2$ 中。左边是真实发生,也就是重力做功,对应的是"过程"。右边是虚拟发生,对应的是"状态"。进一步从数值和量纲两个方面考虑,由于数值相等,那么右边的物理量与功的属性完全一致,所以只能是具有做功的本领,也就是能量。显然,只有厘清问题的物理本质,才能算得上是彰显物理本质的教学设计。

(二) 教学设计要注重教学逻辑的诠释

教学的逻辑顺序是至关重要的。先讲什么,后讲什么,都应当有一定的依据。而这个依据就是学生的学习心理,遵从由简单到复杂,由直观到抽象的教学原则。

重力势能是一个抽象的物理量,无论是教师的教学过程、还是学生的学习过程,都是教学的重点与难点。所以,严密的教学逻辑就尤为关键。遗憾的是,无论是教材还是物理教学设计,都在教学逻辑层面存在或多或少的问题。尤其是经由重力做功与路径无关从而引入重力势能这一逻辑关系,其过程往往不尽如人意。因此,就可能会导致学生学习时容易出现概念模糊不清的状况,从而无法真正理解并掌握重力势能建立的依据。

因此,只有在教学设计时注重教学逻辑的展开,才能将知识引入层层递进,进而水到渠成地展现物理本质。

(三) 教学设计应超越教材的局限

我国传统物理备课的"教材分析""教案撰写"强调经验的继承,强调对物理教材的感知和把握,但其固有的封闭性在相当程度上造成了"闭门造车"倾向[①]。

对比研究不难发现,很多中学物理教师在进行教学设计时,依据的"模板"主要是教材,而教学设计往往就是教材细化过程。教材编写虽然力求完备,但终究不能做到尽善尽美。有些教学环节的衔接存在逻辑漏洞,有些理论推导过程存在盲点。若完全依据教材进行教学设计,就会使这些逻辑漏洞、推证盲点成为学生知识体系中的潜在问题。

---

① 邓铸. 问题解决的表征态理论与实证研究 [D]. 南京:南京师范大学,2002:33.

对比研究不难发现，撰写论文的教师主要分为三类，中学物理教师、中学物理教研员、物理教学论工作者。由于学术背景不同，会导致研究风格迥异。研究表明，大部分中学教师与教研员在教学设计时往往沿用教材逻辑，只有少数中学教师及教研员会对本节课的逻辑顺序进行重新修正或重新设计；而物理教学论工作者对于问题的敏感度与洞察力要更高、更精准一些，在进行教学逻辑的安排与教学设计过程中，会有效地依据物理教学论的理论，对教学内容进行创新性设计，从而达到最佳的教学效果。

第二节　机械能守恒定律的教学设计研究

一、问题的提出

教学设计作为一门正式的学科起源于 1962 年，格拉泽明确提出"教学系统"概念并对教学系统进行了设计。20 世纪 70 年代，教学设计在改进培训中的价值越发突出，从而导致教学系统设计中各种模型数量激增。20 世纪 80 年代中期，教学设计引进我国，许多学者为教学设计理论与教学实践的融合做出了贡献。[①]

在物理教学领域，如何基于本土教学设计理论进行实践创新并成为具有我国特色的教学设计，对于促进我国中学物理教育教学改革，促进物理教师专业发展具有重要意义。有鉴于此，笔者以机械能守恒定律教学设计为例，进行了物理教学设计的比较研究。

二、物理教学设计模式比较研究

笔者查阅并筛选了《中国知网》2002—2016 年公开发表的 22 篇"机械能守恒定律"教学设计（图 4–3）。

由图 4–3 可知，机械能守恒定律教学设计的论文在 2011—2016 年明显增多，且江浙地区教师的论文占 45.4%。

研究发现，大部分教学设计是以过山车等生活实例引入，然后抽象成自由落体模型进行理论推导或者进行实验，最后进行数据分析归纳得出定理，缺乏对物理本质的诠释。为此，笔者将 22 篇教学设计归纳为以下 4 种模式进行分析，以期为机械能守恒定律的教学设计提供有益的启示。

（一）"分析归纳"型教学设计

"分析归纳"型教学设计，是一种通过分析归纳实验数据进而得出机械能守恒

---

① ［美］罗伯特·D·坦尼森，［德］弗兰兹·肖特，［德］诺伯特·M·西尔，［荷］山尼·戴克斯特拉. 教学设计的国际观［M］. 任友群，裴新宁，译. 北京：教育科学出版社，2005：1～9.

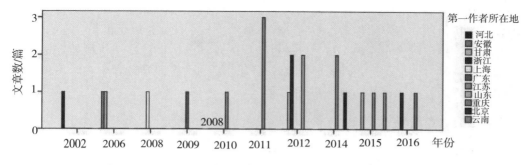

图 4 - 3　2002—2016 年研发表的"机械能守恒定律"教学设计

定律的教学设计模式。由于大部分用 DisLab、传感器以及 Data Studio 软件等实验设备，数据输出及处理更加方便，而且可以简化步骤，因而非常受中学物理教师的青睐。统计显示，这种模式的教学设计共有 8 篇，占 36%，且新课导入以简介生活和生产中的事例为主，如图 4 - 4。

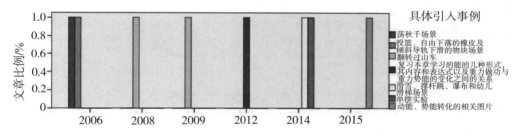

图 4 - 4　具体引入事例的"分析归纳"型教学设计文章比例

新课引入完成后，教师分析归纳出动能和势能相互转化，而且动能的变化量和势能的变化量相等，机械能保持不变。之后教师给出实验器材，学生分组自主选择实验器材并制定计划和设计实验，引导学生进行讨论，得出更优化的实验方案。学生进行实验并收集数据，通过分析动能和势能的数值关系得出结论。

笔者认为，"分析归纳"型教学设计其实是一种"泛技术观"的教学设计。所谓"泛技术观"，是指依据一定的学习与教学理念，开发运用各种产品形态的媒体和技术，以提高学习与教学能力的系统化的实践知识[①]。而"分析归纳"型教学设计正是采用计算机、多媒体、网络等技术，以自主合作探究的学习方式，充分体现学生为主的新型教学理念。其教学逻辑清晰，定律的建立也非常顺畅。但技术是一把双刃剑，它也具有两面性。设计者在充分利用现代信息技术的同时，也必须注意克服过度依赖信息技术，注重物理本质的挖掘。从这个角度分析，"分析归纳"型

①　[美]罗伯特·D·坦尼森，[德]弗兰兹·肖特，[德]诺伯特·M·西尔，[荷]山尼·戴克斯特拉．教学设计的国际观 [M]．任友群，裴新宁，译．北京：教育科学出版社，2005：1～9．

教学设计在机械能守恒定律的建构中，过多的依赖信息技术和学生的自主探究，而忽视了对机械能守恒定律物理本质的诠释。诚然，自主探究是以学生为中心的体现。但由于过多地依赖多媒体和实验，仅通过数据的观察分析而忽略了机械能守恒定律教学中的科学方法显化，物理思想展现等更为重要的内容，导致学生在学习机械能守恒定律之后，只知其然，而不知所以然。

（二）"直接推理"型教学设计

"直接推理"型教学设计，是一种通过特定场景抽象的模型，运用已学的知识，通过理论推导而建构新知识的教学设计模式。它更多地依托教材中给定的推导方式，其教学设计多以摆动的小球、自由落体以及光滑曲面滑下的小球为模型，其原型往往贴合过山车、瀑布、单摆等场景。以下是这种教学设计的基本模式（图4-5）。

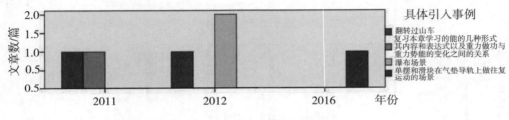

图4-5　"直接推理"型教学设计模式

设定 A、B 两点的动能分别为 E_{K1} 和 E_{K2}，重力势能分别为 E_{P1} 和 E_{P2}（图4-6）。据此，教师引导学生分别从动能定理和下落过程中重力对物体做功，在数值上等于物体重力势能的变化量，得出 $W_G = \frac{1}{2}mv_B{}^2 - \frac{1}{2}mv_A{}^2$ 和 $W_G = mgh_A - mgh_B$。由以上两式得出 $mgh_A - mgh_B = \frac{1}{2}mv_B{}^2 - \frac{1}{2}mv_A{}^2$，移项得 $mgh_A + \frac{1}{2}mv_A{}^2 = mgh_B + \frac{1}{2}mv_B{}^2$。教师引导学生对表达式的物理意义进行分析，得出 $E_{K2} + E_{P2} = E_{K1} + E_{P1}$。即在只有重力做功的物体系统内，动能与重力势能可以互相转化，而总的机械能保持不变。之后，通过引导学生分析只有重力做功即包含物体只受重力，不受其他的力，也包含物体除重力外还受其他的力，但其他的力不做功。[①]

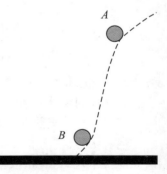

图4-6　球在 A、B 点的机械能

笔者认为，"直接推理"型教学设计多与教材内容大致相同，依托于教材并对教材内容加以补充，但存在一些尚未阐明的问题。第一，教师引导学生分别从动能

---

①　张国明.《机械能守恒定律》教学设计［J］. 教学信息，2012（2）：64.

定理和重力对物体做功两方面出发推导的物理本质是什么。第二，怎样理解在"只有"重力做功的系统内，总的机械能保持不变。因为没有讲清楚何为"守恒"，导致物理思想不明确。第三，对于"只有"重力做功的条件并没有从物理本质上解释清楚，仅通过简单的分析无法深入理解物理本质。

（三）"间接推理"型教学设计

"间接推理"型教学设计，是一种通过建立多种模型或者建立反向模型同时进行理论分析，对比得出实验结论的教学设计模式。这种教学设计既依托于教材，同时又是对教材的补充。从分布上来说，这种教学设计模型 2011 年之后出现的较多，且更注重模型的建构（图 4-7）。从推理方式来看，依然和教材给出的推理方式大致相同，引入方式也大多来源于生活和生产中的实际案例，以及自主创造的实验场景，便于将事例抽象成为探究的模型。其基本教学设计模式如下。

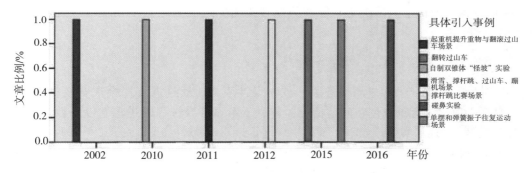

图 4-7 "间接推理"型教学设计文章分布

第一，教师给出情境 1（图 4-8）质量为 m 的小球自由下落，讨论在 B 点和 A 点机械能之间的关系。

第二，教师给出情境 2：跳伞员利用降落伞在空中匀速下落的过程中，分析运动过程中任意两位置机械能的关系。之后分析得出结论 1：在只有重力做功的物体系统内，动能和重力势能相互转化，而总的机械能保持不变。

第三，教师给出情景 3：同教材中给出的小球在光滑曲面下滑的问题。

第四，教师给出情景 4：光滑水平面上放一小球，小球和弹簧相连，弹簧左端固定在墙面上，如图 4-9 所示，现将小球向右拉到 A 位置后释放，观察小球能否回到 A 位置，如果能回到原位置说明了什么？探讨小球受力情况及各力做功情况。之后小组讨论得出结论 2：在只有弹力做功的物体系内，动能和弹性势能

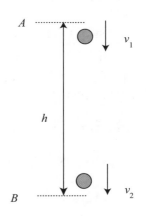

图 4-8 小球自由下落

可以相互转化，但机械能的总量保持不变。[①]

最后，总结结论 1 和结论 2，概括出机械能守恒定律的条件和内容。

图 4-9　小球受弹力做功时的运动情况

笔者认为，"间接推理"型教学设计素材更丰富，通过对比多种情境下得出的结论加以组合，得出最终机械能守恒定律。结论的得出依赖于多组实验的对比分析，组合归纳。但由于过多的依赖于多组实验结论的比较，却忽视了理论推理的逻辑性和物理本质的诠释。主要体现在以下方面：第一，以小球在只受重力的情境 1 与受多种力但只有重力做功的情境 2 的对比得出结论 1，忽视了"系统内保守力做功只是决定动能和势能转化的决定因素"的物理本质的诠释。第二，针对情景 3 和情境 4 所得出的结论 2，笔者认为情境 3 与情境 1 所要表达的物理意义大致相同，且结论 2 是对结论 1 的补充，实则并没有必要。弹力和重力同为系统内的保守力，因而只要理解"系统内保守力做功只是决定动能和势能转化的决定因素"这一物理本质就足以说明结论 2。

（四）"高端备课"教学设计模式

机械能守恒定律的"高端备课"教学设计模式，通过深度挖掘现有教材不足，以教育心理学为背景，创新问题情境，着意于彰显推导过程的逻辑性以及教学过程的自组织。[②] 其基本模式如下。

第一，创设光滑且对称的曲面内小球运动的情境（图 4-10）。

第二，引导学生聚焦小球从 A 下滑到最低点 O 的过程中机械能转化的定量关系，并自主设置解决问题所需的物理量。

第三，教师引导学生发现重力在此情境中扮演的"一力二用"的角色，即重力做功使物体的动能增大；另一方面，重力做功使物体的重力势能减小。之后明示学生在推导过程中需要采用"分离与控制变量"的方法并引导学生

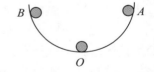

图 4-10　光滑且对称的曲面内小球运动

分别列出表达式。$mgh = \frac{1}{2}mv_0^2 - \frac{1}{2}m_A^2$ 与 $mgh = -（mgh_0$

$- mgh_A）$。联立得：$mgh_A - mgh_0 = mgh = \frac{1}{2}mv_0^2 - \frac{1}{2}mv_A^2$。

经过简单移项得 $mgh_A - mgh_0 = \frac{1}{2}mv_0^2 - \frac{1}{2}mv_A^2$。从而得出机械能守恒定律。

第四，由学生自主推导小球从最低点 O 到 B 点运动过程中重力势能和动能的转

①　王茹荣. 用物理科学方法设计"机械能守恒定律"教学［J］. 物理通报，2015（6）：73~74.

②　邢红军，胡扬洋，李蓓. "机械能守恒定律"的高端备课［J］. 课程教学研究，2014（9）：52~54.

化关系，并且分析是否与教师推导的结论一致。①

笔者认为，"高端备课"教学设计是更贴合学生的认知发展。其原因如下。

第一，"高端备课"更加注重情境创设的完备性，不盲目进行自主合作探究来体现"以学生为中心"的理念，不仅考虑学生认知状态的"被组织"阶段，也注重学生认知状态所必须经历的"自组织"阶段。小球自初始位置 A 下滑到最低点的过程由教师推导，为学生认知的"被组织"过程；小球自最低点上升到最高点 B 的推导过程为学生认知的"自组织"过程，因此要求学生自己推导，从而训练了学生的自主探究能力。

第二，"高端备课"注重科学方法显化。在定律推导过程中明确指出采用"分离与控制变量"的方法，对动能的变化和重力势能的变化分别研究，这有益于学生借助于科学方法把握物理推导的内涵。

第三，"高端备课"注重物理本质教育。从功能关系看，教学设计通过表达式说明重力做功是引起机械能转化的原因，机械能转化是重力做功的结果，诠释了"功是能量转化的量度"。从而说明系统内的保守力做功是动能和势能是否发生转化的决定性因素，并不会改变系统内机械能的总量，因而"只有重力做功"是机械能守恒定律的条件。

三、研究总结及启示

（一）创设简单完备的物理情境

物理情境创设要避免只注重情境的趣味性而忽略情境本身的科学性。根据统计，73% 的教学设计采用了简介生产和生活中的相关事例，其中以过山车的场景引入最多；除 5 篇教学设计单独采用过山车的场景外，还有两篇教学设计采用多场景展示的方式，其中也包含过山车的例子。18% 的教学设计采用了课堂演示实验的引入方式。其中包括常见的碰鼻实验以及单摆实验，自制的双锥体"怪坡"实验及光滑且对称的曲面内小球运动的实验。

笔者认为，情境创设的物理意义并不仅限在于此，而是应当更多地从学生的认知发展出发，给学生留有思维自主发展的足够空间。例如，自由落体模型和曲面内小球运动的情境，前者只实现了学生认知发展的"被组织"阶段，而后者既体现出机械能守恒定律中能量双向转化的特点，也体现了学生认知由"被组织"向"自组织"的转化。因而，创设物理情境应注重物理本质的体现以及学生的认知发展。

（二）注重科学方法显化

在机械能守恒定律的教学设计中，运用的科学方法为"分离与控制变量法"。

---

① 邢红军，胡扬洋，李蓓．"机械能守恒定律"的高端备课［J］．课程教学研究，2014（9）：52～54．

学生在学习过程中，难免困惑"动能和势能原本是同时变化的，而推导过程却可以在不考虑重力势能的情况下得出重力做功和动能的变化关系，以及在不考虑动能的情况下得出重力做功与重力势能变化的关系。"笔者认为，可以采用分离控制变量的原因在于：第一，重力做功引起动能变化的原因为重力产生加速度，加速度在时间的积累下改变运动状态，即改变物体的运动速度，而与速度有关的能量是动能，所以重力做功导致了动能的变化，因此，不需要考虑重力势能。第二，重力做功导致在重力的方向上有位移，即位置的变化，而位置的变化是重力势能改变的原因，因而重力做功是通过位置的变化与势能变化有关系，势能改变和重力做功的连接点是由于相同的竖直位移，所以推导时不需要考虑动能。显然，通过采用恰当的科学方法可以向学生诠释机械能守恒定律的物理本质，这样才能使学生真正理解物理知识。

（三）注重物理思想教育

笔者认为，机械能守恒定律教学设计中还应体现"守恒"和"转化"两大物理思想。"守恒"思想本质在于，物质复杂变化中总存在某些不变性[①]。然而，"守恒"不等于"不变"，这一点在教学中理应明确。机械能本身并不守恒，只有在只有重力和弹力做功的特定系统中，且系统内或者系统与外界之间没有机械能与其他形式的能发生转换，机械能的总量在初末位置才保持不变，系统内的机械能才能被认定是守恒的。"转化"是机械能守恒定律教学中的另一个重要物理思想。"转化"思想的本质在于转化过程中能量的"量"没有消失，但能量的"质"表现为从一种形式的能转化为另一种形式的能，即在机械能守恒定律中表现为动能和势能的相互转化。因而明确这两大思想对理解机械能守恒定律的物理本质以及对能量部分的发散思维学习起着至关重要的作用。

第三节 高中物理教学中两类场描述方式的对比研究

电场一章的教学是高中物理教学中的难点，但难点背后的原因是什么，却鲜有触及这一问题根本的洞见，从而导致这一问题一直没有得到真正有效的解决。有鉴于此，本文从描述场的两类不同方式出发，试图为这一问题的真正解决提供方略，为电场一章的教学提供启示。

---

① 邢红军. 初中物理高端备课［M］. 北京：中国科学技术出版社，2014：85.

一、"场"的两种描述方式

"场"的概念是物理学中的一个核心概念。"场"是除实物以外物质存在的另一种形式，既看不见也摸不着，但却实际存在。那么如何系统完整的描述"场"呢？这就存在两种不同的描述方式。

第一种方式是从力的角度来描述"场"。由于处于"场"中的物质会受到"场"的作用力，所以在描述"场"的时候，可以从"场"所产生的作用力着手，因为作用力反映了场的性质。通过研究同一物体在"场"中不同位置受力的情况，以及不同物体在"场"中同一位置的受力情况，可以发现，物体在场中所受的力与物体的性质无关而仅与场有关，进而定义描述"场"的物理量，这个反映"场"性质的物理量，即为"场强"，它表示单位物体在场中某点受到的作用力大小与方向。

第二种方式是从能量的角度来描述"场"。为了克服两个物体之间的相互作用力，就需要做功。当对"场"中的物体做功时，就会将能量从"场"转移至受力物体。这时，处于"场"中的物体就因位置的变化而具有能量，称之为"势能"。通过"势能"的确定，可以得到此时物体处于"场"中某一位置的"势"。若确定了势的参考点，就能求出此时处于"场"中物体在某点的势能，从而确定两点间的势差。由此可以反映出了势、势差、势能之间的关系。

至此，我们就明确了，对于同一个"场"，可以从不同角度来描述，如图 4－11 所示。由于场强和势都描述同一类场，它们之间必定存在着联系，因此，两种角度描述"场"的物理量也就存在着相互联系。

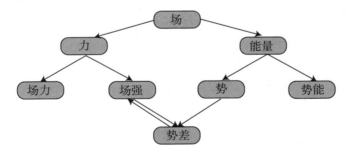

图 4－11　描述"场"的完整概念体系

二、重力场与电场的描述

基于上述讨论，下面分别阐述如何运用两类不同的物理量系统描述重力场和静电场的特性。

从力的角度描述重力场，需要引入重力及重力场强。以人教版为例①，人教版八年级下册通过生活中的现象，定义由于地球吸引而使物体受到的力叫做重力，并通过实验证明物体所受的重力跟它的质量成正比，$G = mg$。人教版高中物理教材将研究进一步扩展至任意两个物体之间的作用力，即 $F = G \frac{m_1 m_2}{r^2}$。虽然初中、高中物理教材使用大量篇幅对重力展开讨论，却并没有引入重力场强，而重力场强却是从"力的角度"描述重力场性质的关键物理量。

在高中物理教材中，教材从能量角度给出了重力势能表达式，即 $E_p = mgh$，却并未给出重力势的概念。由于重力势是从能量角度描述重力场的核心物理量，由此可见，在高中物理教材中，描述重力场的物理量是缺失的，重力场概念的建立是不完备的。

同样的道理，从力的角度描述"电场"需要借助场力及场强的概念。通过将试探电荷 q 放在电荷 Q 产生的电场中，电荷 q 在电场中不同点受到的电场力的大小一般是不同的，这表示各点的电场强弱不同，由此引出了电场强度的定义，并给出表达式 $E = \frac{F}{q}$。电场强度的引入，描述了静电场具有力的属性。

由于静电场是保守力场，所以还可以引入电势、电势能及电势差等概念，这是从能量的角度描述电场。设电量为 q 的电荷在静电场中某点的电势能为 E_P，则该点电势定义为 $\varphi = \frac{E_P}{q}$；又设在静电场中某点电势为 φ_A，另一点电势为 φ_B，且 $\varphi_A > \varphi_B$，则两点间的电势差为 $\varphi_{AB} = \varphi_A - \varphi_B$。处于电场中的电荷在电势差 φ_{AB} 两点间，由于受到电场力的作用或电荷间静电力的原因产生运动，就需要做功。当静电力做功时，就将能量转移给了电荷，这个能量以电势能的形势储存在电荷中。此时，电场力对该电荷做功与电荷势能变化之间的关系为 $W_{AB} = E_P = q\varphi_{AB}$。

由于电势 φ 与电场强度 E 描述的为同一静电场，两者之间必定存在着密切的联系。教材中以匀强电场为例，计算电荷从电场中一点移动到另一点所做的功，并运用两种方式计算，设两点间距离为 d，则公式为 $W = q\varphi_{AB}$；$W = Fd = qEd$；比较两个计算结果，得到 $\varphi_{AB} = Ed$。

由此可见，教材确实从力与能量两方面阐述了静电场的特性。但在实际教学中，静电场的教学却难以顺利开展，学生在电场一章学习时往往存在着很大困难。那么症结何在呢？

由表 4－1 可见，教材在重力场概念的建立时，无论是从力的角度还是从能量的角度，均没有将描述重力场的物理量完备设置。具体而言存在 3 个问题。第一，当

---

① 人民教育出版社，课程教材研究所，物理课程教材研究开发中心. 物理·选修 3—1 ［M］. 北京：人民教育出版社，2007：2 ~ 22.

表 4 - 1　重力场与静电场物理量对比

重　力　场		静　电　场	
重力	$G = mg$	电场力	$F = K \dfrac{q_1 q_2}{r^2}$
重力场强度	$\left(g = \dfrac{G}{m}\right)$ 缺失	电场强度	$E = \dfrac{F}{q}$
重力势	$\left(\varphi = \dfrac{E_P}{m} = gh\right)$ 缺失	电势	$\varphi = \dfrac{E_P}{q} = Ed$
重力势能	$E_p = mgh$	电势能	$E_p = qEd$
重力势与重力场强的关系	$\left(\varphi_{AB} = \varphi_A - \varphi_B = g\Delta h\right)$ 缺失	电势与电场强度的关系	$\varphi_{AB} = \varphi_A - \varphi_B = E\Delta d$

从力的角度描述重力场时，给出了重力 $G = mg$，却未给出重力场强 $g = \dfrac{G}{m}$。第二，

当从能量角度描述重力场时，给出了重力势能 $E_p = mgh$，但没有给出重力势 $\varphi = \dfrac{E_P}{m}$

$= gh$。第三，由于存在以上缺失，教材也没有给出重力势差与重力场强的关系 φ_{AB}

$= \varphi_A - \varphi_B = g\Delta h$。因此，正是由于描述重力场的物理量设置不完备，从而导致教材

没有能够清晰地建立起从力和能量两个角度描述重力场的物理图景，并最终导致学

生在电场学习过程中难以通过"类比"方式建立起理解电场的认知结构。

三、研究启示

基于上述研究，我们得出如下启示。

（一）完善重力场物理量的建构

如前述分析，现行教材在重力与重力势能的介绍时，缺乏对重力场强与重力势

概念的引入，这就使得虽然电场与重力场都为保守力场，但仅有重力与重力势能的

知识却无法对电场的学习构成帮助。

因此，在重力场教学中，应该从"场"概念的完整性出发，补全重力场的相关

物理量，帮助学生建构起重力、重力场强、重力势、重力势差以及重力势能这一完

整的重力场概念体系，以便为静电场的学习埋下伏笔。

（二）把握电场教学的本质

无论是易于理解的重力场，还是抽象难懂的静电场，都是物理学中"场"这一

物质存在形式的呈现，在学习重力场和电场之前，先要找寻到如何研究、如何分析

"场"的方法。这样不仅能够对每类"场"都建立起完整逻辑性的物理量，而且能

够将不同"场"的知识进行相互迁移。

因此，在学生建立"场"概念的认知过程中，就需要分别从力与能量的角度用

一系列物理量来描述。这些全新的物理量在引入时，要注意它们的"来源"和"分

类"。换句话说，要使学生认识到，采用"场强"和"势"来描述"场"，其实是"一个硬币的两面"。否则，在电场教学中，教师如果忽略了分类方法的"点拨"，导致学生对电场一知半解，并停留在"盲人摸象"的状况而缺乏对电场的整体认知。

（三）完善重力场物理量的建构

如前述分析，现行教材在重力与重力势能的介绍时，缺乏对重力场强与重力势概念的引入，这就使得虽然电场与重力场都为保守力场，但仅有重力与重力势能的知识却无法对电场的学习构成帮助。

因此，在重力场教学中，应该从"场"概念的完整性出发，补全重力场的相关物理量，帮助学生建构起重力、重力场强、重力势、重力势差以及重力势能这一完整的重力场概念体系，以便为静电场的学习埋下伏笔。

（四）采用类比法进行电场教学

采用类比方法进行教学必须有一个必要的前提，即后续知识的教学必须以前期知识的完整建构为基础。当类比的基础扎实而完善，类比就非常容易进行。以往静电场的教学之所以出现学生学习困难的状况，其原因并不在于类比本身，而在于静电场的类比教学缺乏可以类比的知识体系，这正是静电场教学困难的根本原因。

因此，在静电场的教学中，不仅要将重力场与静电场的概念逐一对比，更为重要的是，要通过重力场概念的再建立，更好地帮助学生了解"场"的基本物理量建立方法及分析方法，这不仅对于静电场的教学具有促进作用，对于中学生的物理学习也有着重要的意义。

第五章　物理科学方法教育

第一节　科学方法中心论

一、科学知识中心论

我国的科学教育，长期以来一直存在着鲜为注意的重大缺陷——这就是只重视科学知识教育而忽视科学方法教育。我们认为产生这种现象的根本原因在于，科学教育一直禁锢于"知识中心"的教育理念，对于科学知识与科学方法的关系、科学方法的教育功能等科学教育中的重大理论问题缺乏深入的思考，导致科学教育长期处于低水平而踟蹰不前。因此，在基础教育课程改革的深化阶段，认真探讨科学教育中存在的问题，切实加强科学方法教育的深入研究，就显得尤为紧迫和重要。

当然，目前科学教育中存在的问题，并不在于根本没有进行科学方法教育，问题在于：第一，不清楚科学方法在科学教育中所具有的特殊意义，甚至可以说是独特的、不可取代的意义，而仅仅将科学方法作为知识教学的引入条件或附庸；第二，科学方法与科学知识常有脱节现象，就是说，科学知识本来应当运用科学方法合乎逻辑的推导出来，然而，学生并未能感受到这种逻辑力量；第三，不重视科学方法的巩固，一旦进入概念、规律教学，尤其是进入解题，科学方法往往就被置诸不顾了；第四，科学方法的运用非常薄弱，如何帮助学生运用科学方法解决实际问题也未得到深入研究。

其实，早在 20 世纪 30 年代，科学学的创始人贝尔纳就一针见血地指出了科学教育的"先天不足"。贝尔纳认为"科学教育的目的有二：提供已经从自然界获得的系统知识基础，并且有效地传授过去和将来用来探索和检验这种知识的方法"[1]。贝尔纳指出，不幸的是，科学教育"正在后一个方面失败的最为明显"[2]。科学教育长期以来没有完善地实现传授给学生科学思维的方法和培养他们创造能力的目的，而且由于这两个目的是相互关联的，结果也就无法使学生"充分了解现有科学知识

---

① J·D·贝尔纳，科学的社会功能［M］．陈体芳，译．北京：商务印书馆，1982：340.

② 同①。

的全貌"①。

新近出版的国际著名期刊 *Science*，刊登了鲍雷（Baolei）教授等人所做的中美两国学生物理概念理解和一般科学推理能力的研究成果。他们采用力学知识理测验（FCI）、电磁学知识理体检测（BEMA）和一般科学推理能力测试（LCTSR）等国际广泛使用的测验工具，对四所美国大学和三所中国大学科学与工程专业的大一新生进行了测试。美国与中国大一新生力学知识测验成绩如下（图5-1、图5-2、图5-3、表5-1）。②

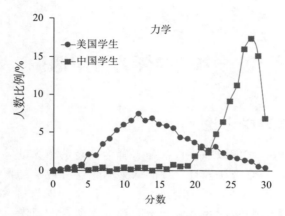

图 5-1　美国与中国大一新生力学知识测验成绩

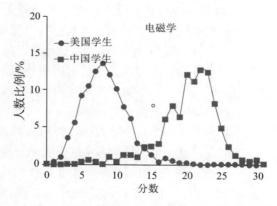

图 5-2　美国与中国大一新生电磁学知识测验成绩

图 5-1 为 FCI（力学知识理解测验）的结果，显示美国学生的力学知识成绩在

①　J·D·贝尔纳，科学的社会功能［M］．陈体芳，译．北京：商务印书馆，1982：340.

②　Lei Bao，Tianfan Cai，Kathy Koenig，Kai Fang，Jing Han，Jing Wang，Qing Liu，Lin Ding，Lili Cui，Ying Luo，Yufeng Wang，Lieming Li，Nianle Wu. *Learning and Scientific Reasoning*［J］. Science，2009（323）：586～587.

中等分数段分布较广，由于中国学生在 8～12 年级 5 年时间完成了近乎相同的广泛物理课程，这种教育背景导致了中国学生力学知识成绩的狭窄分布，成绩在分数段的 90% 附近达到峰顶（表 5-1 与图 5-2）。图 5-2 为 BEMA（电磁学知识理解测验）的结果，显示美国学生的电磁学成绩围绕着稍高于分数段的 20% 分布，而中国学生的成绩围绕着分数段的 70% 分布。

FCI 和 BEMA 的测试结果显示，初高中多样、缜密的物理课程直接影响了中国学生物理知识的学习，使中国学生在这些测验中表现出相当高的水平，而美国学生的成绩则远低于中国学生。

表 5-1　测验分数

测试内容	测验分数分布/%		
	中国学生 （n）	美国学生 （n）	产果 （大小）
力学知识	85.9 ± 13.9 （523）	49.3 ± 19.3 （2681）	1.98
电磁学知识	65.6 ± 12.8 （331）	26.6 ± 10.0 （650）	3.53
科学推理	74.7 ± 15.8 （370）	74.2 ± 18.0 （106）	0.03

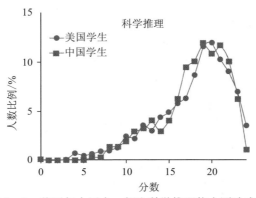

图 5-3　美国与中国大一新生科学推理能力测验成绩

LCTSR（一般科学推理能力测试）则显示出完全不同的结果（图 5-3）。中美学生成绩分布几乎相同。表 5-1 为测试结果的分析，统计显示，中美学生在 FCI 和 BEMA 测验上的差异达到了显著性水平，而在 LCTSR 测验上几乎没有差异。对测验结果的解释是：美国和中国的中小学知识教育之间的巨大差别并没有导致学生推理能力的不同。这一结果说明目前中国的科学教育和评价原则上往往对官能回忆的强调胜过了对科学推理的深入理解。

一般认为，我国学生比西方学生多花费两到三倍的时间做练习，掌握了良好的"基本知识和基本技能"（简称双基）。但是，我国学生的科学素养却明显与所花费的时间不成比例。鲍雷教授等人的研究提醒我们，在科学学习中，学生除了掌握知识，还需要掌握知识以外的东西。

怎样看待我国学生知识掌握水平远远超过美国学生，但科学推理水平却与美国学生完全相同的事实？也许，爱因斯坦的话可以为我们指点迷津。他说："学校始终应当把发展独立思考和独立判断的一般能力放在首位，而不应当把取得专门知识放在首位。如果一个人掌握了他的学科的基础，并且学会了独立思考和独立工作，就必定会找到自己的道路，而且比起那种其主要训练在于获得细节知识的人来，他会更好地适应进步和变化。"[①] 显然，在爱因斯坦看来，独立思考和判断能力应当放在学校教育的首位，而知识教育则只能放在次要位置。

LCTSR 测验包括比例推理、归纳和演绎推理、控制变量、概率推理、相关推理、假设评估等项目。这种测验不属于科学知识测验而是科学思维能力测验，它包含了强认知方法（strong cognitive methods）和弱认知方法（weak cognitive methods）的测验。强认知方法是特定专业领域的独特认知方法，往往与专业知识紧密结合，不容易区分。弱认知方法是可以被运用到各种问题解决过程中的一般策略和方法，与一般智力因素有着更为密切的联系。LCTSR 测验中的比例推理、控制变量、概率推理和相关推理属于强认知方法，而归纳和演绎推理以及假设评估等项目则属于弱认知方法。因此，LCTSR 测验实际上是一种有关科学方法方面的测验。

科学方法是人们在认识和改造客观世界的实践活动中总结出来的正确的思维方式和行为方式，是人们认识和改造自然的有效工具。在科学发展史上，作出创造性贡献的科学家，除了具有博大精深的理论知识外，还掌握了先进的科学方法。

科学课程整体上是由科学知识和科学方法组成的，通过科学方法揭示科学知识的获得和应用过程，并对科学知识在科学技术发展中的作用进行解读，有利于学生了解人类对自然界的认识，扭转传统科学教育由于缺乏科学方法而展现给学生被歪曲的科学世界图像，从而实现学生智力发展与知识体系建构之间的平行和同步。

近年来，随着新一轮基础教育课程改革的开展，人们的科学教育理念发生了变化，把"过程与方法"作为课程目标写入基础教育课程标准，体现了从知识本位向重视科学方法转变的科学教育思想。然而遗憾的是，重视科学方法的教育思想并未深入下去而是止步于理念层面不再前行。这表现在：基础教育各个学科课程目标中虽然都有"过程与方法"维度，但课程标准中却只有科学知识却没有相应的科学方法，这就使科学方法教育成为"无本之木，无源之水"。也就是说，我国科学教育重视科学方法的观念只在表面上实现了转变，但在本质上依然没有发生改变。

---

① A·爱因斯坦. 爱因斯坦文集［M］. 许良英，李保恒，赵中立，译. 北京：商务印书馆，1977：284.

二、科学方法的认识功能

在我国，由于受凯洛夫教育学的影响，多年来在教学中比较偏重知识传授而忽视学生的发展。近年来，不少教育工作者在教学中努力体现"传授知识立足于发展能力，寓能力培养于传授知识之中"，在促进学生能力发展方面积累了不少宝贵的经验。但由于对科学方法的重要性认识不够，理论上一直不能突破知识中心的禁锢，教学效果仍然难以尽如人意。

科学方法与科学知识虽然在本质上是统一的，但严格说来，两者又有不同的特点。科学方法与科学知识不同，它所涉及的不是物质世界本身，而是人类认识物质世界的途径与方式，是高度抽象的。科学方法也不直接由科学知识来表达，而是有它自己独特的表达方式，它往往隐藏在知识的背后，支配着知识的获取和应用。因此，它就具有科学知识所不具备的独特认识功能。

（一）导源功能

科学方法的导源功能是指科学方法作为独立存在的理论体系，对科学理论的形成起开源作用。这即是说，科学研究方法一旦形成就会对科学理论的发展起着决定性的作用。未被发现的科学理论犹如地下矿藏，而科学方法就是探矿的钻机。

杨振宁教授在对爱因斯坦的研究中发现，在狭义相对论建立以前，物理学的发展是由实验到方程、规律乃至整个理论体系，如经典力学、电磁学、热力学等都是遵循这样的发展途径，这是实验归纳的科学方法。在狭义相对论建立以后，这个过程被倒转过来，物理学家们首先是建立方程、理论框架，然后再回到实验，由实验来验证理论的真伪。如狭义相对论、广义相对论、量子力学、粒子物理学等都是这样，这是实验验证的科学方法。这个倒转意味着物理学研究方法的巨大进步，也标志着人类对自然的探索进入了一个新的更深入的层次。可以说，正是爱因斯坦率先采用的实验验证法改变了20世纪物理学的面貌，同时也生动地说明，科学方法对于物理学的发展起到了导源作用。

（二）突破功能

科学方法具有突破功能。科学发展的历史表明，科学中任何重大的进展和突破，都是在正确的方法论指导下，使用科学方法突破的。物理学发展史上著名的黑体辐射公式的得出很好地说明了科学方法的突破作用。

19世纪，人们由实验得出了平衡时辐射能量按波长分布的曲线。许多人企图用经典物理学来证明这种能量分布规律，推导与实验结果符合的能量分布公式，但都未成功。这个问题在当时甚至被称为物理学的"紫外灾难"。普朗克在1900年通过假设引入了量子概念，并使用内插法得出了与实验结果符合很好的经验公式。普朗克的工作是近代物理的一个里程碑，其重大突破的关键之处在于，他成功地运用了两个科学方法——假设法与内插法。

（三）中介功能

科学方法作为科学认识活动的中介物，是连接知识和现实的纽带，在科学理论的发展中起了桥梁作用。客观现实中的规律只有通过科学方法的参与，才有可能上升为知识形态，才能把科学认识中的概念、判断、推理与经验事实组织起来，形成逻辑严密的认识体系，进而揭示自然界的事实和知识之间内在的、必然的本质联系。可以说，科学方法是感性认识通向理性认识的桥梁。比如，人类对光的本质的认识和光学理论的产生，就是在光学实验的基础上经过长达二三百年光的波动模型与粒子模型的不断竞争、修正、丰富而逐步完善建立起来的。

（四）建构功能

科学方法是科学知识的脉络，它具有把科学知识联系起来并形成结构的功能。这是因为，科学方法作为基本的研究途径、方式和方法，与自然科学的概念、规律等一些知识的东西是相平行的，包含在自然科学的范畴之中。而且它是一种比概念、定理、定律、公式这类知识更稳定和更广泛的东西，它纵横交错、贯穿于整个知识领域之中，把不同的知识相互联系起来。如果把科学比喻为一条珍珠项链，科学知识是珍珠，那么科学方法就是连接珍珠的细线。缺少了细线的珍珠项链就不能称之为项链，而是变成了一捧散珠。"牵一发而动全身"，这很好地说明了科学方法的建构功能。

科学的本质是什么？物理学大师、诺贝尔奖获得者费恩曼教授有着独树一帜的见解，对于科学是什么这样一个命题，费恩曼直截了当地说："科学是一种方法，它教导人们：一些事物是如何被了解的，不了解的还有些什么，对于了解的，现在又了解到什么程度（因为任何事物都没有被绝对了解），如何对待疑问和不确定性，依据的法则是什么，如何思考问题并作出判断，如何区别真理与欺骗，真理与虚饰……在对科学的学习中，你学会通过试验和误差来处理问题，养成一种独创精神和自由探索精神，这比科学本身的价值更巨大。还要学会问自己：'有没有更好的办法来做？'"[①] 为什么费恩曼不认为科学是一种知识而认为是一种方法？这是因为，在费恩曼看来，科学的核心或者说全部就是科学方法。换句话说，科学方法比科学知识更重要。

我们目前的科学教育完全没有把科学方法置于特别重要的位置，这表现在《课程标准》、教科书、课堂教学等诸方面。这就使得我们的学生虽然掌握了某一学科的许多知识，却不懂得该门学科的科学方法及其价值，这种现象甚至在大学里也同

---

① 约翰·格里宾，玛丽·格里宾. 迷人的科学风采——费恩曼传［M］. 江向东，译. 上海：上海科技教育出版社，1999：156.

样存在。

前不久，来自台湾"清华大学"的教授程曜，在期末考试时向学生提了一个问题："什么是科学方法，物理学和你就读的学科方法有何不同？"令程曜吃惊的是，"竟然有一个生物系的学生回答，物理有很多要背，生物也有很多要背，非常不容易同时记住"。程曜教授感叹："我宁可相信他在和我开玩笑，不然我如何自处，到底是怎么教的。"①与程曜教授一样，我们每位教师不妨自问：自己所教学科的独特科学方法是什么？有哪些？恐怕大多数人未必回答上来。这种情况就很有可能导致我们的学生虽然学习了一门学科，但却没有掌握科学方法。因此，这样的科学教育充其量只能说是学生学过了这门学科，而不是掌握了这门学科。

众所周知，许多学生经过多年苦读，学习了大量科学概念、规律，做了许多习题，却不能有效地提高科学素养。他们的科学学习如同开了中药铺子，科学知识都被分散放在药柜上不同的小匣子里，由于缺少科学方法而不能形成一个有机的整体。这导致他们在面临科学问题时不能迅速判断，稍一动笔就错误百出。在理解科学问题的机制方面也是除了简单的分析外，不能准确表达自己的思想，不能完整地解决问题。许多人靠加倍的努力来改善这一状况，结果却是在药柜上开了更多的匣子。

三、科学方法中心论

怎样认识科学知识与科学方法的关系？长期以来，科学教育界一直对这个问题进行深入探讨并逐渐形成了知识中心教育观。其中，理科课程结构图（图5–4）②是其中一种有代表性的观点。

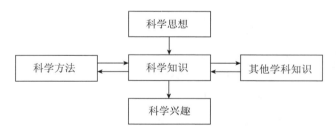

图5–4　理科课程结构

理科课程结构图形成了上（科学思想）、下（科学兴趣）、左（科学方法）、右（其他学科知识）、中（科学知识）5个区域。这种观点认为，科学知识处于"中心"地位。这里的"中心"，并不是说只强调科学知识而忽视其他，而是说其他要素的落实都要通过科学知识的教与学来进行，而不能另搞一套。③

①　程曜. 除了考试，他们不会推理，不敢提问题，不愿动手［N］. 新华每日电讯，2005 – 07 – 10.

②　郑长龙. 国际理科课程改革的思考［J］. 外国教育研究，2002（6）：23～31.

③　同②.

仔细分析理科课程结构图，我们发现这一结构既不符合科学发现认识论的基本法则，又不符合科学教育的逻辑顺序。科学发现认识论认为，现象是科学的根源，在科学发现过程中，科学现象与科学理论并不存在直接关系，科学现象要借助于科学方法的参与才能进一步形成科学理论。同样，科学理论的应用也不是直接完成的，它需要科学方法的介入才能成功解决问题，科学教育同样也是如此。因此，我们建构了基于"科学方法中心"的知识—方法结构图（图 5 - 5）。笔者认为这样的结构图才能准确地反映出科学知识与科学方法的关系。

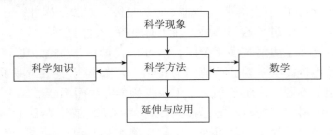

图 5 - 5　知识—方法结构

图 5 - 5 表明，知识—方法结构图主要包括 5 个部分：科学现象、科学知识、科学方法、数学以及延伸和应用。科学方法处于结构图的中心，分别与其他 4 个部分相联系。图中的箭头表示了不同部分之间的相互关系，不同部分之间也会发生联系，但这种联系须经由科学方法才能实现，科学方法起到桥梁和纽带的作用。从科学教育的实践来看，科学教育过程主要体现在知识—方法结构的两个认识途径上。

首先，在科学教育中，从科学现象出发，必须经过科学方法的加工整理才能获得科学知识。科学方法是科学现象通达科学知识的必经之路，既不可或缺，也无法逾越。这一认识途径反映了科学知识的获得过程，可以表示为：科学现象→ 科学方法→ 科学知识。这就是说，科学方法是获取科学知识的重要手段，学生只有掌握了科学方法，才能更快捷地获取科学知识。教学中只有借助于科学方法，才能使教学活动得以顺利进行。比如牛顿第二定律的建立，就需要应用实验法、控制变量法、图像法、曲线改直法、比例系数法等科学方法。显然，科学方法与科学知识形成了"源"与"流"的关系。

通过对科学方法的不断了解、积累和熟练，就能使学生形成一种借助于科学方法获取科学知识的心理定势。这样，学生就能够以快捷的速度去获取知识，进而通过在头脑中形成认知结构，深刻地领会和掌握知识，牢固地记住知识。还可以使学生产生一种对问题的敏感性，并能够用科学方法迅速地抓住问题的要害，找出解决问题的途径。这样一种心理定势，就是学生能力的表现。所以掌握科学方法，与学生能力的发展直接有关。[①] 因此，科学知识只有借助于科学方法才有生命力，才能

---

① 高凌飚. 在物理教学中应重视科学方法教育 [J]. 物理教师, 1992 (4)：1～4.

显示出其内涵、色彩，格调，才能显示出其内在的理由、作用和功能，学生学习过的知识才能真正活起来，这样才能提高学习效率。

不仅如此，学生要理解科学知识的内容，同样离不开科学方法。比如，许多物理量是通过比值法来定义的，如 $\rho = m/v$。这种定义方法只给出了物理概念之间的量的关系，没有明确这些概念中有哪些因果关系。只有进一步从本质上弄清比值定义法的内涵，才能使学生真正明白密度只决定于物质本身固有特性的性质。不把握好这一点，就容易得出"物质的密度与质量成正比，与体积成反比"的错误理解，这是初学物理的学生常犯的一个错误。只有了解了不同科学方法的本质区别与联系，了解了这些方法得以使用的条件，才能弄清科学知识的内涵以及不同层次知识之间的关系，从而形成知识的网络，达到对知识的真正理解。[①]

其次，科学方法还是科学知识应用的重要手段，是实现科学知识智力价值的桥梁。进一步说，从科学知识出发，必须通过科学方法的中介才能解决实际问题。这一认识途径反映了科学知识的应用过程，可以表示为：科学知识→科学方法→延伸与应用。仍以牛顿第二定律为例，在应用该定律解决实际问题时，就需要用到整体法、隔离法、正交分解法、图像法等科学方法。

科学教育中的知识应用认识途径表明，科学的概念、定律等知识，是人们赖以进行科学思维的基本细胞；没有科学知识，所谓智能活动就成为没有内容的空壳，是不可能存在的。但是，只有知识还不行，还必须有一定的方法或途径，使这些知识与科学的问题相互沟通，对知识进行选择、组合、运用，才能解决问题，形成智力活动。教学中学生如果没有学会通过科学方法在自己的头脑中把大量的知识编制成一个层次清晰、逻辑严密的结构或网络，就无法不断接收、容纳新的信息，就无法不断完善自己的知识系统。借助于科学方法，当学生解决实际问题时，各种各样的认知策略才能够迅速检索而无须搜肠刮肚地对照做过的题型，才有可能在处理前一个步骤时就在大脑中预感下一个步骤，根本无须暗暗回忆各种题型再思量其意义。即使学生进行创造性活动，也能凭直觉而非经验去探索正确的解决途径。

最后，科学方法作为科学的思维方式和行为方式，还蕴涵着能力价值。学生一旦将科学方法内化为自己的思维方式和行为方式，就能很好地促进能力的发展。浙江省教育厅教研室从 1989 年开始，积极推动广大教师结合教学实践，开展科学方法教育的研究。经过多年的探索，他们得到的结论是："方法是通向能力的桥梁，能力既依赖于知识，更依赖于方法。在某种意义上，方法本身是能力的一部分。能力培养可以从强化方法教育入手。"[②] 上海市总结近年来课程改革经验得出的结论是："能力与方法是密切联系的。一般地说，人们完成某方面任务能力的强弱，是与掌握方法的自觉程度与熟练程度密切相关的。可以认为，方法是能力的'核心'，是

① 浙江省教育学会中学物理教学分会. 高中物理方法教育研究［M］. 杭州：浙江教育出版社，1995：2.

② 张民生. 中学物理教育学［M］. 上海：上海教育出版社，1999：32.

对能力起决定性作用的因素。"① 这充分说明了科学方法在科学教育中处于中心地位。

综上所述，把知识本身作为教学目标，还是把知识作为工具和手段以掌握科学方法作为教学目标，这体现了两种完全不同的教育思想和教育结果。按照现代教育观，作为人类认识结果的知识固然重要，但探求结果的科学方法更加重要。因此，现代教育更关心怎样使传授知识的过程成为掌握科学方法、开发学生智慧的过程。② 因此，从知识中心向方法中心转变，是科学教育理论与实践发展的必由之路。

四、科学方法教育的实施

如何在科学教育中实施科学方法教育？笔者提出如下建议。

课程标准应当把科学方法作为课程内容。

课程标准是编写教材的指导性文件。在制订中，除了要考虑科学的基本概念、基本规律、基本实验，还应当把科学方法作为课程内容之一，把科学方法摆到重要的地位。这既是科学教育规律的必然要求，同时也是课程标准制订中课程目的与课程内容相互对应的逻辑体现。

科学方法虽然与科学知识相互依存，但又有一定程度的相对独立性。科学方法与科学的概念、规律等科学知识一样具有独立的体系。因此，科学方法是客观存在的，具有客观实在性，也就毋庸置疑地成为科学课程内容。

科学方法教育既需要潜移默化地熏陶，又需要进行着意训练。在当前科学教育普遍忽视科学方法的情形下，尤其应当给予科学方法以特别的重视，在制定知识教学目标的同时，制定出相应的科学方法教育目标。要明确不同阶段科学方法教育的重点、难点，对于不同的科学方法，提出不同的要求并结合学生的认知水平和具体的教学内容制订出可操作的培养计划。

教材编写应当显化科学方法。

教材作为一个教学基本内容的书面材料系统，对于安排教学过程以形成学生的认知结构、能力结构和品格结构，具有知识载体、教学指导和实用参考的作用。可以说，教材体系以什么为核心，在最基础的层次上决定着教育的质量。

受到科学知识中心论的影响，长期以来我国的科学教材通常对科学知识采用显性处理，而对科学知识的内在关系和科学方法采用隐性处理，即不在课文中写明。这种处理方式的出发点是让学生在学习过程中自己去感悟，但实际上由于科学方法的隐蔽性特点，很多教师尚且不能充分了解教材中科学方法的全貌，更遑论处于学习阶段的学生。因此，教材的隐性处理方式就造成了科学方法教育的放任自流，从而影响了科学方法教育的效果。

---

① 袁振国. 反思科学教育 [J]. 中小学教育，1999（12）：2~4.
② 同①。

教材编写显化科学方法，并不是说脱离开具体的知识而只讲方法，而是说应当强调、突出科学方法，按照科学方法所展示的路子去编写教材。采用科学方法的显化方式来编写教材，逻辑明确，脉络清晰，容易使学生在学习中建立良好的认知结构，并形成有序的知识结构。这样培养出来的学生往往具有很强的分析问题和解决问题的能力，这正是素质教育所追求的目标。

（一）按照科学方法的逻辑设计教学程序

我们目前的教学，往往是从传授知识的角度来设计教学的程序。这样做虽然也能使学生从中学到一些科学的方法，但学生对科学方法的理解往往是表面的、肤浅的并且是零星的、不连续的，收效甚微。

如果按照科学方法的逻辑去组织教材，安排教学进程，即把方法教育作为教学活动的核心，则情况就大不一样。比如，《欧姆定律》的教学可以这样设计：如何研究问题（实验法）→ 如何实验（控制变量法）→如何分析实验数据（图像法）→ 如何得出定律的表达式（经验公式法）。显然，科学方法贯穿于整个教学的过程。

这样来进行《欧姆定律》的教学，把科学方法体现在知识的认知过程中，按照学生的认知模式进行教学，使学生清楚地了解到教学的过程，进而引导学生去经历这一过程，从而使学生真正领略到科学方法和科学知识的内涵，并得到能力的提高。

（二）让学生应用科学方法解决实际科学问题

在科学教育中进行科学方法教育，必须结合实际问题进行。这是因为，科学方法的真正掌握，必须要在探索和发现之中进行，这正是科学方法与科学知识的不同之处。

科学知识既可以运用接受学习模式教学，又可以运用发现学习模式进行教学，而科学方法必须运用发现学习模式才能使学生真正掌握。学生不亲自经历运用科学方法进行发现的探索，就很难发现科学方法的关键与要素，更难体会科学方法某些可以意会，难以言传的奥妙之处。而这种探索的过程，正是学生将科学方法内化为自己认知图式的过程。一旦学生完成这一过程，科学方法便成为学生认知结构中的"信息"单元，就可以随时调用，从而得到能力的发展。

因此，为了使学生掌握科学方法，在科学教育中，必须创设良好的认知情境，让学生主动地观察、讨论、思考、实验，并对学生的探索进行指导，使学生沿着科学的思路与方法去探索，从而在不知不觉之中掌握其中所运用的科学方法。

第二节　从隐性到显性：物理科学方法教育方式的重要变革

本文在吸收和借鉴国际科学教育研究成果的基础上，对物理科学方法教育方式进行梳理，分析不同教育方式的内涵及其产生的原因，提出科学方法显性教育的观点，以期对物理科学方法教育以有益的启示。

一、隐性教育方式——重在"渗透"

采取何种方式进行科学方法教育，与人们对科学方法属性的定位密切相关，对科学方法属性的认识不同，选取的教育方式就存在差异。通常人们认为，科学方法与一般的物理知识不同，它所涉及的不是物质世界本身，而是人类认识物质世界的途径和方式，是隐藏在知识背后的东西，是高度抽象的。同时，科学方法支配着物理知识的获得和应用，是形成知识结构的纲领和脉络。基于这些认识，物理科学方法教育逐渐形成了隐性教育方式。

所谓隐性教育方式，就是在科学方法教育过程中，隐蔽地发挥科学方法的导向作用，使学生受到科学方法的熏陶，一般在教学过程中不出现科学方法的名称，也不对科学方法的内容进行解释。其主要特点是通过知识教学渗透科学方法，也就是在知识教学过程中，同时渗透研究问题的方法，或按照研究问题的方法、思路展开知识教学，使科学方法教育和知识教学有机结合在一起，以达到整体优化的目的。[①] 在这种教育方式指导下，物理教学中出现了许多科学方法教育的具体途径，比如结合物理概念、规律进行科学方法教育，通过物理学史渗透科学方法教育，挖掘物理实验中的科学方法因素，等等。可以说，科学方法隐性教育方式的提出，客观上促进了物理科学方法教育的推广。

虽然科学方法隐性教育考虑到学生的知识基础，强调渗透和铺垫，追求学生在潜移默化的熏陶中，水到渠成地体会和领悟科学方法。然而，隐性教育方式在物理教学实践中并没有取得理想的效果。其原因在于，从理论上看，教育的一个主要特点就是有意识、有目的地影响人，而隐性教育恰恰忽视了这一点。对学生而言，多年的学习已经习惯于教师讲什么就学什么，教师强调什么就注意什么，教师没有明确强调的内容就不去思考，形成了紧跟考试大纲的意识。在这种情况下，期望学生能够意识到隐藏在知识背后的科学方法、体会到教师良苦用心渗透的科学方法，只是一种一厢情愿的想法。从学习规律上看，学生没有意识到的内容根本无从谈及思维的积极加工。进一步，由于科学方法隐藏在知识背后，比知识更难以理解，知识教学尚需显化，需要详尽地讲解、练习、巩固，科学方法教学如若含而不露、点而不破的话，结果可能是徒增科学方法教学的难度，降低科学方法教育的效果。

受隐性教育观点的影响，一些科学方法教育的基本理论问题没能得到深入探讨。这导致在教学实践中，很多物理教师对科学方法了解甚少，不清楚科学方法的教育内容，不知道科学方法的内涵和意义，不懂得科学方法的使用条件和步骤。教学中要么蜻蜓点水般简单掠过，要么根本就没有进行科学方法教育。

对于科学方法的隐性教育，国际科学教育研究得到的结论是：从隐含的印象中

---

① 周国强. 物理方法教育与物理教材改革 [J]. 课程·教材·教法，1996 (6)：10～14.

得出的认识将是混乱不清和一堆零散的概念。① 从这种观点出发，笔者认为，隐性教育方式对于教学可能起积极影响，也可能起消极影响。事实上，认识和理解科学方法的关键一步就是"显性化"，只有认识到这一点才能够对目前物理教育中的科学方法教育方式加以检讨、修正或应用。实际上，从教学论的观点看，一方面教学过程是传递、掌握和批判显性知识的过程；另一方面，教学过程也可以说就是一个使缄默知识显性化并得到检讨、修正和应用的过程。② 由此看来，隐性教育不仅在科学方法的教育效果上表现不佳，在理论上也缺乏坚实的基础。希望通过隐性教育方式来进行物理科学方法教育，其效果在很大程度上是事倍功半的。

二、隐性—显性方式——追求"融合"

针对隐性教育方式的不足，并考虑到物理科学方法教育的特殊内容和目的，一种隐性—显性教育的教学方式逐渐形成。所谓隐性—显性教育方式，就是在教学过程中对科学方法先隐性渗透，后显性提出。具体来说，就是教师按照一定的教学程序进行知识教学，把科学方法隐藏在知识背后而不明确宣讲其逻辑结构，在知识教学之后，提出所用科学方法的名称，引导学生体味和反思科学方法。

隐性—显性教育方式不同于隐性教育方式的最大特点就是渗透科学方法之后追求显化，追求多个角度、多个层面的"融合"。"融合"在这里有多层含义，一是方法与知识的融合，知识在方法的操作下得出，方法在知识的推导中得以体现，科学方法教育要与知识教学相结合；二是科学方法之间的融合，任何一个定律或者理论的得出都是多个科学方法共同作用的结果，各个环节的科学方法要相互照应，不同层面的科学方法之间也要相互支撑；第三层意思就是隐性和显性各有所长，在教学中需要将两者融合起来，在不同阶段采取不同的教育方式，发挥各自的优势，使学生能够真正理解科学方法。教学实践中，隐性—显性教育方式主要有两种：一种是隐性为主，显性为辅，显性教育的关键是隐性渗透，只有在教学过程中把隐性教育的文章作深、做透，才能在最后显性教育时水到渠成、顺理成章，才能使学生真正理解其实质；③ 另一种是将科学方法教育分为隐性化学习阶段和显性化教学阶段，前一阶段学生运用了所要学习的特定方法，但学生处于无意识状态，后一阶段引导学生发现该方法的表现形式及相应的运用条件，并结合自己的实际运用经历，增强对科学方法的理解。④ 隐性—显性教育方式，试图将科学方法的渗透和明了结合起来，既重视引导学生做好准备和铺垫，又强调讲清楚科学方法的内涵、意义、特点

---

① Bell, R. L., Lederman, N. G., and Abd–El–Khalick, F. *Implicit versus explicit nature of science instruction: An explicit response to Palmquist and Finley* [J]. Journal of research in science teaching, 1998 (35)：1057 ~ 1061.

② 石中英. 知识转型与教育改革 [M]. 北京：教育科学出版社，2005：239.

③ 刘力. 新课程理念下的物理教学论 [M]. 北京：科学出版社，2007：187.

④ 陈刚，舒信隆. 新编物理教学论 [M]. 上海：华东师范大学出版社，2006：101.

和步骤，应当承认，这在一定程度上促进了学生对科学方法的理解和掌握。

虽然隐性—显性教育方式关注到隐性教育的不足，并试图将科学方法的显性教育与之融合，但从根本上说，这种脱胎于隐性教育的方式，其本质上依旧是隐性教育。隐性—显性教育方式强调隐性教育的铺垫和渗透，视隐性教育为科学方法教育的关键，追求隐性教育之"水"达成到显性教育之"渠"，仍然将科学方法教育的重点放在隐性教育上。而显化阶段，只是在隐性阶段"做足"后，才总结出科学方法的名称，反思科学方法的特点，这样的处理更多的是让学生记住一些科学方法的名称，却无法使学生深刻理解科学方法。比如在高中电场强度的教学中，教材虽然明确提到了用电场力 F 和电荷量 q 的比值定义电场强度 E，甚至给出了比值定义法的名称，但由于不能显性化地进行科学方法教育，结果学生仍不明白为什么要用两个物理量相比来定义电场强度。这样看来，在隐性教育之后添加某种程度显化的做法充其量只能算是隐性教育的一种延伸，一种变通，隐性教育的思路从根本上并没有多少实质性地改变。

隐性—显性教育不仅体现在教育方式上倚重隐性，而且在科学方法教育内容上表现为缺乏明确的教学内容和教学要求。这就导致了以下后果：①长期以来，人们对科学方法教育缺少系统深入的研究，表现之一就是物理课程至今没有明确的科学方法教育内容；②在进行科学方法教育时，教师不清楚该教哪些科学方法、教到何种程度，甚至没有进行科学方法教育，学生也不清楚怎样去学习科学方法；③许多科学方法教育方式的研究往往脱离教育内容而展开，由于教育方式应当与教育内容相匹配，因此，这样的研究往往是空中楼阁，一般经不起推敲。

当然，如果以发展的眼光看待隐性—显性教育方式，把它视为一种沿着显性方向继续前行的过渡，那么科学方法教育的显性方式就应运而生。

三、显性教育方式——强调"明了"

针对物理科学方法隐性教育的不足，笔者提出，物理科学方法教育应当采用显性方式。所谓显性教育，是指进行科学方法教育时，明确指出这种科学方法的名称，传授有关该方法的知识，揭示方法的形式，挖掘方法的内涵，说明方法的使用条件。也就是说，教学中教师公开进行科学方法教育，学生有意识地接受科学方法训练，方法教育的形式是外显的，所以称为显性教育方式。

科学方法的显性教育明显区别于隐性教育。隐性教育重视渗透，显性教育强调"明了"。显性教育针对以往科学方法教育中存在的模糊、随意等弊端，旗帜鲜明地要求科学方法的名称、形式、内涵、条件、步骤等都必须明确地传授给学生。这种教育方式认为进行真正的科学方法教育，就必须按照方法教学和方法训练的要求，在教学内容与方式、教学准备与条件、学习发生与熟练等方面开展明确、系统、细致的教学，让学生一开始就明确学习任务、清楚学习过程，围绕方法内容展开学习，在练习和应用中不断加深对科学方法的理解和认识。

教育内容决定教育方式，因此，进行显性教育必须确定教育内容。从一定意义上来说，全部课程的问题就是内容问题，课程的设计、课程的目的、课程的评价以及课程的实施，都可以理解为围绕着课程内容的安排及其结果展开的。①

　　基于此，笔者提出，物理科学方法的教育内容主要包括三部分：思维方法、物理方法和科学方法观。思维方法是物理智力活动的核心，主导着科学思考，在物理知识中具有较强的逻辑力量，成为组织教学过程和构建物理知识网络的经脉。物理方法是物理知识建构中特有的方法，如比值定义法、理想模型法等。这类方法具有较强的加工功能，是物理教学历来重视的内容。科学方法观是人们对于科学方法的一些认识，在提高人们的科学素养方面具有重要的意义。这三部分内容关注科学方法教育的不同侧面，都是科学方法教育应该包含的内容，它们的特点各异，因此，显性教育的具体方式也就有所不同。以下分别进行阐述。

（一）训练思维方法，培养思维能力

　　思维方法是在人脑内进行的操作过程和方式，主要包括抽象、概括、判断、推理、比较、分析、综合等方法。思维是大脑的功能，思维方法在头脑中对研究对象进行加工和处理，是大脑的功能的表现。由于思维方法应用广泛，不需要特定的知识，所以思维方法属于弱认知方法。

　　由于思维方法的生理基础是人的大脑，因此思维方法的掌握必须通过训练来得到强化。事实上，无论是物理现象的观察、物理数据的测量、物理模型的抽象、物理概念的形成、物理理论的建立，还是应用物理理论解决实际问题，都离不开思维方法。这就充分说明在物理教学中训练思维方法，离不开物理知识的发现和建构，思维方法的训练要与物理知识相结合，要在各种物理活动中促进思维方法的发展。比如"人骑自行车转弯需要倾斜多大角度"问题的解决，就需要学生通过分析、综合、抽象、概括等思维活动建构物理模型，同时需要结合力矩平衡原理、圆周运动公式等物理知识才能顺利解决问题。

　　在物理教学中进行思维方法的显化教育，就是要进行公开的、系统的训练。要深刻理解思维方法的内涵，而不是局限于思维方法的肤浅表面；要深入挖掘物理知识蕴涵的思维方法，而不是将两者剥离开来；要将思维方法的训练与物理知识的建构联系起来，而不是抛下思维方法只顾物理知识的构建。唯有如此，才能将思维方法显化教育落在物理教学的实处，才能使学生的物理能力得到真正的发展。

（二）传授物理方法，发展物理能力

　　物理方法是思维方法与物理知识相结合而产生的物理学特有的研究方法，属于强认知方法。强认知方法的学习与弱认知方法的学习不同，它需要更多的专业知识，这就要求需要外部信息的直接输入和大量存贮，即需要传授。

---

① 丛立新．课程论问题［M］．北京：教育科学出版社，2007：286.

一般来说，物理方法具有一定的逻辑顺序，转化为操作就是较为固定的步骤。按照这些步骤不仅可以获得正确的知识，而且可以体验到知识背后的逻辑力量。传授物理方法，就是要将思维方法和物理知识相结合，按照一定的逻辑顺序，采取一定的步骤，对物理知识进行加工，在获得知识的过程中，展示物理方法的内涵、意义、条件、步骤，并逐步引导学生发现、体会、掌握物理方法。比如牛顿第二定律的建立，就需要应用控制变量法、化曲为直法、比例系数法等科学方法。显然，教学中教师应该向学生进行这些科学方法的显性教育。

在应用物理知识教学中进行物理方法教育，同样要突出物理方法的显化，务必讲清楚应用物理方法的条件、步骤和意义，引导学生深刻理解应用物理方法的每一个环节，把握住每一步骤的操作要领，使学生能够从头脑中提取出物理方法，运用于物理问题解决中，真正获得物理能力的提升。仍以牛顿第二定律的教学为例，在应用该定律解决问题时，就需要用到另外一类物理方法——隔离法、整体法等科学方法。教学中教师应当明确向学生讲清楚这些方法的特点与使用范围，从而让学生得到这些科学方法的训练。

（三）积淀科学观念，形成科学素养

科学方法观是人们对科学方法的一些观念和认识。与科学方法其他教育内容不同，科学方法观关注更多的是科学方法的哲学思考，而不是如何探索自然界本身。科学方法是科学本质的核心，有效的教育必须恰当地集中精力，针对具体的受众，要直接明了地提出，不能是隐晦和含糊的。[1] 所以，科学方法观的显化方式，与思维方法和物理方法不同，主要采用教师引领的方式，并组织学生进行讨论。

物理学史和社会生活中存在着许多大事件，有些事例对自然科学产生过重大的影响，其中蕴含着丰富的科学方法观，都是进行科学方法观教育的鲜活素材和绝佳途径。教师在教学中要明确地宣讲相关的科学方法观，讲清楚它们的价值取向、内涵以及现实意义，并组织学生结合具体事例进行讨论，以引发感悟、加深理解，引导他们形成正确地科学方法观。

物理科学方法显性教育，着眼于学生科学素养的形成，植根于方法教育内容的确定，落脚于学生科学方法的掌握。这就使显化教育成为一种理论上自洽，实践上可行的科学方法教育方式。因此，有理由相信，随着科学方法教育研究的不断深入，显性教育将会得到越来越多的共鸣，将会在物理教育实践中发挥越来越大的作用。

第三节　物理课程改革背景下的科学方法教育

科学方法教育，如同物理教学中的其他基本问题一样，总是随着人们对其本质认

---

[1]　Hugh G. Gauch，Jr. 科学方法实践［M］．王义豹，译．北京：清华大学出版社，2006：304.

识的深入而逐步发展的。物理教学的历史表明，人们重视科学方法，正是由于它在物理教学中所具有的独特、甚至是不可取代的重要作用。特别是新一轮物理课程改革把"过程与方法"作为课程目标以来，人们对科学方法给予了更多关注。然而，尽管这项改革一直在进行，可是人们对于科学方法教育的争论，却一直未曾止息过。

物理教学中的科学方法教育，可以说是物理教学中最不清楚的问题之一。自从伽利略首创实验、科学思维和数学演绎三者巧妙结合的科学方法以来，人们一直把科学方法作为物理学的基础加以研究。但是，在物理教学领域，科学方法的教育价值、科学方法的教育内容以及科学方法的教育方式问题，人们却有意无意地忽略了。这种情况到目前为止，可以说基本上没有什么改变，虽然许多物理教育工作者在这方面作了一些工作，推进了这项研究的发展。然而，还应当清醒地认识到，当前我国物理课程改革的重要基础之一，即科学方法教育问题，依然未能得到很好解决。

我们这个研究工作的目的，就是一方面从科学方法教育研究的已有成果出发，去重新审视科学方法教育存在的问题；另一方面，尝试从新的理论视角，去揭示科学方法教育的规律，以期对当前物理课程改革以有益的启示。

一、科学方法的教育价值

为什么要在物理课程改革中强调科学方法教育？对此，普通高中和义务教育《物理课程标准》均并未给出明确回答。当前，对这一问题的认识，主要体现在《物理课程标准》的有关解读中。

《物理课程标准》解读指出："物理能力是顺利解决物理问题的个体心理特征。物理能力的基本要素是物理知识和物理技能，对知识的深刻理解和对技能的熟练运用从而形成知识和技能的广泛迁移，即成为能力。学习物理学的方法对物理能力的形成具有积极的作用。"[1]显然，这就把科学方法排除在物理能力要素之外，而只是认为对物理能力的形成具有积极作用。应当说，这种观点不仅对科学方法教育价值的理解存在偏差，而且与我国物理教学改革实践所得出的结论也不一致。

浙江省教育厅教研室从1989年开始，积极推动广大物理教师结合教学实践，开展科学方法教育的研究。经过多年的探索，他们得到的结论是："方法是通向能力的桥梁，能力既依赖于知识，更依赖于方法。在某种意义上，方法本身是能力的一部分。能力培养可以从强化方法教育入手。"[2] 上海市总结近年来物理课程改革经验得出的结论是："能力与方法是密切联系的。一般地说，人们完成某方面任务能力的强弱，是与掌握方法的自觉程度与熟练程度密切相关的。可以认为，方法是能力的'核心'，是对能力起决定性作用的因素。"[3]这充分说明，科学方法应当作为物理能力的要素。

科学方法不仅是物理能力的要素，同时还是物理课程的重要内容。科学方法作为

① 廖伯琴，等. 中学物理课程改革的目标与实施［M］. 北京：高等教育出版社，2003：73.
② 浙江省教育学会中学物理教学分会. 高中物理方法教育研究［M］. 杭州：浙江教育出版社，1995：2.
③ 张民生：中学物理教育学［M］上海：上海教育出版社，1999：32.

人们认识和改造客观世界的实践活动中总结出来的正确的思维方式和行为方式，作为一种基本的研究途径、方式，它与物理学的概念、规律等一些知识的东西是相平行的，包含在物理学的范畴之中。与知识不同的是，科学方法涉及的不是物质世界本身，而是人们认识物质世界的途径与方式，是高度抽象的。因此，科学方法并不直接由物理知识内容来表达，而是有它自己独特的表达方式。可以说，科学方法也是一种"知识"，而且是一种比概念、定理、定律、公式这类知识更加抽象和隐蔽的"知识"。因此，作为与物理知识相平行的"知识"，科学方法就毋庸置疑地成为物理课程的内容。

明确把科学方法作为物理课程内容具有重要意义。既然是物理课程的内容，科学方法就应当有明确的教学目标与教学要求，包括：教什么，教多少，教到什么程度，如何评价教学效果，等等。这就把科学方法教育引向了深入。

科学方法不仅是物理课程的内容，而且它还是获取物理知识的途径和手段，是理解物理知识的纲领和脉络，是应用物理知识的桥梁。从知识结构形成的角度看，科学方法作为一种基本的研究方式，它纵横交错、贯穿于整个知识领域之中，把不同的知识相互联系起来从而形成知识结构。从认知结构形成的角度看，只有通过科学方法的参与，才能使客观存在的知识结构转化为学生头脑中的认知结构。通过学生对新知识的加工、组织、简化、记忆、系统化重建及应用等过程，原有的认知结构会演变为更加清晰牢固的新的认知结构。所以，在教学中，学生如果没有学会通过科学方法在自己的头脑中把大量的知识编织成一个层次清晰、逻辑严密的结构或网络，就无法不断接收、容纳新的信息，也就无法不断完善自己的知识结构。进一步，随着学生对科学方法的不断了解、积累和熟练，在应用物理知识解决实际问题时，各种各样的科学方法就能够迅速检索而无须搜肠刮肚地对照做过的题型，就可能在处理前一个步骤时在大脑中预感下一个步骤，根本无须暗暗回忆各种题型再思量其意义。即使学生在进行创造性活动时，也能凭科学方法而非经验去探索到正确的解决途径。因此，物理教学效果的好坏，在很大程度上取决于是否使学生学到了物理学的思想和方法。

按照现代教育观，作为人类认识结果的知识固然重要，但探求结果的科学方法更加重要。因此，现代教育更关心怎样使传授知识的过程成为掌握科学方法、开发学生智慧的过程。如果学生学习了一门学科，但没有掌握科学方法，那么，充其量只能说他们学过了这门学科，而不是掌握了这门学科。

二、科学方法的教育内容

科学方法的教育内容，是当前物理课程改革中被忽视的另一个重要问题。

物理课程整体上是由物理知识和科学方法组成的。也就是说，物理知识与科学方法在物理课程体系中的表现形式应当是一致的。然而，《物理课程标准》对于物理知识与科学方法的处理却并不如此。比如，高中《物理课程标准》中有 174 个知识点，初中《物理课程标准》中有 114 个知识点，不仅数量清楚，而且内容与要求一目了然。但初高中《物理课程标准》中却没有科学方法的相关内容。

为了进一步研究这个问题，我们分析了高中《物理课程标准》，其"过程与方法"的课程目标是：

（1）经历科学探究过程，认识科学探究的意义，尝试应用科学探究的方法研究物理问题，验证物理规律。

（2）通过物理概念和规律的学习过程，了解物理学的研究方法，认识物理实验、物理模型和数学工具在物理学发展过程中的作用。

（3）能计划并调控自己的学习过程，通过自己的努力能解决学习中遇到的一些物理问题，有一定的自主学习能力。

（4）参加一些科学实践活动，尝试经过思考发表自己的见解，尝试运用物理原理和研究方法解决一些与生产和生活相关的实际问题。

（5）具有一定的质疑能力，信息收集和处理能力，分析、解决问题能力和交流、合作能力。

进一步，在《物理课程标准》的内容中，也只有知识而无科学方法。以高中物理共同必修模块的物理1的"相互作用与运动规律"的内容标准为例：

通过实验，探究加速度与物体质量、物体受力的关系。理解牛顿运动定律，用牛顿运动定律解释生活中的有关问题。通过实验认识超重和失重现象。通过实验测量加速度、力、质量，分别作出表示加速度与力、加速度与质量的关系图像，根据图像写出加速度与力、质量的关系式。体会探究过程中所用的科学方法。①

"探究过程中所用的科学方法"是什么？显然，《物理课程标准》并未给出。这种对科学方法的处理方式在《物理课程标准》中比比皆是。

这种情况就导致长期以来我国物理教材一直对物理知识采用显处理，即明确表达出来。而对科学方法则采用隐处理，即不明确表达出来。因此，教师在科学方法教育中更多地采用隐性方式。即不明确指出科学方法的名称，不明确揭示科学方法的内涵，不明确展开科学方法的过程。由于隐性教育不能使学生获得对科学方法的理性认识，不能使学生有意识地学习科学方法，不能让学生自觉地以科学方法为指导来加深对知识的理解，因此，就容易使"过程与方法"维度虚化并导致科学方法教育的方式不甚明朗。

我们认为，产生这种现象的根本原因就在于科学方法的隐性教育方式。虽然《物理课程标准》把科学方法作为课程目标加以确定，但在《物理课程标准》中却并无科学方法的内容与要求。这种情况就导致科学方法教育成为"无源之水，无本之木"，从而影响了科学方法教育的效果。

由于科学方法往往隐藏在物理知识背后，支配着物理知识的获取。因此，每

---

① 中华人民共和国教育部.《全日制普通高级中学物理教学大纲》（试验修订版）［M］. 北京：人民教育出版社，2000：9~13.

一个物理概念、规律的得出，都离不开科学方法的参与。换句话说，科学方法是"因"，而物理知识则是"果"。所以，科学方法与物理知识之间就客观存在着一种"对应"关系。正是基于这种"对应"，才使得我们可以把科学方法教育内容"显化"。

"对应"原则的基本思想是：由物理知识合乎逻辑地分析出相应的科学方法。即从物理知识→科学方法。根据对应原则，我们把高中《物理课程标准》中所涉及的主要科学方法加以统计，结果表明：应用次数较多的科学方法有如下8种（表5-2）。

表5-2　高中物理中的主要科学方法统计

序号	科学方法	频数	序号	科学方法	频数
1	演绎推理法	36	5	控制变量法	10
2	实验归纳法	24	6	乘积定义法	10
3	理想化方法	16	7	比例系数法	5
4	比值定义法	13	8	近似方法	2

表5-2中的科学方法是高中物理教学中的主要科学方法。显然，教学中应该着重加强这些方法的教育。需要指出的是，表中的方法只是科学方法教育内容的一部分，还有另一类科学方法并未涉及。

长期以来，对于科学方法，人们往往把强认知方法（strong cognitive methods）与弱认知方法（weak cognitive methods）混为一体。强认知方法是特定专业领域的独特认知方法，往往与专业知识紧密结合，不容易区分。弱认知方法是可以被运用到各种问题解决过程中的一般策略和方法。这种情况就造成了科学方法分类的混乱，使科学方法教育内容问题迟迟得不到解决。比如，《物理课程标准》解读提出：物理课程中经常涉及的物理方法有：观察方法、实验方法；比较与分类方法、分析与综合方法、抽象与概括方法、归纳与演绎方法；类比方法、理想化方法、对称方法；数学方法；公理化方法、假设方法等。[1] 显然，这就把强认知方法与弱认知方法混淆起来了。

笔者认为，在物理教学中，强认知方法就是物理方法（如上表中的方法），这类科学方法往往需要通过传授才能使学生掌握。而弱认知方法就是思维方法（包括分析、综合、抽象、概括、判断、推理、假设、分类等），这类科学方法则需要训练才能使学生掌握。显然，只有从理论上厘清科学方法的不同种类，才能在教学中有针对性地进行科学方法教育。

三、科学方法的教育方式

新一轮物理课程改革为了对学生进行科学方法教育，增加了一些基本的探究实验活动，使学生有更多的机会去经历探究活动以获得对知识的深入理解，掌握解决

---

① 廖伯琴，等．中学物理课程改革的目标与实施［M］．北京：高等教育出版社，2003：73.

问题的方法。因此,《物理课程标准》强调通过科学探究,使学生经历基本的科学探究过程,学习科学探究方法,发展初步的科学探究能力,形成尊重事实,探索真理的科学态度。但怎样把科学方法作为物理知识的脉络去组织教材,安排教学进程,让学生在不知不觉之中沿着科学的思路去感知,去品味、去体验、去思考科学方法,在不知不觉之中领略到其中所应用的科学方法,大多数物理教师并不清楚。

当然,目前物理课程改革中存在的问题,并不在于根本没有进行科学方法教育,问题在于:第一,不清楚科学方法的教育价值。导致在物理教学中,教师不能有意识地对学生进行科学方法教育甚至完全忽略了科学方法。第二,不清楚科学方法的教育内容。以致教师在教学中不知道应当向学生传授多少科学方法,传授哪些科学方法。第三,不清楚科学方法的教育方式。致使在物理教学中,科学方法与物理知识经常存在脱节现象。就是说,物理知识本来应当运用科学方法合乎逻辑地推导出来,然而,学生并未能感受到这种逻辑力量。第四,不清楚科学方法的内涵。例如,很多物理教师不清楚比值定义法的本质。对于为什么要用两个物理量相比来定义一个新的物理量,几乎很少有物理教师能正确回答出来。

笔者认为,解决学生科学方法素养低的有效措施就是进行科学方法显性教育。显性教育方式是在进行科学方法教育时,明确指出科学方法的名称,说明科学方法的原理,揭示科学方法的本质与科学方法的操作过程。教师有意识地公开宣称进行科学方法教育,学生处于有意识地接受科学方法的状态。

基于此,笔者尝试寻找一种恰当的教育方式,在显化科学方法的同时,进行科学方法教育方式的创新,使学生对科学方法的了解是切中要害的。笔者认为,这就是结合科学方法的物理概念与规律教学。

概念与规律既是物理教学的核心,又是学生物理学习的起点。从核心着手贴近教学本质,从起点出发符合认知顺序。事实上,物理知识与科学方法本来就是一种水乳交融的关系,每一个概念与规律的得出,都自始至终贯穿着科学方法。因此,只有通过结合科学方法的物理概念、规律教学,只有使学生在每一个物理概念、规律得出过程中真切体会科学方法的作用,物理知识才能真正被学生所掌握。

在物理概念、规律教学中,把物理知识与科学方法相"结合"从而实施科学方法教育,是科学方法教育方式的创新。由于物理概念与规律的得出不仅与物理方法密切相关,而且与思维方法密切相关,并且两种方法通常交织在一起,因此,这种"结合"就既表现为与物理方法结合,又表现为与思维方法结合。仍以高中物理"相互作用与运动规律"为例,如果进行科学方法的显化教育,则内容标准中就应当既包括物理知识又包括科学方法。

通过实验,探究加速度与物体质量、物体受力的关系(控制变量法)。理解牛顿运动定律,用牛顿运动定律解释生活中的有关问题(隔离体法)。通过实验认识超重和失重现象。通过实验测量加速度、力、质量,分别作出表示加速度与力、加速度与质量的关系图像(作图法,曲线改直法),根据图像写出加速度与力、质量的关系式（经验公式法）。体会探究过程中所用的科学方法。①

显然，这种处理方式就使"探究过程中所用的科学方法"从"隐性"变为"显性"。把物理概念和规律与"显化"的科学方法结合在一起，就既凸显了科学方法的内涵、色彩，格调，又凸显了科学方法内在的理由、作用和功能，这样学生学习过的物理概念和规律才能真正活起来。正是在这个意义上，我们认为把物理知识与"显化"的科学方法相结合，不仅能使学生更好地掌握物理知识，而且也能很好地对学生进行科学方法教育。

进一步，教师还要讲授其中所运用的思维方法，包括假设、分析、综合、推理等。因为思维方法是建立在严密的逻辑联系之上的，而逻辑是不能用通常的感觉器官去体验的东西，它是一种特殊的心理体验，通过它可以将新旧经验和新旧知识连接起来，而这种连接往往需要教师讲解才能使学生逐步体会。

在科学方法教育研究中，我们致力于科学方法教育的深化研究，尝试在"能力要素"取向的基础上形成对科学方法教育价值的新认识，在"对应原则"取向的基础上形成对科学方法教育内容的新认识，在"显化教育"取向的基础上形成对科学方法教育方式的新认识。以关注"知识生成"、回归"方法本质"的方式重新思考和理解科学方法教育，尝试提出物理科学方法教育的理论观点，希望成为物理科学方法教育重要的理论和实践生长点。

---

① 中华人民共和国教育部.《全日制普通高级中学物理教学大纲》（试验修订版）［M］北京：人民教育出版社，2000：9～13.

第六章　物理问题教学研究

第一节　原始物理问题的教育价值及其对物理教育的启示

一、问题的提出

物理学进入我国已经有一个多世纪的风雨历程。百多年来，物理学在我国已是根深叶茂，枝繁叶盛。我们在物理学的教育与研究中取得了世人瞩目的成就。

但是，另一方面，我们又存在着明显的不足。其中一个重要方面在于，中华人民共和国成立 60 多年来，我国还未有诺贝尔物理奖获得者，这是一件令人十分遗憾的事情。与之形成鲜明对照的是，在大洋彼岸，华裔物理学家杨振宁、李政道、丁肇中、朱棣文、崔琦，已 4 次获得这一奖项，这不能不引起我们的深入思考。

分析产生这种现象的原因，我们认为，除了历史根源与经济基础的差距以外，还有一个非常重要的原因，这就是物理教育思想和物理教育方法的落后。

怎样改变传统的物理教育方法？杨振宁教授认为："这涉及整个社会风气，因而是件困难的事。这件事如果做成功，也是一种革命。这是个比在一门学问里面创造新的学问还要难得多的事。"① 他高屋建瓴地指出了物理教育思想和物理教育方法改革的重要价值与意义。

有鉴于此，本文从物理学的根源是物理现象的基本观点出发，依据现代认知心理学已有的成果，并结合物理教育的特征，提出了以原始物理问题教学作为整个物理教育思想和物理教育方法改革突破口的理论观点，希冀对我国当前物理教育的改革以有益的启示。

二、原始物理问题的理论渊源

我国物理教育的有效性如何？杨振宁教授认为："中国过去几十年念物理的养成了念死书的习惯。整个社会环境，家长的态度，报纸的宣传都一贯向这个方向引

---

① 杨振宁. 杨振宁文集 [M]. 上海：华东师范大学出版社，1998：469.

导。其结果是培养了许多非常努力，训练得很好，知识非常扎实的学生，可是他们的知识是片面的，而且倾向于向死的方向走。这是很有害的。"①

为什么中国学物理的学生都养成了念死书的习惯？杨振宁教授分别从教学方法和学习方法两个方面进行了深入分析。

对于我国的物理教学方法，杨振宁教授指出："中国现在的教学方法，同我在西南联大时仍是一样的，要求学生样样学，而且教的很多、很细，是一种'填鸭式'的教学方法。这种方法教出来的学生，到美国去，考试时一比较，马上就能让美国学生输得一塌糊涂。但是，这种教学方法的最大弊病在于，它把一个年轻人维持在小孩子的状态，老师要他怎么学，他就怎么学。"②

对于我国学生学习物理的方法，杨振宁教授同样提出了尖锐的批评。"美国学物理的方法与中国学物理的方法不一样。中国学物理的方法是演绎法，先有许多定理，然后进行推演，美国对物理的了解是从现象出发，倒过来的，物理定理是从现象归纳出来的，是归纳法。演绎法是学考试的人用的方法，归纳法是做学问用的办法。"③

事实正是如此。众所周知，在没有物理环境的情况下学习物理是困难的。许多学生经过多年苦读，记忆了大量的物理概念、物理规律，做了许多物理习题，却不能有效地提高物理水平。他们在面临物理问题时不能迅速判断，稍一动笔就错误百出。在理解物理问题的机制方面也是除了简单的分析外，不能准确地表达自己的思想，不能完整地解决物理问题。许多人学习物理的过程实际上如同开了中药铺子，物理概念、物理规律都被分离放置在柜上的小匣子里，不能形成一个有机的整体。而物理学是有"生命"的，把无生命的部件拼凑起来模仿"生命"，效果自然可以想象。许多同学靠加倍的能力来摆脱困境，其结果却是在药柜上开了更多的匣子。

出现这种现象的原因何在？杨振宁教授认为："很多学生在物理学习中形成一种印象，以为物理学就是一些演算。演算是物理学的一部分，但不是最重要的部分，物理学最重要的部分是与现象有关的。绝大部分物理学是从现象中来的，现象是物理学的根源。一个人不与现象接触不一定不能做重要的工作，但是他容易误入形式主义的歧途；他对物理学的了解不会是切中要害的。"④ 可谓单刀直入，切中要害。

杨振宁教授关于"现象是物理学根源"的观点是真正的大师眼光。他以自己深厚的物理学养，作文启人心智，涉笔指点迷津。然而，把这种抽象的物理教育思想转变为可操作的物理教育方式也并非一件简单的事情，这需要创造性的工作。

从杨振宁教授的基本思想出发，笔者认为：在物理教育中，与演算对应的具有可操作性的物理教育方式是物理习题教学，而与物理现象对应的具有可操作性的物理教育方式则应当是原始物理问题教学。简言之，解决我国物理教育低效能的根本

① 杨振宁. 读书教学再十年［M］. 台北：时报文化出版企业有限公司，1995：8.
② 杨振宁. 杨振宁文集［M］. 上海：华东师范大学出版社，1998：839.
③ 杨振宁. 杨振宁文集［M］. 上海：华东师范大学出版社，1998：467.
④ 杨振宁. 读书教学再十年［M］. 台北：时报文化出版企业有限公司，1995：9.

措施就是要在物理教育中打破习题教学一统天下的传统局面，通过引进原始物理问题来逐步取代物理习题，从而达到提高物理教育效能的目的。

所谓原始物理问题，是指自然界及社会生活、生产中客观存在且未被加工的物理问题。而物理习题则是指从实际问题中经人为加工出来的物理问题。原始问题与物理习题的关系如下（图 6 – 1）。①

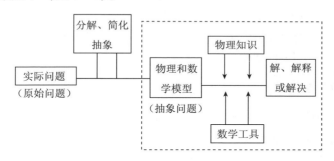

图 6 – 1　原始问题与物理习题

值得注意的是，长期以来，我国的物理教育基本上局限在图 6 – 1 所示的虚线框内。因此，传统的物理教学就在原始物理问题与物理习题之间形成了一条鸿沟，致使很多学生只知道根据已知条件去解题，遇到实际问题则常常束手无策。

其实，早在 1983 年，赵凯华就已觉察到这个问题。他指出："在我们的教学中，同一问题，既可以把原始的物理问题提交给学生，也可以由教师把物理问题分解或抽象成一定的数学模型后再提交给学生。习惯于解后一类问题的学生，在遇到前一类问题时，往往会不知所措。"②应当说，明确提出原始物理问题与物理习题之间的区别是有着相当重要的理论意义与现实意义的。

遗憾的是，这种物理教育思想并未彻底贯彻下去。对于如何教导学生学好物理学，赵凯华认为："我们反对'题海战术'，反对针对某类考试或题库的应试教育。但是做题毕竟是学生学习过程中比较主动的环节，学习物理，不做习题是不行的。但做习题不在于多，而在于精。"③显然，这又回到传统物理教育的道路上了。

笔者提出这一观点的背景在于，进入 21 世纪，我国的物理教育改革呈现出前所未有的蓬勃局面，涌现出许多新的物理教育思想和理论。在这些思想和理论的指导下，进行了大规模的课程改革，通过修订或建立新的物理教学大纲或课程标准，编写出了许多风格迥异的物理教材，从而促进了物理教育的发展。

然而，仔细考察这些物理教材后我们发现，许多物理教材的编写虽然在指导思想、编写体系及内容的选择与组织上下了很大工夫，但到最后却仍然沿袭了传统的

①　于克明. 谈"原始问题"与能力培养 [J]. 大学物理，1997（5）：44 ~ 46.

②　林纯镇，吴崇试. 我国赴美物理研究生考试历届试题集解（1980—1984）[M]. 北京：高等教育出版社，1985：代序.

③　赵凯华. 物理教育与科学素质培养 [J]. 大学物理，1995（8）：46.

习题教学模式，依然未能跳出脱离物理现象的窠臼，从而走上了"新瓶装旧酒"的老路。

物理习题模式不仅影响着物理教材的编写，而且也根深蒂固地反映在物理高考的命题指导思想上。比如，物理高考命题委员会就认为："我们主张要做题，但并不赞成搞题海战。因为题海战盲目追求解题的数量，不重视解题的质量，使学生根本来不及对习题以及习题有关的问题进行思考。"①

由此可见，在我国物理教育飞速发展的今天，检讨和改革我国物理教育理论与实践中存在的问题，似乎为时不早。

三、原始物理问题的理论建构

在物理教育中发展学生的能力，始终是物理教育理论和实践的一个重要问题。如何正确地认识和处理这个问题，越来越引起人们的关注，并把它置于物理教育教学改革的核心地位。

然而，在发展学生的能力问题上，仍然还有一个基本问题至今未能得到很好的解决，这就是知识传授与能力培养之间的矛盾。由于这个问题对于能力的培养具有重要的作用，因此，就在一定程度上影响了教学的发展。

最早提出这个问题的是美国教育家杜威。杜威一向反对将专家编就的以完整逻辑体系为表现形式的教材作为教育的起点，认为必须以学生个人的直接经验为起点。因此，他主张以"教材心理化"来解决此问题，这就需要把各门学科的教材和知识恢复到原来的经验，恢复到它所被抽象出来的原来经验。这种心理化就是把间接经验转化为直接经验，即直接经验化，这个过程实际上就是杜威反复强调的经验组织原则。

然而事实却是，学生对于直接经验的东西有很多是不能理解的，要理解这些东西反而需要系统知识的介入，需要先前形成的经验（并不仅仅是直接经验）的参与。杜威意在通过直接经验去让学生理解系统知识，但却在一定程度上忽视了理解直接经验需要一定的系统知识为条件。②

我们认为，杜威关于"把知识恢复到它所被抽象出来的原来经验"的观点有着重要的理论价值，它启示我们：完全由经过抽象的系统间接经验所构成的传统课程和教材对于学生获取知识是有效的，但对于学生能力的培养却常常不令人满意。然而，完全采用直接经验来进行教学亦会产生新的弊端。也就是说，经验的恢复是必要的，但需要应用于恰当的时机和场合。在这一问题上，皮亚杰的建构主义理论可以给我们以新的启示。

皮亚杰认为，智力发展是一个主体的自我建构过程，皮亚杰所谓的"建构"，

---

① 教育部考试中心. 高考物理能力考察与题型设计 [M]. 北京：高等教育出版社，1997：258.
② 吴式颖. 外国教育史教程 [M]. 北京：人民教育出版社，1999：519.

即结构（图式）建造之意。而这种建造的本质即归结为主客体之间的相互作用。按照这一理论，动作是一切知识的源泉与基础。进一步，他把动作分为两种：一种是直接作用于客体的个别动作，如掷、推、触、摸等，相当于动作元素；另一种是个别动作组成的动作协调组织，它们并不直接作用于客体，而是主体动作本身的协调，相当于动作系统。动作系统又可称为运算，所谓运算即系统性动作或结构性动作，即具有整体系统性、转换守衡性与自我调节性的动作系统或动作协调组织。因此，皮亚杰把动作分化的内向发展称为内化建构而把外向发展称为外化建构，两者合称双重建构。①

内化建构是指主体动作协调或主体动作结构从外部层次、外部平面投射到内部层次、内部平面上去，如实物运算内化为概念运算。它通过对主体动作进行分解、归类、排列、组合等各种协调，从而形成动作结构；或者是对已有动作图式的再协调或再建构，从而形成更高级、更复杂的图式。按照发展顺序，内化建构首先是对外部感知运动动作的协调，然后是对表象水平的精神动作进行的协调，最后才是对逻辑运算水平的精神动作进行的协调。因而，物质动作只能逐步内化为精神动作，物质动作结构只能逐步内化成为认识图式。

外化建构则是指主体内部的图式投射到外部层次、外部平面上去，如将逻辑数学运算结构归属于物理实体形成因果解释，再将根据这种因果解释作出的技术设计外化为实际的技术创造。它通过运用动作图式把客体或客体经验组织起来，从而建立客体的关系与变化结构。与内化建构次序相反，外化建构首先是在主体头脑中把物理经验组织在图式之中，然后按照这些知识把主体实际动作组织起来以作用于客体，进而使各种客体组织起来，以新的方式发生相互作用，从而改造转变客体。

从皮亚杰的双重建构理论出发，我们认为，在实际的物理教育中，教师向学生传授大量经过抽象的系统间接经验过程本质上是一个认知的内化建构过程。而我们目前的物理教育，已经在相当程度上对内化建构给予了足够的重视。因此，"我国的教师都习惯于把知识组织得井井有条，对课程内容的每个细节作详尽的解说，对学生可能发生的误解——予以告诫。把所教内容都'讲深讲透'，不给学生课后留下疑难"②。学生的听课、做题、考试等环节都是围绕着内化建构而展开的，而对于外化建构却基本上被忽视了。

外化建构是学生把在课堂上所学知识用来解决物理问题的过程。应当明确指出的是，学生解答物理习题的过程并不是认识的外化建构过程，而是认识的内化建构过程。对此，杨振宁教授指出："仅仅读很多的书，从老师那里学到很多知识，做很多习题，只能说是训练独立思考能力的一半。而另一半的方法是复杂的，不是每个学生都能采纳同样的建议或劝告，这个方法要靠自己去摸索。"③显然，杨振宁教

①　雷永生．皮亚杰发生认识论述评［M］．北京：人民出版社，1987：117.
②　赵凯华．我国高等学校物理教育的现状及改革的思考［J］．物理，1995（11）：663.
③　宁平治，唐贤民，张庆华．杨振宁演讲集［M］．天津：南开大学出版社，1988：143.

授所说是前者是指认识的内化建构，而后者即指认识的外化建构。

我国教育缺乏对学生认识外化建构的重视是历史上一直有的问题，而尤为严重的是，这样造成的问题，在中小学教育完成后的一段时间内还不能显现出来。到研究生期间，创造性能力问题才明显暴露出来。对此，美国华盛顿大学的饶毅教授从中西方比较教育的角度评价道："到国外留学的研究生，很多在创新能力方面有明显不足，常常是只能在别人指导下做研究而不能独立工作、或领导一个实验室开创自己的方向和领域。也就是说，由中国中小学教育提倡、培养和选拔出来的'好学生'的心态、思维习惯和行为模式到进入科学研究前沿时，就暴露出很大问题。"①因此，在物理教育中加强学生认识的外化建构训练，其意义是非常深远的。

在物理教育中提出原始物理问题理论建构的理由还在于，20 世纪 80 年代西方学术界兴起的生态学运动（ecological movement）对于物理教育所产生的不可忽视的影响。

生态学是 19 世纪末在生物科学中成长起来的一门科学，它的研究对象是生物个体、种群、群落和生态系统。其研究任务是探索有机体与环境之间相互作用的规律及机理，研究生物的生存条件以及生物与其生存环境之间的相互关系。在研究方法上，生态学家一般采用描述性分析方法，即先对现象进行描述，而后再做分析。②

在物理教育中强调生态性，乃是源于物理习题教学模式固有的局限性。我们知道，物理习题教学模式具有许多明显优点。然而，随着物理教育研究的深入，物理习题教学模式固有的缺陷——即人为性日益暴露出来。由于物理习题情景是人为设置且条件控制严格，因而使物理教育情景的真实性受到破坏，使学生在解决物理习题时的认知心理及行为表现与解决实际物理问题时的认知心理及行为表现相去甚远。这样，就削弱了物理教育特有的教育价值并最终导致了物理教育的低效能。

生态学运动对于物理教育的启示是：①物理教育活动不是孤立的，而是与其他各个方面有机联系在一起的，处于一个复杂的关系之中；②物理教育活动既受其自身内部因素的影响，又受其外部因素的影响；③物理教育活动应在自然与社会生态环境中进行，以揭示真实、自然条件下的物理教育规律；④物理教育活动应注重研究学生与物理现象的相互作用及过程中学生的主动性。

总之，原始物理问题教学使物理教育从纯粹的知识传授模式中走出来，进入物理知识传授与应用相结合的新阶段，这使得物理教育更加符合其培养目标。它拓展了人们的物理教育视野，拓宽了物理教育的范畴，进一步增进了人们对于物理教育本质的理解与认识，从而有助于真正实现物理教育的目的。

四、原始物理问题的教育价值

在物理教育中运用原始物理问题进行教学，具有以下教育价值。

---

① 饶毅. 健全人格与创新精神 ［N］. 人民日报, 1999 – 04 – 17.
② 董奇. 心理与教育研究方法 ［M］. 广州：广东教育出版社, 1992：561.

（一）契合学生的直接经验和间接经验

现代教学论认为，教学过程中必须处理好学生获取直接经验与获取间接经验的关系，防止出现忽视系统知识传授或忽视直接经验积累的倾向。而在传统的物理教学过程中，往往只强调了图1中所示的虚线部分，这的确促进了学生间接经验的积累，但却略去了由实际问题到抽象问题的过程，而该过程对于学生直接经验的获取，恰恰是至关重要的。因为原始物理问题与物理习题的最大区别在于：原始物理问题的呈现形式是对物理情景的描述，没有物理习题中常常有的已知量、未知量，需要学生自己去抽象，自己去设置。因此，从本质上说，物理习题教学是学生运用间接经验知识解决间接经验问题，而原始物理问题教学则是学生运用间接经验知识解决直接经验问题。

由于原始物理问题具有客观真实性，学生在运用原始物理问题进行学习的过程中，通过与实际问题亲自"握手"，可以获得大量的感性认识。在将实际问题转化为抽象问题的过程中，学生补回了传统教学中缺失的一环。通过对原始物理问题进行梳理和加工，从而完成知识的外化建构。

原始物理问题与物理习题还有相似之处，这就是原始物理问题经过抽象之后可以成为物理习题。原始物理问题的这一特点，使它在一定程度上具备使学生能够高效地完成间接经验知识内化的功能。因此，通过运用原始物理问题进行教学，就较好地实现了学生直接经验和间接经验的契合。

（二）促进科学方法教育

近年来，物理教育发展的一个重要取向是，强调科学方法在学生学习物理中的作用。比如，全日制义务教育《物理课程标准》就把"过程和方法"作为课程的目标之一，使其和"知识与技能""情感、态度和价值观"并列,[①] 这进一步体现了人们的物理教育理念有了新的发展。

科学方法与科学知识在本质上是统一的。但严格说来，两者又有不同的特点。科学方法与科学知识不同，它所涉及的不是物质世界本身，而是人类认识物质世界的途径与方式，是高度抽象的。科学方法也不直接由学科的知识内容来表达，而是有它自己独特的表达方式，它往往隐藏在知识的背后，支配着知识的获取和应用。正是因为科学方法的这些特点，使得科学方法既不易学习，又不易掌握。而原始物理问题则恰好为科学方法教育搭建了一个理想的"平台"。由于原始物理问题贴近现实生活，客观而真实地反映了我们这个日新月异的时代，因此，在原始物理问题教学中，学生就可以在教师的指导下，首先运用分析、综合、抽象、概括等科学方

---

① 中华人民共和国教育部.《全日制义务教育物理课程标准》（实验稿）［M］. 北京：北京师范大学出版社，2001：6.

法将原始物理问题转化为物理习题，然后再运用假设、类比、等效模型、近似等科学方法去进一步解决问题。

通过对原始物理问题的不断了解、积累和熟悉，就能使学生形成一种借助于科学方法获取科学知识的心理定势。这样，学生就能够以快捷的速度去获取知识，进而通过在头脑中形成认知结构，深刻地领会和掌握知识，牢固地记住知识。还可以使学生产生一种对问题的敏感性，并能够用科学方法迅速地抓住问题的要害，找出解决问题的途径。上海市在总结近十年物理学科课程教材改革和课堂教学改革经验的基础上所得出的结论是："能力与方法是密切联系的。一般地说，人们完成某方面任务能力的强弱，是与人们掌握完成任务方法的自觉程度与熟练程度密切相关的。可以认为，方法是能力的'核心'，是对能力起决定性作用的因素。"[1] 所以，通过原始物理问题来促进科学方法教育，与学生能力的发展直接有关。

（三）培养学生的创造性思维

传统的物理习题教学，往往与物理现象相脱离，使学生处在模型和模块的包围之中，满脑子的小球、轻杆、木块、斜面……却往往不问其生活源头，感受不到物理现象真实与鲜活的一面，久而久之便桎梏了创造性思维的发展。

而原始物理问题由于具有生态性和开放性等特点，就决定了原始物理问题的解决过程必然是探索和创造的过程。面对一个信息庞杂、客观真实的原始物理问题，学生找不到可以拿来仿效的原型，也没有既成的经验可以作为指导，只能通过独立思考，不断尝试，对问题进行探索。当学生远离他们熟悉的物理习题后，他们的思维将脱离线性的平衡状态而进入非线性的耗散结构状态。

现代科学的研究认为，人的思维生理基础是人的大脑。人脑有大约 140 亿个神经元，[2] 靠其突触相互连接而形成无数条通路。这些通路构成了人类后天学习结果无限多样性的生理基础。因此，人脑不仅是一个生物系统，同时又是一个耗散结构系统。

耗散结构理论是比利时科学家普利高津于 1969 年提出的。普利高津区分了两种类型的结构，即"平衡结构"和"耗散结构"。平衡结构不与外界进行任何能量或物资的交换就能维持，因此，它是一种"死"的结构。而耗散结构则是一种"活"的结构，它需要与外界不断进行能量和物质的交换，才能维持其有序状态。普利高津指出，对于一个与外界有能量和物质交换的开放系统，在到达远离平衡态的非线性区时，一旦系统的某个参量到达一定的阈值，系统就有可能发生突变，由原来无序的混乱状态转变到一种在空间、时间或功能上有序的新状态。这种在远离平衡态的非线性区形成的新的稳定的有序结构，由于需要不断耗散能量才得以维持，所以称为"耗散结构"。根据"平衡结构"和"耗散结构"的特征，笔者认为物理习题

① 张民生. 中学物理教育学［M］. 上海：上海教育出版社，1999：140.

② 李秉德，李定仁. 教学论［M］. 北京：人民教育出版社，1991：280.

是一种"死"的结构，而原始物理问题则是一种"活"的结构。

根据"耗散结构"理论，非平衡是有序之源。我们的思维之所以不断深化，是因为在大脑的认知过程中，原来图式结构的平衡状态被外来的刺激所打破，发生了"同化"或更深刻的"顺应"作用，使原来的图式得到充实或改革，达到新的水平和新的平衡。物理习题和原始物理问题的区别就在于，前者很难打破学生思维中的平衡状态，而后者则刺激学生的思维，使之远离平衡状态，从而达到培养学生创造性思维的目的。

（四）推进物理高考的改革

目前的物理高考，采用的仍然是物理习题考察方式。对于这种考察方式，物理高考命题委员会认为："由于高考的规模、形式及社会、经济等因素的影响，目前的高考无法有效地考查学生所应具备的全部能力，其中有些对测定和评价学生的基本素质和未来发展潜质是相当重要的。"[①] 为了了解学生在这些方面的能力水平，物理高考命题委员会曾于 20 世纪 90 年代在重庆市和山东省的 16 所生源较好的中学进行过物理高考科研知识与能力水平测试。这些测试包括用文字对物理问题进行论证和解释等形式。考试结果的得分率很低（平均只有 0.29）且测试结果与平时成绩的相关几乎为零（-0.06）。由于平时成绩与高考是密切相关的，这也在一定程度上说明，目前的高考确实没有将学生在这些方面的能力更有效地考察出来。[②]

物理高考命题委员会认为："测试的这一结果恰好揭露了高考命题中的一个矛盾。如果希望将学生的真正能力水平考出来，达到较好的区分学生的目的，应该多用一些考核能力很有效的题目。但用这样的题目考试的结果，会使平均成绩下降，这会对中学物理教学的现状造成冲击。影响如何，值得研究。"[③] 这在相当程度上反映了物理高考命题委员会投鼠忌器的两难心理。

笔者认为，物理高考改革的方向就是要逐渐用原始物理问题来取代物理习题对学生进行考查。这不仅能将学生的真正能力水平考察出来，从而区分不同能力水平的学生，而且真正能发挥高考对中学物理教学的引导作用。

这是因为，物理概念和规律只有在原始物理问题中才有生命力，才能显示出其内涵、色彩、格调，才能显示出其内在的理由、作用和功能，学生学习过的物理概念和规律才能真正活起来，这样才能提高学生学习的效率。通过一定数量的原始物理问题训练，当学生在解决实际物理问题时，各种各样解决问题的策略就能够迅速地检索而无须搜肠刮肚地对照做过的题型，才有可能在处理前一个步骤时就能在大脑中预感下一个步骤，根本无须暗暗回忆各种题型再思量其意义。

即使学生在进行创造性活动时，也能凭直觉而非经验去探索到正确的解决途径。

---

① 教育部考试中心．高考物理能力考察与题型设计［M］．北京：高等教育出版社，1997：258.
② 教育部考试中心．高考物理能力考察与题型设计［M］．北京：高等教育出版社，1997：90.
③ 教育部考试中心．高考物理能力考察与题型设计［M］．北京：高等教育出版社，1997：91.

所以，正是在这个意义上，笔者认为原始物理问题教学不仅能使学生学到物理知识、技能和科学方法，而且也能很好地培养学生的能力。

五、启示

我国的现代物理教育大部分是早年从西方直接或间接引进的。在西方，物理教育与物理现象的融合早已成为其优良的教育传统。对于我国物理教育的发展而言，采用跨文化的方式去深入了解西方物理教育发展的思路、特点与研究方法，不仅可以为我国物理教育改革提供借鉴、吸取行之有效的宝贵经验，而且可以激励物理教育领域出现新颖的教育思想，从而有利于制定符合现代和未来中国社会发展要求的、好的物理教育改革方案。原始物理问题的教育思想正是在这一背景下提出的。因此，有理由相信，物理教育中只有物理习题而缺乏原始物理问题的状况，不久应该结束了。

第二节　从习题到原始问题：科学教育方式的重要变革

我国科学教育缺乏对学生创造能力的培养，是历史上一直存在的问题。虽然多年来我们已经作了很多努力，进行了各种各样的课程和教学方法改革，但效果并不理想。

笔者的研究表明：长期以来，我国的科学教育已经形成了一种观念，认为科学教育主要就是演算，反映在教学层面上就是以习题为核心。一言以蔽之，传统的习题教学是导致我国科学教育低效能的重要原因。

有鉴于此，本文拟从原始问题的角度出发，去深入探讨科学教育方式的变革，以期对我国科学教育的改革有所裨益。

一、习题与原始问题的比较

众所周知，科学教育是一种特殊的教育。其特殊性在于，它要求以观察和实验为基础，通过重演科学活动过程从而引导学生进行学习。此外，作为一种简约化的科学活动，它还要求教师向学生传授知识的同时，培养学生的能力，而这两个目的的实现都要求学生进行必要的练习。于是，习题——一种练习形式便应运而生。

其实，即使是重视解题质量的做题也很难有效培养学生的创造能力。这是因为，每一道习题都是从原始问题抽象而来，已经把原始问题的一些次要细节、非本质的联系舍去，没有科学现象与事实作为背景，甚至完全脱离科学现象。也即是说，学生思维的一部分已经被习题编制人员"越俎代庖"地完成了。同时，习题教学还存在着模式化倾向，缺乏科学思想的分析，太重视程序与计算、熟练与技巧。因此，在一定意义上说，我国学生创造能力的匮乏正是习题教学的直接后果。

事实上，科学最重要的部分是与现象有关的，现象是科学的根源。从这个基本思想出发，我们认为：解决我国科学教育低效能的重要措施就是要打破传统习题教学一统天下的局面，通过引进原始问题来逐步使习题教学与原始问题教学相结合，从而达到提高科学教育效能的目的。

所谓原始问题，是指自然界及社会生活、生产中客观存在、能够反映科学概念、规律本质且未被加工的典型科学现象和事实。而习题则是把科学现象和事实经过一定程度抽象后加工出来的练习作业。原始问题与习题的关系如下（图6-2）。

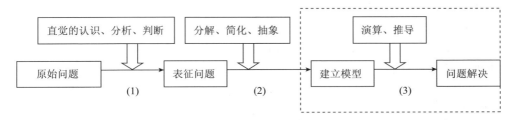

图6-2 原始问题与习题关系

由图6-2可知，学生解决原始问题需要经历3个相互衔接的过程：第一，问题是针对什么科学现象和事实的，弄清楚原始问题是什么（what），即认识问题；第二，原始问题怎样通过分解、简化、抽象后转化为科学模型（how），即科学建模；第三，怎样定性或定量的通过演算和推导解决问题（how），即解题技巧。

确切地说，原始问题的表述形式是对科学现象的描述，它基本上采用文字叙述的方式呈现科学现象，与习题显著不同的是，没有习题中常常给定的已知量、未知量，需要学生根据需要去设置。比如，1995年10月28日，加拿大人科克伦手握长杆走钢丝跨越长江三峡。科克伦如何使用手中的长杆？这样的问题就称为原始问题。相反，目前科学教育中广泛采用的习题却很难为学生提供这样的情境。

由于历史的原因，我国传统的习题教学往往侧重图6-2的第二个过程（建模）和第三个过程（技巧），特别是注重第三个过程（技巧），而尤其缺少第一个过程（认识），对科学现象和科学事实把握不够。因此，致使很多学生只知道根据已知条件去解题，遇到实际问题则常常束手无策。

在国内，赵凯华先生觉察到这个问题。他指出："在我们的教学中，同一问题，既可以把原始的问题提交给学生，也可以由教师把问题分解或抽象成一定的数学模型后再提交给学生。习惯于解后一类问题的学生，在遇到前一类问题时，往往会不知所措。"[①] 显而易见，在科学教育中明确原始问题与习题之间的区别是有着相当重要的理论与现实意义的。

---

① 林纯镇，吴崇试. 我国赴美物理研究生考试历届试题集解（1980—1984）［M］. 北京：高等教育出版社，1985：代序.

二、原始问题的教育价值

随着教育研究的不断深入，教育领域出现了一门运用生态学方法研究教育的科学——教育生态学。教育生态学强调在真实、自然情景中研究教育规律以及学生的心理活动规律，强调提高教育活动的可应用性和普遍适用性，建立合理的教育生态环境，提高教育的效益，促进人才迅速成长和发展。

在科学教育中强调生态性，乃是源于习题教学固有的局限性。我们知道，习题教学具有许多优点。然而，随着科学教育研究的深入，习题固有的缺陷——即人为性也日益暴露出来。由于习题情境是人为设置且条件控制严格，因而使科学教育情境的真实性受到破坏，使学生解答习题的认知心理及行为表现与解决原始问题的认知心理及行为表现相去甚远。这样，就削弱了科学教育特有的教育价值。

大家知道，在真实的情境中，科学教育活动受到多种因素影响，这些因素又是相互作用、相互影响的，是一个完整的过程，科学教育活动是该系统中各因素相互作用的综合结果。然而，习题教学却将这些因素孤立开来，仅局限于特定情境中某些特定因素对科学教育活动的影响，因而就难以揭示真实、自然条件下的科学教育规律。

在科学教育中，原始问题教学并不局限于教育生态学强调的情境，而是以生态学思想为指导，把科学知识融入科学现象之中并以原始问题的形式呈现，主张把习题固有的严格性移植到自然、真实的科学环境中，并在其中揭示科学教育活动的因果关系。因此，原始问题教学所采用的方法，具有既不同于习题教学强调推导、演算而忽视学生能力培养的特点，又不同于研究性学习为探究而牺牲知识传授效率的特点。它强调给定的情境虽然是原始的，但问题本身又必须是严格的。也就是说，它要求提高科学教育的外部效度，而又无须以降低内部效度为代价。因此，原始问题教学就具有以下教育价值。

首先，它有助于解决目前科学教育内部效度和外部效度不能同时得到满足的矛盾。我们知道，习题教学虽然内部效度较高，但缺乏外部效度。一般认为，内部效度是外部效度的必要条件，但不是充分条件。内部效度低的教育结果就谈不上对其他情境的普遍意义；然而内部效度高的教育结果却不一定能够一般化到现实中去。研究性学习虽然具有较高的外部效度，但却难以保证科学教育的内部效度；原始问题由于将习题的严格控制应用于科学现象之中，并且经过抽象之后可以成为习题，就使得它在一定程度上具备高效完成间接经验知识内化的功能，从而将内部效度和外部效度较好地统一起来。

其次，在原始问题教学中，学生的认知心理与行为表现都比较真实，因此，能够较好地揭示科学教育中学生的心理规律和学习规律。为了验证这一观点，我们运用原始物理问题和由其改编而成的习题对高中学生进行了测试，结果表明：原始物理问题卷的平均分为39.5，而习题卷的平均分为70，差异非常显著，且前者得分呈正态分布，后者呈偏态分布。① 这说明，原始问题虽然也有一定程度的控制，但没有像习题那样几乎完全排除环境的影响，从而保证了学生的心理及行为变化仍然是现实中各种因素综合作用的结果。

教育心理学的研究指出，教育与实际情境的相似性，是教育效果的关键因素。而且，这种相似性越高，教育结果的可应用性也越高。甚至教学所采用的方式，也应该尽可能接近教育结果所要应用的实际情况，这样才能在更大程度上提高教育的效能。

最后，可以根据教学的需要选择数量合适的原始问题供学生练习，以保证掌握知识和培养能力的需要。事实上，科学概念和规律只有在原始问题中才有生命力，才能显示出其内涵、色彩、格调，才能显示出其内在的理由、作用和功能，学生学习过的概念和规律才能真正活起来，这样才能提高学习效率。通过一定数量的原始问题训练，当学生解决实际问题时，各种各样的策略才能够迅速检索而无须搜肠刮肚地对照做过的题型，才有可能在处理前一个步骤时就在大脑中预感下一个步骤，根本无须暗暗回忆各种题型再思量其意义。即使学生进行创造性活动，也能凭直觉而非经验去探索正确的解决途径。所以，正是在这个意义上，笔者认为原始问题教学不仅可以使学生有效地学习科学知识，而且也能很好地培养学生的能力。

因此，为了克服习题教学的局限性，笔者主张，科学教育应当走出单一习题教学的禁锢，在真实的情境中研究学生的学习心理与科学教育活动，重视科学教育活动中学生与科学现象的多向性交互作用，以保证科学教育活动具有较高的生态学效度，具有较高的应用价值。而原始问题教学则使教育生态学的思想转变为现实成为可能。

当然，还应当指出，强调原始问题教学并不是要完全排斥习题教学，否定习题教学的价值，而是主张在保留习题教学优点的同时，克服其不足，并通过两者的相互结合来达到提高科学教育效能的目的。

三、原始问题的教育功能

现代认知心理学的研究认为，人的思维生理基础是人的大脑。人脑有多达150亿个神经元，靠其突触相互连接构成无数条通路。这些通路构成了人类后天学习结果无限多样性的生理基础。因此，人脑不仅是一个生物系统，同时又是一个耗散结构。

耗散结构理论指出，一个开放系统，在远离平衡态的条件下可以由混沌向有序方向转化；有序的组织可能通过一个"自组织"过程从无序和混沌中"自发"地产生出来；自组织的显著特点是它通过突变过程而完成的，这个突变发生在事物由低级到高级阶段之间的"分叉点"上；在发生突变之前，系统通过正反馈与

---

① 王静. 高中学生解决物理习题与原始物理问题的比较研究 [D]. 北京：首都师范大学，2005.

外界交换物质、能量和信息，使有序状态参量不断增强，超过临界值系统便进入高一级阶段，这个高级阶段叫"耗散结构"，因为比起平衡结构，它要求消耗更多的能量来维持。

我们的研究表明，在科学教育中进行原始问题教学，可以较好地创设使学生的大脑从混沌向有序方向转化的条件，因此，原始问题教学就具有以下教育功能。

（一）使学生的大脑充分开放

根据耗散结构理论，一个系统只有开放才能有序。这是因为，有序的结构需要输入物质、能量或信息，并与外界进行交换才能维持，封闭的系统无法进行有效的交换，因而最终变为混沌。传统的习题，往往与科学现象相脱离，充斥着小球、轻杆、木块、斜面……使学生处于模型和模块的包围之中，却往往不问其生活源头，感受不到科学现象真实与鲜活的一面，久而久之便桎梏了创造性思维的发展。由图6-2可知，习题在一定程度上就是一个封闭系统，其边界为虚线框，它基本上排除了环境因素的影响，因而不能使学生的大脑充分开放。

原始问题则不然，由于具有生态性和开放性等特点，就决定了原始问题的解决必然是探索和发现的过程。面对一个信息庞杂、客观真实的原始问题，学生很难找到可以拿来直接仿效的原型，需要通过独立思考，不断尝试，对问题进行探索。只有摆脱习题的束缚，学生的思维才可能脱离平衡状态。

（二）使学生的思维远离平衡状态

根据"耗散结构"理论，非平衡是有序之源。我们的思维之所以不断深化，是因为在大脑的认知过程中，原来认知结构的平衡状态被外来的刺激所打破，发生了"同化"或更深刻的"顺应"过程，使原来的认知结构得到充实或变革，达到新的水平和新的平衡。习题和原始问题的区别就在于，前者很难打破学生思维的平衡状态，而后者则刺激学生积极思维。由图6-2可知，原始问题的解决除了推导、演算等过程外，还包括建立模型的分解、简化、抽象等思维过程以及对原始问题加以直觉的认识、分析和判断过程，从而使学生的思维远离平衡状态，并达到培养学生创造性思维的目的。

（三）促进学生思维非线性相互作用的发展

"耗散结构"理论指出，只有在系统内各要素之间存在着非线性相互作用的机制下，才能形成耗散结构。因为非线性相互作用，使各个要素之间产生相干效应和协调作用。

对于原始问题促进思维非线性相互作用的功能，一位物理教师张老师通过教育行动研究进行了实践，取得了较好的效果。依据行动研究是"由社会情境（教育情境）的参与者，为提高对所从事的社会或教育实践的理性认识，为加深对实践活动及其依赖的背景的理解所进行的反思研究"[①]的理念，张老师在课堂上向同学们提出了这样一个原始物理问题："在宇航飞行时人们处于失重状态。失重给宇航员的生活和工作带来很大不便，因此，有必要制造一个'人造重力'装置。'人造重力'能否实现？"[②]显然，这一问题只有在思维的各个要素产生相干效应和协同作用下才有可能解决。

（四）通过随机涨落促进学生思维从无序到有序的转变

"耗散结构"理论提出，处于近平衡区的系统，其内部的涨落将会进一步导致结构的破坏，使系统进入无序状态。但对于远离平衡区的系统，涨落却可能成为促使系统从不稳定状态跃迁到一个新的稳定有序状态的诱因，涨落就可能被放大，导致系统失稳，把系统推到临界点上，并进而由随机涨落进行选择，沿多种可能途径中的某一分支进入一个新的状态。

在科学教育中，当学生的思维系统到达临界点时，系统内很多参量如美感、新颖性、解释性、复杂性、包容性、理解性等，其中一些可能会很快衰减，而另一些则可能越来越被放大。这种情况常常是在突然之间发生的。这是因为，系统发生非平衡相变时状态参量是从零越过临界点到达一个非零值的，思维的这种状态就是灵感被激发的状态。如前所述，对于"人造重力"问题，"李辉同学提出了根据角动量守恒定律，设法使航天站和配重所构成的系统不停地做匀速圆周运动，从而使'人造重力'实现的方案；刘娟同学则建议把配重做成另一个航天站同时送上太空，两个航天站绕着它们的中点转动的方案；而罗敏同学进一步提出了把连接两个航天站的支架改成管形通道的方案。这时，李辉突然说：'有了！我把航天站做成密封的圆环状，从地面发射到达预定轨道后，通过动力使环形舱获得一定角速度绕圆环的中心转动，撤去动力，由于角动量守恒，环形舱可以不停地转动下去，宇航员便可以在类似地面重力的情况下生活了。'"[③]于是，通过这个被随机放大的涨落（管形通道），李辉同学完成了思维从无序到有序的突变。这就是涨落导致有序。

总之，原始问题教学使科学教育从纯粹的知识传授模式中走出来，进入科学知识传授与应用相结合的新阶段，从而使得科学教育更符合其培养目标。在科学教育思想上，它引起了一次革命，打破了传统科学教育中习题教学占据统治地位的格局，提出了解决科学教育外部效度的有效措施，它拓展了人们的科学教育视野，拓宽了科学教育的范畴，进一步增进了人们对于科学教育规律的理解与认识，从而有助于更好地实现科学教育目的。

---

① 林崇德. 教育与发展 [M]. 北京：北京师范大学出版社，2002：158.
② 中华人民共和国教育部. 普通高中物理课程标准（实验）[M]. 北京：人民教育出版社，2003：71.
③ 中华人民共和国教育部. 普通高中物理课程标准（实验）[M]. 北京：人民教育出版社，2003：72.

第三节　原始问题教学：物理教育改革的新视域

一、我国物理教育的思考

前不久，我国台湾地区的物理学教授程曜，有感于在清华讲授物理课程的体会，发出了"救救这些只会考试的孩子们"的呼吁。他说："这些清华的大学生像是会考试的文盲，除了考试，他们不会推理，不敢提问题，不愿动手。课本里没有的他们不会，他们不会将上课的知识应用到日常生活上，因为这些知识只是用来考试的。""我必须要说，这不只是清华大学一个学校的责任，应该是全体中国人的责任。我必须呼吁大家来救救这些孩子，把他们的思想紧箍咒拿掉，让他们开始思考。"[1]

出现这种现象的原因虽然是多方面的，但根本原因却是源于我们的物理教育思想。

在我国，存在着一种被普遍认可的物理教育观点："学好物理学，关键是勤于思考，悟物穷理。勤于思考，就是对新的概念、定义、公式中的符号和公式本身的含义，用自己的语言陈述出来。对于定理的证明、公式的推导，最好在了解了基本思路之后，自己背着书本把它们演算出来。这样你才能够对它们成立的条件、关键的步骤、推演的技巧等有深刻的理解。悟物穷理，就是多向自己提问：哪些是事实？哪些是推论？推论是怎样得来的？我为什么相信它？"[2]

"勤于思考，悟物穷理，就是要对问题建立自己的物理图像。学习物理，不做习题是不行的。但做习题不在于多，而在于精。习题做完了，不要对一下答案或交给老师批改就了事。自己从物理上应该想一想，答案的数量级是否对头？所反映的物理过程是否合理？能否从别的角度判断自己的答案是否正确？我们应该力争能够做到，习题要么做不出来，做出来就有充分的理由相信它是对的，即使它和书上给的答案不一样。"[3]

这种观点着眼于推演，落脚于习题，"学习物理，不做习题是不行的。但做习题不在于多，而在于精"是这种观点的核心。

这种观点不仅影响着物理教学，而且也反映在物理高考的命题指导思想上。比如，物理高考命题委员会就认为："我们主张要做题，但并不赞成搞题海战。因为题海战盲目追求解题的数量，不重视解题的质量，使学生根本来不及对习题以及习题有关的问题进行思考。"[4]

然而，同样的问题，杨振宁却认为："做很多习题，只能说是训练独立思考能

---

① 程曜．除了考试，他们不会推理，不敢提问题，不愿动手 [J]．新华每日电讯，2005 – 07 – 10 (5)．

② 赵凯华．新概念物理学（力学）[M]．北京：高等教育出版社，2004：7．

③ 赵凯华．新概念物理学（力学）[M]．北京：高等教育出版社，2004：序．

④ 教育部考试中心．高考物理能力考察与题型设计 [M]．北京：高等教育出版社，2001：336．

力的一半。而另一半的方法是复杂的，不是每个学生都能采纳同样的建议或劝告，这个方法要靠自己去摸索。"①

杨振宁虽然没有给出另一半的方法是什么，但他明确指出了习题只是训练能力的一半而非全部，这具有重要的启示作用。

在此，我们想引用一段费因曼的故事，来阐述什么是正确的物理教育理念。故事描述费因曼在日本时遇到的情况：

"在我所到的地方，每位搞物理的人都告诉我他们正在做什么，我也愿意同他们讨论。通常他们先一般地讲一讲问题的所在，然后就开始大串大串地写起公式来。

'等一下'，我说：'这个一般性问题有特例吗?'

'怎么会没有? 当然有。'

'好吧，请给我举个例子。' 这是为了我自己，因为我不能普遍地理解任何事，我心中必须怀着一个特例，注视着它如何发展。起初有些人以为我有点迟钝，以为我不懂，因为我问了许多'愚蠢的'问题，如'阴极是正的还是负的?''阳离子往这边走还是往那边走?'

但是过了一会儿，当这位朋友停在一串方程式中间想说点什么的时候，我却说：'请稍等一下，这儿有个错! 那不可能是对的!'

此人检查一下他的公式，过了一会儿，果真发现了错误。他很惊讶，想道：'真见鬼，这家伙怎么搞的，开初他简直不懂，现在怎么在这团乱糟糟的公式中找出个错儿?'

他以为我在跟着他一步步地作数学推演，其实不是那么一回事。我心中有了特殊的物理实例，这正是他企图分析的问题。我从直觉和经验知道这件事的性质。所以当公式告诉我们说这件事应如此这般时，我一感到不对头，就跳起来说：'等等，那有个错儿!'

这样，在日本，没有物理实例我就不懂，也不能和任何人讨论问题。但是他们经常给不出实例来。即便给出来，也往往是个弱例，就是说，这问题本可用简单得多的分析方法来解决。

因为我总不问数学方程，而是问他们想搞的问题的物理实例，我的访问被总结到一篇油印的文章里，在科学家中间传阅，文章的标题是《费因曼的轰炸和我们的回击》。"②

显然，在费因曼看来，物理学的核心不是推演，而是物理实例，物理现象。

杨振宁也认为，"很多学生在物理学习中形成一种印象，以为物理学就是一些演算。演算是物理学的一部分，但不是最重要的部分，物理学最重要的部分是与现象有关的。绝大部分物理学是从现象中来的，现象是物理学的根源。一个人不与现象接触不一定不能做重要的工作，但是他容易误入形式主义的歧途；他对物理学的了解不会是切中要害的。"③

---

①　杨振宁. 杨振宁文集 [M]．上海：华东师范大学出版社，1998：469.

②　Feynman R P. "*Surely You're Joking, Mr. Feynman!*" [M]．W. W. Norton & Co. 1985：223.

③　杨振宁. 杨振宁文集 [M]．上海：华东师范大学出版社，1998：839.

事实正是如此。许多学生经过多年苦读，学习了大量物理概念、规律，做了许多习题，却不能有效地提高物理水平。他们面临物理问题时不能迅速判断，稍一动笔就错误百出。在理解物理问题的机制方面也是除了简单的分析外，不能准确地表达自己的思想，不能完整地解决问题。比如，程曦在台湾"清华大学"所出《光学》考试题的第一题是："如果你的近视眼很严重，不戴眼镜能看清楚显微镜的影像吗？"令他非常吃惊的是，"100 个修课的学生中有一半以上的不会答，还有四分之一答错。"①

二、原始物理问题教学

众所周知，物理学在所有自然科学中属于最难学习的学科之一，其原因主要源于其累积性、逻辑性和经验性。物理知识是近代物理学家智慧的结晶，由于课时的限制，教师不可能把物理知识的产生过程都重复一遍。而物理知识的逻辑性也给物理教育带来了特殊的困难。物理知识体系是建立在严密的逻辑联系之上的，而逻辑是不能用通常的感觉器官去体验的东西，它是一种特殊的心理体验，通过它可以将新旧经验和新旧知识连接起来。物理知识的经验性是对物理教育的又一挑战。物理学习强调亲身体验，在"做中学"。同样是由于课时的限制，物理教育没有足够的时间让学生去进行"探究"。因此，作为一种简约化的科学教育活动，物理教育要求学生进行必要的练习，于是，习题——一种练习形式便应运而生。

由于习题情境是人为设置且条件控制严格，因而使物理教育情境的真实性受到破坏，使学生解答习题的认知心理及行为表现与解决实际问题的认知心理及行为表现相去甚远。因此，无论做题如何"精"或怎样"重视解题质量"，都不能使学生学好物理学。所以，我国物理教育以习题为核心的教育模式，事实上把学习物理的必要条件当成了充分必要条件，这是一个逻辑学的基本常识错误。

从爱因斯坦的科学思维过程理论来考察习题，我们进一步发现了习题的缺陷。

1952 年 5 月，爱因斯坦在给索洛文的信中提出了著名的科学思维过程理论，对逻辑思维和非逻辑思维在科学创造中的作用作了明确的阐述（图 6 - 3）。

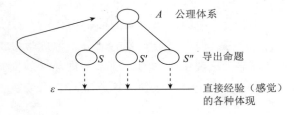

图 6 - 3　科学思维过程

---

① 程曦. 除了考试，他们不会推理，不敢提问题，不愿动手 [J]. 新华每日电讯，2005 - 07 - 10（5）.

爱因斯坦对上图作了如下说明：

（1）ε（直接经验）是已知的；

（2）A 是假设或者公理。由它们推出一定的结论来。从心理状态方面来说，A 是以 ε 为基础的。但是在 A 同 ε 之间不存在任何必然的逻辑联系，而只有一个不是必然的直觉的（心理的）联系，它不是必然的，是可以改变的；

（3）由 A 通过逻辑道路推导出各个个别的结论 S，S 可以假定是正确的；

（4）S 然后可以同 ε 联系起来（用实验验证）。这一步骤实际上也属于超逻辑的（直觉的），因为 S 中出现的概念同直接经验 ε 之间不存在必然的逻辑联系。[①]

因此，在爱因斯坦看来，科学思维的开始和终结都是超逻辑（直觉）思维，只有中间过程是逻辑思维。"纯粹的逻辑思维不能给我们任何关于经验世界的知识；一切关于实在的知识，都是从经验开始又终结于经验。"[②]这一理论对于物理教育改革具有重要的启示。

长期以来，我国物理教育一直存在着把"习题"误为"问题"的倾向。研究表明：许多物理问题教学的研究实质上是习题教学的研究。这种情况到目前为止，可以说基本上没有改变。许多物理教育理论工作者在问题教学的各个方面作了一些工作，然而，还应当清楚地认识到，整个问题教学的理论，至今未能得到很好的解决。

在国内，数学教育家张奠宙认识到这个问题，他指出："问题不等于考题，尤其不等于目前中国的升学考题。用'问题'来补充、改造和影响考题，以便进一步改革中国的数学教育，这可能是一个有效的突破口。"[③]

基于此，我们认为，必须对问题和习题进行明确区分。为避免歧义，我们把问题称为原始问题，而与问题对应的称为习题。

所谓原始问题，是指自然界及社会生活、生产中未被抽象加工的典型现象。它具有以下特点：

（1）是对现象的描述，没有对现象作任何程度的抽象；

（2）基本是文字的描述，通常没有任何已知条件，其中隐含的变量、常量等需要学生自己去设置；

（3）没有任何示意图，解决问题所需要的图像需要学生自己来画出；

（4）对学生来说不是常规的，不能靠简单的模仿来解决；

（5）来自真实生活情境；

（6）具有趣味和魅力，能引起学生的思考和向学生提出智力挑战；

（7）不一定有唯一的答案，各种不同水平的学生都可以由浅入深地作出回答；

（8）解决它需伴以个人或小组的活动。

---

①　Feynman R P. "*Surely You're Joking, Mr. Feynman!*" [M]. W. W. Norton & Co. 1985：223.

②　爱因斯坦. 爱因斯坦文集（第一卷）[M]. 许良英，李保恒，赵中立，译. 北京：商务印书馆，1983：541.

③　张奠宙. 数学教育经纬 [M]. 南京：江苏教育出版社，2003：302.

典型的原始问题："一些人认为婴儿由成人抱着坐在汽车里很安全的。现在请你估计一下，在一切发生在很短时间的撞车中，需要多大的力才能抱住婴儿。"

而习题则是把现象进行抽象、简化、分解，经人为加工出来的练习作业。

它具有以下特点：

（1）不是对现象的描述，而是对现象高度的抽象；

（2）虽然也是文字的描述，但所有已知条件都已给出，不需要学生自己去设置；

（3）凡是解题所需要的图像都已画出，不需要学生自己来画出；

（4）对学生来说是常规的，靠简单的模仿即可解决；

（5）少部分来自真实生活情境，大部分没有真实生活情境；

（6）缺乏趣味和魅力，主要用来训练学生掌握知识；

（7）有唯一的答案；

（8）个人解决，不需要小组活动。

典型的习题："婴儿由成人抱着坐在汽车里也是很不安全的。请计算：在一切发生在 0.1s 的撞车中，若撞车前车速为 60km/h，那么你需要多大的力才能抱住一个 10kg 的婴儿。"

显然，习题虽然在形式上联系了现象，但却提供了完美而详细的数据，实际上并没有给学生提供真实的问题情境，因此使得在培养学生分析和解决问题的能力上大打折扣。原始问题则是把每个已知量镶嵌在真实的现象中而不是直接给出，需要学生根据面临的情境，通过假设、抽象等手段获得所需的变量及数据，再构造出理想的模型，经过一层层的"剥开"过程，最终使结论"破茧而出"。原始物理问题与习题的关系如下（图6-4）。

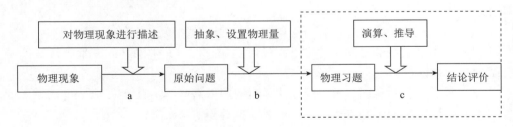

图6-4　原始物理问题与习题的关系

习题教学"掐头去尾烧中段"，只侧重上图中的中间环节（演算、推导）。根据爱因斯坦的科学思维过程理论，科学思维的开始和终结都是超逻辑（直觉）思维，由于习题教学恰恰缺少了问题的始末两个环节，致使很多学生只知道根据已知条件去解题，遇到实际问题则常常束手无策。应当清醒地认识到，教学不讲知识的实际来源和应用，还宣称培养学生的逻辑思维能力，这其实是我国物理教育的一种严重缺陷。

当学生面临原始问题的"头"时，由于原始问题只暴露出了现象的某些特征，难以对它作出有效的判断，只能根据某些事实或已知理论，运用相似、类比、外推、猜测、不连续、不完整和非逻辑的方法对原始问题的本质形成适应性、启发性的领悟，这种科学抽象思维就带有大幅度跳跃式提取和加工信息的特点。这种跳过个别证明细节、战略式的认识事物本质的方式，是人类认识事物的重要方式。这是因为，直觉能够帮助我们从不认识的新事物中，提炼"物理图像"或"工作简图"，这是认识原始问题的关键一步，有了它，才能形成新的概念进行数量分析、建立方程式求解。这一关键的步骤很少能用逻辑思维来完成，它需要直觉。诺贝尔物理奖获得者汤川秀树指出："抽象由于其本身的性质而不可能独自起作用。人们必须从内容上更为具体和丰富的他物中抽象出某物。换言之，人类必须从直觉或想象入手，然后他才能够借助于自己的抽象能力。""在任何有成效的科学思维中，直觉与抽象总是相互影响的，不仅某种东西必须从我们丰富但多少有点模糊的直觉图像中抽象出来，而且被当作人类抽象能力的成果而建立某种概念到最后的确定往往变成了我们直觉图像的一部分。从这种新建立起来的直觉中，人们可以继续作出进一步的抽象。"①

当学生面临原始问题的"尾"时，同样需要借助于物理直觉和经验以及费因曼所提倡的物理实例，来判断结论的正确性和合理性。

1986 年，两位美国物理教师在 *The Physics Teacher* 杂志上提出了一个原始物理问题：在稳恒电路中，是否存在着某一负载电阻，使电源既有较高的输出功率又有较高的效率？通过证明，他们得出结论：当负载电阻等于电源内阻的三倍，即 $R = 3r$ 时满足条件。② 这篇文章被翻译到国内后，有一位物理教师通过推导给出了另外的答案：当 $R = 2r$ 时满足条件。③

其实，依据物理直觉和经验，通过一个物理实例就能判断结论正确与否。

手电筒就是一个简单的电路，小灯泡的阻值通常为 8Ω，而两节干电池的内阻为 0.2Ω。这说明日常电器根本不工作在 $R = 3r$ 或 $R = 2r$ 处，而是要求保证能够提供负载一定量的输出功率，从而提高电源的效率。因此，可以得出结论：$R = 3r$ 或 $R = 2r$ 的答案都是错误的。不仅如此，该问题的命题也是错误的。

我国物理教学的优良传统是教学的内在联系紧密，条理清晰，逻辑严密。然而，在教学实践中，人们总觉得我国的教学中还缺少点什么。我国学生每当遇到问题时，总是一开始便埋头用系统的理论工具按部就班地作详尽的计算，尽管有的问题本可以通过简单的思考就能得出结论。我们认为，我国物理教学中所缺少的正是习题教学之外的"头"和"尾"。由此而带来的问题是：我国学生不是亲自编写"习题"的人，他们不知道"习题"的来龙去脉，不体会解决原始问题的甘苦。他们缺乏通过定性的思考或半定量的试验，先对问题的性质、解的概貌取得一个总体估计的训

①　汤川秀树. 科学中的创造性思维［J］. 自然科学哲学问题丛刊，1983（2）：36～38.

②　L. V. Hmurcik，J. P. micinilio. *Compared the biggest Power transmission with the biggest efficiency*［J］. The Physics Teacher，1986（11）：45～47.

③　陈崇廉. 电源效率与功率传输的权衡［J］. 物理通报，1988（11）：16～18.

练。因此，在解决问题时往往会一叶障目，不见泰山。

三、原始问题教学对物理教育改革的启示

怎样在物理教育改革中体现出创新？这一直是我们深入思考的问题。笔者认为，物理教育改革的创新主要体现在教育思想、教育方式特别是对学生能力的培养上。我们体会，创新应当是继承基础上的创新，创新与继承是相辅相成的，不是割裂和对立的。由此，我们提出：物理教育应当"以习题演练为基础，以原始问题解决为升华"。而我们目前的教学，对于前者给予了足够的重视，而对于后者，则基本上被忽视了。

目前的物理教学，虽然已经在一定程度上注意了基础知识与生活的联系和实际应用，但在认识上仍然存在着很大的偏差。全国物理高考命题委员会认为："使学生具备应用物理知识解决生产和生活中的实际问题、解释生活中的现象的能力，是中学物理教学的重要目标之一，也是高考所要考察的目标之一。过去在高考中有许多题目都在不同程度上考查学生对物理知识的实际应用的掌握，有的涉及生产实际中的问题，有的涉及科学研究的实际问题，有的涉及学生生活的实际问题。但这类题目许多都没有要求学生通过分析实际的情境自己把问题找出来，得出解决问题的方法，这样就导致了学生在理论联系实际的能力方面的缺陷。科研测试题尝试通过对实际情境的描述，让学生自己分析判断问题的所在，找出解决的方法并解决问题。"[1]

例：一网球运动员在离开网的距离为 12m 处沿水平方向发球，发球高度为 2.4m，网的高度为 0.9m。①若网球在网上 0.1m 处越过，求发球时网球的初速度。②若按上述初速度发球，求该网球落地点到网的距离。取 $g = 9.8 m/s^2$，不考虑空气阻力。

事实上，上述科研测试题本质上还是习题，只不过是有情境的习题。特别需要指出的是：这样的科研测试题也根本不是对实际情境的描述，而是已经对实际情境进行了抽象。因为描述是文字性的，不应在问题中出现物理量。全国物理高考命题委员会对问题与习题的理解程度尚且如此，由此可知在物理教育中进行原始物理问题研究的必要性和迫切性。

为什么全国物理高考命题委员会不能区分问题与习题？为此，我们进一步研究了《物理高考大纲》。[2]

为了制定我国物理科高考命题依据的《物理高考大纲》，全国高考物理学科委员会征求了有关专家的意见，分析了物理课程在整个中学课程中的地位，比较各学科的特点及其对学生素质和能力发展主要贡献的基础上，根据物理学科的特点和需

---

① 教育部考试中心. 高考物理能力考察与题型设计 [M]. 北京：高等教育出版社，2001：336.
② 王重鸣. 心理学研究方法 [M]. 北京：人民教育出版社，1990：30.

要，从中学物理教学和高考命题的实践经验出发，提出了 5 个方面的能力要求：理解能力、推理能力、分析综合能力、应用数学处理物理问题的能力以及实验能力，并通过描述性的说明，解释每一种能力的具体表现，界定该能力的含义。①

显然，在思维能力的培养上，考试大纲中缺少了抽象和概括。这是导致全国物理高考命题委员会不能区分问题与习题的根本原因。重温著名心理学家勒温关于"没有任何一个东西比好的理论更加实用"的思想②，我们更加体会到理论的力量和价值，体会到好的理论对物理教育实践的指导是多么重要。

事实上，抽象在物理思维的形成过程中是极其重要的。因为在现实世界中，任何一个问题都是原始问题，只有通过科学的抽象，才能形成科学的问题，才能进一步研究下去。

概括同样是非常重要的。心理学家林崇德指出："思维最显著的特点是概括性。思维之所以能揭示出事物的本质和内在规律性，主要来自抽象的概括过程，即思维是概括的反映。"由于"概括在思维过程中的地位以及概括能力在现实中的作用与重要性，所以，概括性就是思维研究的重要指标，概括水平就成为衡量学生思维发展的等级指标；概括性也就成为思维培养的重要方面，思维水平通过概括能力的提高而获得显现。学生从认识具体事物的感知和表象上升到理性思维的阶段，主要是通过抽象概括。因此，发展学生的概括能力，就是发展思维乃至培养智力与能力的一个重要环节。"③

从物理教育创新的角度看，物理教育应当教会学生学习"活"的物理，所谓"活"的物理就是要与物理现象紧密联系，要使学生在学习物理的过程中形成自己的"Taste"，杨振宁认为："一个人在刚接触物理学的时候，他所接触的方向及其思考的方法，与他自己过去的训练和他的个性结合在一起，会造成一个英文叫做 taste，这对他将来的工作会有十分重要的影响，也许可以说是有决定性的影响，而这个 taste 的成长基本上是在早年。"④

1982 年，有一位 15 岁的少年天才到美国纽约州立大学石溪分校，要求进研究院做研究生。杨振宁在面试时问了几个量子力学问题，他都能回答。杨振宁进一步问："这些量子力学问题，哪一个你觉得是妙的？"他却回答不出来。

对此，杨振宁的评价是："尽管他吸收了很多东西，可是他没有发展成一个 taste。他只是学了很多可以参加考试得很好分数的知识，他没有把问题里面基本的价值掌握住，这不是真正做学问的精神。"

时至今日，我国物理教学中普遍存在的情况仍然是："大部分学生上课的时候，只留意老师放了什么资讯，可能要考什么，很少理会一堂课内所教内容之间的关联性。

① 教育部考试中心．高考物理能力考察与题型设计［M］．北京：高等教育出版社，2001：336.
② 林崇德．学习与发展［M］．北京：北京师范大学出版社，1999：148.
③ 刘利．运用原始问题培养中学生物理能力的实践研究［D］．北京：首都师范大学，2006.
④ 杨振宁．杨振宁文集［M］．上海：华东师范大学出版社，1998：467.

这件事非常容易证明，只要上课明白说出的一句话，好像会考，他们就会回答。如果需要综合两句话的推理思考，他们就不知所措。如果不给公式，学生不会算，也不敢推导公式。他们上课，不理会老师推导公式的思路，大都死记最后公式的结果。"[1]

按照杨振宁的物理学习思想——"学习一个东西不只是要学到一些知识，学到一些技术上面的特别方法，而是更要对它的意义有一些了解，有一些欣赏。假如一个人在学了量子力学以后，他不觉得其中有的东西是重要的，有的东西是美妙的，有的东西是值得跟人辩论得面红耳赤而不放手的，那我觉得他对这个东西并没有学进去。"[2]

上海第 51 中学的陈振宣老师曾讲过一个故事。他的一个学生在上海和平饭店当电工，发现连接 20 层楼和地下控制室的三根导线的电阻不同，直接算不可能，于是想到用方程求解：

$$X + Y = a \qquad X\cdots\cdots$$
$$Y + Z = b \qquad Y\cdots\cdots \quad （20 层）$$
$$Z + X = c \qquad Z\cdots\cdots$$

解这类方程，对我国中学生简直是"小菜一碟"，但面对这一类原始物理问题，能解决的学生就很少了。

为了了解原始问题的教育功能和价值，我们指导研究生运用原始问题进行了高中生物理能力培养的纵向追踪研究，测试结果表明：实验班的总体分数分布见图 6 – 5，对照班的总体分数分布见图 6 – 6，差异显著，且前者得分呈正态分布，后者

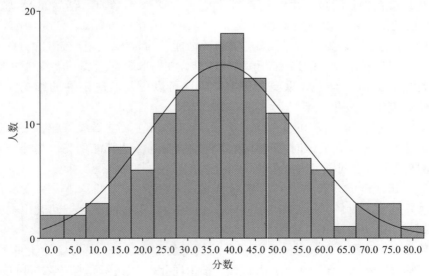

图 6 – 5　实验班总体分数分布

①　程曜 . 除了考试，他们不会推理，不敢提问题，不愿动手 ［J］. 新华每日电讯，2005 – 07 – 10（5）.
②　杨振宁 . 杨振宁文集 ［M］. 上海：华东师范大学出版社，1998：467.

呈偏态分布。由于学生的能力是正态分布的，这说明，原始问题虽然也有一定程度的控制，但没有像习题那样几乎完全排除环境的影响，从而保证了学生的心理及行为变化仍然是现实中各种因素综合作用的结果。

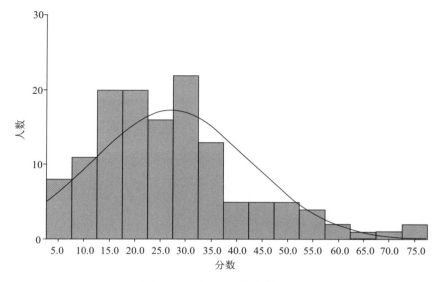

图6-6　对照班总体分数分布

　　站在我国物理教育改革的背景之下，我们选择原始问题教学作为研究课题，因为这一课题既符合物理教育改革的生态化取向，同时又符合爱因斯坦科学思维过程理论的基本思想。于是，我们把研究的视野聚焦于这样一个领域。当然，这一研究并不只是局限于原始问题教学本身，在更深一层意义上，原始问题体现了一种新的教育思想。原始问题与习题的区别也并不仅仅体现在给定已知条件程度的不同，它事实上是两种不同物理教育观念的"分野"——是教给学生"活"的知识还是教给学生"死"的知识？是与现象紧密联系还是与演算推导联系？是只教知识还是既教知识又培养能力？因此，我们把这一研究看作我国物理教育改革中的一个重要问题，并希望这一研究能有助于形成新的物理教育方式——把习题教学与原始问题教学相结合，使教师的教学和学生的学习与现象紧密结合起来，这显然具有重要的理论意义和实践意义。